Friedrich Arntzen
Psychologie der Zeugenaussage

Psychologie der Zeugenaussage

System der Glaubwürdigkeitsmerkmale

von

Dr. phil. (psychol.). Friedrich Arntzen
Institut für Gerichtspsychologie (I. f. G.)
Bochum

unter Mitwirkung von

Diplom-Psychologin Dr. rer. nat. Else Michaelis-Arntzen

3., überarbeitete und ergänzte Auflage

C. H. Beck'sche Verlagsbuchhandlung
München 1993

Die Deutsche Bibliothek – CIP-Einheitsaufnahme

Arntzen, Friedrich:
Psychologie der Zeugenaussage : System der Glaubwürdigkeitsmerkmale / von Friedrich Arntzen. Unter Mitw. von Else Michaelis-Arntzen. – 3., überarb. und erg. Aufl. – München : Beck, 1993
ISBN 3 406 37196 5

ISBN 3 406 37196 5

Druck der C.H. Beck'schen Buchdruckerei, Nördlingen
Gedruckt auf säurefreiem, aus chlorfrei gebleichtem Zellstoff hergestelltem Papier

Vorwort zur zweiten und dritten Auflage

Die Notwendigkeit von Neuauflagen dieser Veröffentlichung, die sich mit der Glaubwürdigkeit von Zeugenbekundungen befaßt, zeigt, daß dieses Fachgebiet der Gerichtspsychologie vor allem bei Juristen starkes Interesse gefunden hat.

Da inzwischen im gleichen Verlag eine Veröffentlichung des Verfassers über Vernehmungspsychologie erschienen ist, wurde der kurze Überblick über die Psychologie von Vernehmungen, der sich noch in der ersten Auflage dieses Buches befand, herausgenommen.

Durch Berücksichtigung von Literatur, die in den letzten Jahren erschienen ist, hat der Verfasser sich bemüht, den Inhalt auf den neuesten Stand der Forschung zu bringen, wobei auch die Wandlung gesetzlicher Bestimmungen und des Sprachgebrauchs berücksichtigt werden mußten. Bei der Auswertung der Literatur ist nur in geringem Ausmaß die Literatur berücksichtigt, die auf Befragungen von Personen ohne direkte Verbindung zum forensischen Bereich oder auf bloßem Aktenstudium beruht.

Den einzelnen Kapiteln wurden Hinweise auf Besonderheiten psychologischer Sachverständigentätigkeit bei Begutachtung der Glaubwürdigkeit von Zeugenaussagen beigegeben, die auch die angewandten Verfahren erkennen lassen.

In einer anderen Veröffentlichung des Bochumer Institutes für Gerichtspsychologie (Michaelis, 1981) wurde versucht, das System der Glaubwürdigkeitsmerkmale sehr konkret an Aussagen zu einem betimmten Delikt, nämlich der Vergewaltigung, ‚modellmäßig' darzustellen.

Die vorliegende Veröffentlichung soll Leserkreisen, die mit der Beurteilung von Zeugenaussagen zu tun haben, eine Hilfe bieten – in erster Linie *Juristen* als Vernehmungsrichtern, Mitgliedern erkennender Gerichte, Staatsanwälten und Verteidigern, Vernehmenden in Disziplinarverfahren sowie Polizeibeamten.

Der besondere Dank des Verfassers gilt den Mitarbeitern des Bochumer Instituts für Gerichtspsychologie, die durch ihre Untersuchungen und Gutachten zahlreiches Material zum Inhalt dieses Buches beigetragen haben.

Inhaltsverzeichnis

Literaturverzeichnis

Angenendt, J.: Die Aussage von Kindern in Sittlichkeitsprozessen. Bonn 1955.

Arnold, W.: Die Psychologische Begutachtung der Zeugentüchtigkeit und Glaubwürdigkeit bei Kindern und Jugendlichen. In: Psychologische Rundschau 1952.

Arntzen, F.: Die Glaubwürdigkeit von Kinderaussagen bei polizeilichen Vernehmungen. In: Kriminalistik 19/1951.

Die Psychologie der Zeugenaussage. Hogrefe, Göttingen 1970 (1. Auflage).

Einführung in die Begabungspsychologie. Hogrefe, Göttingen 1976.

Forensische Aussagepsychologie. In: Handwörterbuch der Rechtsmedizin. Band III. Enke, Stuttgart 1977.

Vernehmungspsychologie. Psychologie der Zeugenvernehmung in Strafsachen. Beck, München 1989 (2. Auflage).

Kinder und Jugendliche als Opfer von Inzestdelikten. In: F. Furian (Hrsg.) Sexualerziehung kontrovers. Fellbach, Bonz 1978.

Die Gerichtspsychologie in der Bundesrepublik Deutschland. In: Psychologische Rundschau 1/1980 I.

Sexualdelikte. Zeitschrift für Rechtspolitik. 1980 II, 10, 287–288.

Psychologische Beurteilung der Glaubwürdigkeit von Zeugenaussagen. In: Lösel, F. (Hg.) Kriminalpsychologie. Beltz, Weinheim 1982.

Die Situation der forensischen Aussagepsychologie in der Bundesrepublik Deutschland. In: Reconstructing the Past (International Conference on Witness Psychology in Stockholm). Klüwer, Dewenter (Niederlande) 1982 II.

Vernehmungspsychologie. In: Seitz (Hrsg.), Kriminal- und Rechtspsychologie, München; Urban 1983.

Psychologische Beurteilung der Glaubwürdigkeit von Zeugenaussagen. In: Lösel (Hrsg.), Kriminalpsychologie, München, Beck 1983.

Die Grenzen experimenteller Verfahren in der Forensischen Aussagepsychologie. Zeitschrift für Experimentelle und Angewandte Psychologie, Band XXX, Heft 4, 1983.

Forensische Aussagepsychologie. Psychologische Rundschau 1987, Heft 3, S. 165–166. Eine Ergänzung zum Aufsatz von G. Köhnken: Verhaltenskorrelate von Täuschung und Wahrheit.

Psychologia zeznań świadków. Państwowe Wydawnictwo Naukowe, Warschau 1989.

Arntzen, F. und *Michaelis, E.*: Die Psychologie der Kindervernehmung. Schriften des Bundeskriminalamtes, Wiesbaden 1970 I.

Bach, W.: Kindliche Zeuginnen in Sittlichkeitsprozessen. Basel, New York 1957.

Baurmann, M. C.: Sexualität, Gewalt und psychische Folgen. Zusammengefaßte Ergebnisse aus einer Längsschnittuntersuchung bei Opfern von angezeigten Sexualkontakten. Wiebaden, Bundeskriminalamt, 1983.

Bender, R.: und *Nack, A.*: Tatsachenfeststellung vor Gericht, München 1981.

Binet: La suggestibilité. Paris 1900.

Blau, G.: Zur Zulässigkeit und Zweckmäßigkeit psychologischer Glaubwürdigkeitsgutachten in Jugendschutzsachen. In: Goltdammers Archiv 1959.

Böhmer, K.: Kinderaussage und Suggestion. In: Deutsche Zeitschrift für gerichtl. Medizin 1926.

Aussagen Jugendlicher in Sittlichkeitsprozessen. In: Deutsche Zeitschrift für gerichtliche Medizin 1931.

Bovet, L.: La psychologie du témoignage chez l'enfant. In: Zeitschrift für Kinderpsychologie 1945/46.

Brinkmann, B., Kernbach, G., Püschel, K.: Vergewaltigung – auch ein medizinisches Problem? Deutsches Ärzteblatt 82, S. 1157–1162.

Clostermann, G.: Die seelische Struktur der Hilfsschulkinder und die Bewertung ihrer Aussagen als Zeugen. In: Z. für Heilpädagogik 1953.

Dettenborn, H., Fröhlich, H., Szewczyk, H.: Forensische Psychologie. Lehrbuch der gerichtlichen Psychologie für Juristen, Kriminalisten, Psychologen, Pädagogen und Mediziner. VEB Deutscher Verlag der Wissenschaften, Berlin 1984.

Dettenborn, Täter, Opfer, Zeuge. VEB. Deutscher Verlag der Wissenschaften, Berlin 1988.

Dordett, A.: Zur Glaubwürdigkeit der Parteien- und Zeugenaussage im kanonischen Eheprozeß. In: Scheuermann, A. Jus sacrum, Schöningh, München 1967.

Döring, E.: Die Erforschung des Sachverhalts im Prozeß, Berlin 1964.

Döring, M.: Zur Kasuistik der Kinderaussage und Kinderlüge. In: Pädagogisch-psychologische Arbeiten aus dem Institut des Leipziger Lehrervereins, 1924.

Duhm, E.: Die Erstbekundungen jugendlicher Zeugen bei Sittlichkeitsdelikten. In: *Blau* u. *Müller-Luckmann* (Hrsg.): Gerichtliche Psychologie. Neuwied und Berlin-Spandau 1962.

Eggers, C., Lempp, R., Nissen, G., Strunk, P.: Kinder- und Jugendpsychiatrie. Berlin, Springer 1992.

Eliasberg, W.: Gutachten in einem Sittlichkeitsprozeß. In: Monatsschrift für Kriminologie und Strafrechtsreform 1965.

Feldmann, H.: Vergewaltigung und ihre psychischen Folgen. Ein Beitrag zur posttraumatischen Belastungsreaktion. Stuttgart, Enke Verlag 1992.

Fehrmann, H., Jakobs, K., Junker, R., Luka W., Warnke, C.: Das Mißtrauen gegen das Opfer von Vergewaltigungen. Kriminologische Projektarbeit der Hochschule für öffentliche Verwaltung Bremen, Verlag Dr. jur. H. Schäfer, Bremen 1982.

Finkelhor, D.: Child Sexual Abuse. New Theory and Research. New York: The Free Press, 1984.

Flatau, G.: Besondere Glaubwürdigkeitsprüfung der Kinderaussagen vor Gericht bei Belastung Unbestrafter. In: Psychiatrisch-neurologische Wochenschrift 1942.

Franzen, A.: Die phantastische Kinderaussage. In: Deutsche Zeitschrift für die gesamte gerichtliche Medizin 1927.

Frey, E.: Die Psychologie der Zeugenaussage Jugendlicher. In: Zeitschrift für Kinderpsychiatrie 1945/46.

Fritzsche, V.: Untersuchungen über den Einfluß des Charakters auf Aussageleistung und Aussagegewissenhaftigkeit. In: Psychologische Beiträge 1953.

Fürniß, T.: Sexuelle Kindesmißhandlung in der Familie: Präsentation und Folgen in der Adoleszenz. In: Nissen, G. (Hrsg.), Psychiatrie des Pubertätsalters, Huber, Stuttgart 1985.

Geisler, E.: Die gerichtlich-psychiatrische Begutachtung sexuell mißbrauchter Kinder. Halle 1954.

Psychische Besonderheiten sexuell mißbrauchter Kinder in der Pubertät und deren Berücksichtigung in der gerichtlich-psychiatrischen Begutachtung. In: Monatsschrift für Kinderheilkunde 1955.

Das sexuell mißbrauchte Kind. In: Beiheft Nr. 3. Praxis der Kinderpsychologie, Göttingen 1959.

Aussagepsychologie aus psychiatrischer Sicht. In: Eisen, G. (Hsg.), Handwörterbuch der Rechtsmedizin, Bd. III, Stuttgart 1977.

Gerchow, J.: Die Inzestsituation. In: Beiträge zur Sexualforschung 1965.

Göppinger, H.: Kriminologie. München, 1980.

Graßberger, R.: Psychologie des Strafverfahrens. Wien 1968 (2. Aufl.).

Gruhle, H. W.: Zeugenaussagen. In: Handwörterbuch der Kriminologie u. d. and. strafrechtl. Hilfswiss. 1. Bd. Berlin und Leipzig 1933.

Held, F.: Grundsätzliches zur Beurteilung der kindlichen Glaubwürdigkeit. In: Praxis der Kinderpsychologie, 1957.

Hellwig, A.: Historisches zur Aussagepsychologie. In: Archiv für Kriminologie 1910.

Psychologie und Vernehmungstechnik bei Tatbestandsermittlungen, Stuttgart 1951.

Hentig, H. v.: Richtige Aussagen einer unglaubwürdigen Belastungszeugin. In: Monatsschrift für Kriminalpsychologie 1931.

Herbold, H.: Einige deliktypische Veränderungen bei sexuellem Mißbrauch von Kindern in den letzten Jahren. In: Monatsschrift für Kriminologie 2/1977.

Herwig B. und *Müller-Luckmann, E.*: Charakterologische Probleme der Zeugenpsychologie in neuer Beleuchtung. In: Berichte aus Forschung und Hochschulleben 1952 bis 1954, Braunschweig 1954.

Hetzer, H. und *Pfeiffer, H.*: Glaubwürdigkeit geistig behinderter Tatzeugen. In: Neue Juristische Wochenschrift 1964, 17. Jg.

Hiltmann, H.: Psychologische Begutachtung der Glaubwürdigkeit jugendlicher Zeugen, speziell bei Sittlichkeitsdelikten. In: Zeitschrift für diagnostische Psychologie 1956.

Warum und wieweit sind Kinder weniger zeugentüchtig als Erwachsene? In: Das Polizeiblatt für das Land Baden-Württemberg 1956.

Individuelle und soziale Faktoren der kindlichen Zeugenaussage. In. Jahrbuch für Jugendpsychiatrie in ihren Grenzgebieten 1962.

Jähnig, H.-U., Littmann, E. (Hrsg.): Kriminalpsychologie und Kriminalpsychopathologie. VEB Gustav Fischer Verlag, Jena 1985.

Janetzke, G.: Die Beweiserhebung über die Glaubwürdigkeit der Zeugen im Strafprozeß. In: Neue Juristische Wochenschrift 1958, 11. Jg.

Janssen, Ingeborg. Beurteilung der Zeugentüchtigkeit eines 13jährigen Mädchens. Z. für Diagnostische Psychologie 1957.

Jessnitzer, K., Frieling, G.: Der gerichtliche Sachverständige. Köln 1992.

Jungjohann, E.: Symptom als Botschaft. Psychosomatische Reaktionen als Signale bei sexueller Ausbeutung des Kindes. Acta Paedopsychiatrica, 53. Jahrgang, 1990, Heft 1.

Kinder klagen an, Fischer Taschenbuch. Verlag Frankf. a. M. 1991.

Kaiser, G., Schöch, H.: Kriminologie, Jugendstrafrecht, Strafvollzug. München, Beck Verlag, 3. Auflage 1987.

Kaiser, G., Kury, H., Albrecht, H.-J. (Hrsg.): Kriminologische Forschung in den 80er Jahren, Freiburg 1988.

Kasielke, E.: Psychologische Begutachtung der Glaubwürdigkeit kindlicher und jugendlicher Zeugen. In: Schmidt, H.-D. und E. Kasielke (Hrsg.): Psychologie und Rechtspraxis. Verlag der Wissenschaften. Berlin 1965.

Kavemann, B., Lohstöter,: Väter als Täter. Rowohlt Taschenbuchverlag Reinbeck b. Hamburg, 1984.

Klinghammer, D.: Zur Begutachtung der Aussage taubstummer Kinder und Jugendlicher, besonders in Sittlichkeitsprozessen. In: Monatsschrift für Kriminologie 1958.

Klitzing, K. v.: Glaubwürdigkeitsbegutachtung von Kindern und Jugendlichen in der Frage des sexuellen Mißbrauchs. Acta Paedopsychiatrica 53, S. 181–191, 1990.

Knögel, W.: Zuziehung eines Sachverständigen über die Glaubwürdigkeit einer

kindlichen Zeugin bei Sittlichkeitsverbrechen. In: Deutsche Richterzeitung 1953, 31 Jg.
Köhnken, G. und *Wegener, H.:* Zur Glaubwürdigkeit von Zeugenaussagen. In: Zeitschrift für experimentelle Psychologie 1/1982.
Köhnken, G.: Glaubwürdigkeit. Untersuchungen zu einem psychologischen Konstrukt. Psychologie Verlagsunion, München 1990.
Köhnken, G., und *Wegener, H.:* Zur Glaubwürdigkeit von Zeugenaussagen. Experimentelle Überprüfung ausgewählter Glaubwürdigkeitskriterien. Zeitschrift für Experimentelle und Angewandte Psychologie 1982, Heft 29, S. 92–111.
Köhnken, G.: Verhaltenskorrelate von Täuschung und Wahrheit. Psychologische Rundschau 1987, Heft 3.
Kohlhaas, M.: Die Glaubwürdigkeit der Kinderaussage und ihre Überprüfung durch Sachverständige. In: Neue Juristische Wochenschrift 1951, 4. Jg.
Eine Entscheidung des Bundesgerichtshofs zur Frage der Glaubwürdigkeit der Kinderaussage. In. Praxis der Kinderpsychologie 1952, 1. Jg.
Das Kind im Gerichtsverfahren (Kinderpsychologie und forensische Begutachtung). In: Praxis der Kinderpsychologie 1952, 1. Jg.
Nochmals zur Glaubwürdigkeit der Kinderaussage. In: Praxis der Kinderpsychologie 1952. 1. Jg.
Glaubwürdigkeit der Kinderaussage. In: Unsere Jugend 1952.
Nochmals zur Glaubwürdigkeit der Kinderaussage. In: Unsere Jugend 1952.
Ein weiteres Urteil zur Notwendigkeit einer Überprüfung der Glaubwürdigkeit Jugendlicher durch Sachverständige. In: Praxis der Kinderpsychologie 1953, 2. Jg.
Krück, U.: Psychische Schädigung minderjähriger Opfer von gewaltlosen Delikten auf verschiedenen Altersstufen. Monatsschrift für Kriminologie und Strafrechtsreform 1989, Heft 5.
Die Viktimisierung sexuell mißbrauchter Jungen. Beier/Wille (Hrsg.), Sexualität zwischen Medizin und Recht, Stuttgart: Verlag Fischer 1991.
Kube, E.: Polizeibedienstete als Zeugen und Sachverständige vor Gericht. In: Deutsche Richterzeitung 1979.
Kuhn, E.: Über sexuelle Falschbeschuldigung durch weibliche Jugendliche. In: Archiv für Kriminologie 1943.
Kühne, A.: Psychologie im Rechtswesen. Deutscher Studienverlag, Weinheim 1988.
Küttner, H.: Sexuelle Falschbeschuldigung durch weibliche Jugendliche. In: Archiv für Kriminologie, 1956.
Leferenz, H.: Beurteilung der Glaubwürdigkeit. In H. Göppinger & H. Witter (Hg.): Handbuch der forensischen Psychiatrie. Bd. II Berlin, Heidelberg, New York, 1972, 1314–1346.
Lempp, R.: Gerichtliche Kinder- und Jugendpsychatrie. Huber, Stuttgart 1983
Leonhardt, C.: Psychologische Beweisführung in Ansehung existenzstreitiger Vorgänge. In: Archiv f. d. ges. Psychologie 1930.
Psychologische Beweisführung. In: Deutsche Richterzeitung 1930.
Die Hilfe der psychologischen Beweisführung bei der Untersuchung von Sittlichkeitsdelikten. In: Zeitschrift für angewandte Psychologie 1931.
Beiträge zur psychologischen Beweisführung in Ansehung existenzstreitiger Vorgänge. In: Archiv f. d. ges. Psychologie 1931.
Psychologische Beweisführung. In: Archiv für Kriminologie 1931.
Das erdichtete Erlebnis der eidlichen Zeugenaussage und die Aufdeckung des Meineidsverbrechens mit Hilfe der psychologischen Beweisführung, erläutert an einem methodisch behandelten Fall der Praxis. In: Zeitschrift f. d. ges. Strafrechts-Wissenschaft 1931.

Die praktische Verwertbarkeit der psychologischen Beweisführung. In: Judicium 1931, 4. Jg.
Psychologische Beweisführung in Ansehung existenzstreitiger Vorgänge: Die Verwertung des Symptoms „Weinen" für die Beweisführung. In: Judicium 1931, 3. Jg.
Psychologische Beweisführung in Ansehung existenzstreitiger Vorgänge: Die forensische Bedeutung des Lächelns und die Verwertung des Symptoms für die Beweisführung. In: Judicium 1931, 3. Jg.
Vorschläge zu einer psychologischen Beweisführung in ihren Grundgedanken. In: Archiv f. d. ges. Psychologie 1932.
Psychologische Beweisführung in Ansehung existenzstreitiger Vorgänge. In: Zeitschrift für angewandte Psychologie 1934.
Kritik der psychologischen Beweisführung, Monatsschrift für Krim. Psychologie 1934.
Die Verwertung psychologischer Indizien bei Würdigung sich widersprechender Aussagen. In: Schweizerische Zeitschrift für Strafrecht 1934, 48. Jg.
Methodisches Vorgehen zur Feststellung, ob ein angebliches in seiner Existenz streitiges oder zweifelhaftes Erlebnis der Auskunftsperson in der Tat stattgefunden hat oder lediglich erdichtet ist. In: Zeitschrift für angewandte Psychologie 1936.
Psychologische Indizien: In: Zeitschrift für angewandte Psychologie 1938. Die forensische Bedeutung des Weinens und die Verwertung des Symptoms für die Beweisführung in Fällen existenzstreitiger Erlebnisse. In: Archiv f. d. ges. Psychologie 1940.
Die Verwertung psychologischer Symptome für die forensische Wahrheitsforschung in Fällen existenzstreitiger Erlebnisse. In: Monatsschrift für Kriminalbiol. 1940.
Die Auswertung des Nachklangs der durch bedeutsame Erlebnisse ausgelösten Gefühle für die forensische Wahrheitsermittlung. In: Archiv f. d. ges. Psychologie 1941.

Leuschke, A.: Selbstbeurteilung und Sprachstil zweier Jugendgenerationen. Dissertation Köln 1958.

Lipmann, O.: Reformvorschläge zur Zeugenvernehmung vom Standpunkt des Psychologen. In: Archiv für Kriminologie 1905.
Grundriß der Psychologie für Juristen. 1925.

Littmann, E., Psychische Schäden nach sexuellem Mißbrauch, Psychomed, 4, S. 13–19, 1992.

Loftus, E. F.: Reconstruction of Automobile Destruction. An example of the interaction between language and memory. In: Journal of verbal learning 13/1974.
Eyewitness Testimony. Cambridge 1979.

Maisch, H.: Der Inzest und seine psychodynamische Entwicklung. In: Beiträge zur Sexualforschung 1965.
Inzest. Hamburg 1968.

Marbe, K.: Kinderaussagen in einem Sittlichkeitsprozeß. In: Fortschritte der Psychologie und ihrer Anwendung. Leipzig und Berlin 1913.
Der Psychologe als Gerichtsgutachter im Straf- und Zivilprozeß. Stuttgart 1926.

Matthes, I.: Minderjährige „Geschädigte" als Zeugen in Sittlichkeitsprozessen. In: Schriftenreihe des Bundeskriminalamtes. Wiesbaden 1961/1.

Meinert, F.: Aussagefehler und Zeugenprüfung in der kriminalistischen Praxis. Hamburg 1950.

Michaelis, E.: Kinder verschiedener Altersstufen als Zeugen. In: Arntzen, F. und Michaelis, E.: Psychologie der Kindervernehmung. Schriften des Bundeskriminalamtes 1970/1.

Michaelis-Arntzen, E.: Zur Glaubwürigkeit von Zeugenaussagen bei Vergewaltigungsdelikten. In: Vergewaltigungen, Kriminalistische Studien, Bd. 1, Fachschriftenverlag Schäfer, 1985, S. 69.
Unglaubwürdige Zeugenaussagen. Forensia 1987, Heft 8, S. 73–80.

Michaelis, E.: Aussageglaubwürdigkeit unter entwicklungspsychologischem Aspekt. In: Eisen, G. (Hg.) Handwörterbuch der Rechtsmedizin. Band III. Enke, Stuttgart 1977.
Die Glaubwürdigkeitsbegutachtung der Zeugenaussage durch einen psychologischen Sachverständigen. In Arntzen: Vernehmungspsychologie. Beck, München 1978.
Die Vergewaltigung aus kriminologischer, viktimologischer und aussagepsychologischer Sicht. Beck, München 1981.
Zur Psychologie der Zeugenaussage. Strafverteidiger-Forum 2/90, S. 70–74.

Mittermaier, C. J. A.: Zeugenaussagen. Darmstadt 1934.

Mönkemöller, O.: Psychologie und Psychopathologie der Aussage. Heidelberg 1930.

Müller-Hess, V. und *Nau, E.:* Die Bewertung von Aussagen Jugendlicher in Sittlichkeitsprozessen. In: Jahreskurse für ärztliche Fortbildung 1930, XXI. Jg.

Müller-Küppers, M.: Das Notzuchtopfer. In: Sexualmedizin 7 (1978), Verlag Medical Tribune, Wiesbaden.

Müller-Luckmann, E.: Über die Glaubwürdigkeit kindlicher und jugendlicher Zeuginnen bei Sexualdelikten, Stuttgart 1959.
Die psychologische Begutachtung der Glaubwürdigkeit insbesondere in Jugenschutzsachen. In: *Blau* und *Müller* (Hrsg.): Gerichtliche Psychologie. Neuwied und Berlin-Spandau 1962.
Über die Wahrhaftigkeit kindlicher und jugendlicher Zeugen in der Hauptverhandlung. In: Das sexuell gefährdete Kind. Beiträge zur Sexualforschung 1965.
Aussagepsychologie. In: A. *Ponsold* (Hrsg.): Lehrbuch der gerichtlichen Medizin, 3. Aufl. Stuttgart 1967.
Beurteilung der Glaubhaftigkeit von Zeugenaussagen. In: Die Psychologie des 20. Jahrhunderts. Kindler, Zürich 1981.

Müther, M., Kluck, M. C.: Mißbrauch von Kindern. Der Sozialarbeiter 1992.

Nau, E.: Die Bewertung von Aussagen Jugendlicher in Sittlichkeitsprozessen. In: Jahreskurse für ärztliche Fortbildung. München 1930.
Zeugenaussagen von Kindern und Jugendlichen. In: Handwörterbuch der Kriminologie u. d. and. strafrechtlichen Hilfswissenschaften. Berlin und Leipzig 1936.
Die Glaubwürdigkeitsbeurteilung kindlicher und jugendlicher Zeugen. In: Jahrbuch für Jugendpsychiatrie und ihre Grenzgebiete, Bd. III, Bern und Stuttgart 1962.
Die Persönlichkeit der jugendlichen Zeugen. In: Beiträge zur Sexualforschung 1935.

Orth, C.: Kinder als Zeugen. Aussagen von Kindern zu Exhibitionsvorgängen. Kriminalistik, S. 8–9, 1991.

Peters, K.: Fehlerquellen im Strafprozeß. Karlsruhe 1970.

Pfahler, G.: Schüleraussagen über eine Ernsthandlung. In: Zeitschrift für angewandte Psychologie 1926.

Plaut, P.: Die Zeugenaussagen jugendlicher Psychopathen. Stuttgart 1928. Aussage und Umwelt in Sittlichkeitsprozessen. Halle 1929.
Der Zeuge und seine Aussage im Strafprozeß, Leipzig 1931.
Psychologische Gutachten in Strafprozessen. In: Zeitschrift für angewandte Psychologie 1933.

Prahm, H.: Die ärztlich-psychologische Beurteilung der Glaubwürdigkeit Minderjähriger und ihre Berücksichtigung im Strafverfahren. Verlag Otto Schwarz & Co., Göttingen 1972.

Probst, E.: Kinder und Jugendliche als Zeugen. In: Psychologische Praxis Heft 3, Basel 1950.

Prüfer, H.: Der Realitätsgehalt unbeständiger Aussagen im Strafprozeß. In: Deutsche Richterzeitung, Febr. 1977.

Raskin, D. C.: Psychological methods in criminal investigation and evidence. New York 1989.

Rathsam, B.: Problematische Kinderaussagen. In: Kriminalistik 1940.

Redelberger, O.: Psychologische Gutachten in Sittlichkeitsprozessen. In: Neue Juristische Wochenschrift 1965, 18. Jg.

Reich-Dörr: Zur Psychologie der falschen Anschuldigung und Selbstbezichtigung. In: Kriminologische Schriftenreihe Bd. 7, Hamburg 1962.

Riedel, H.: Kindliche und jugendliche Zeugen. In: Recht der Jugend 1955.

Röcker, D.: Sexueller Mißbrauch in der Scheidungsfamilie. In: Du Bois (Hrsg.), Praxis und Umfeld der Kinder- und Jugendpsychiatrie, 1989.

Roemer, H. und *Wetzels, P.:* Zur Diagnostik sexuellen Mißbrauchs bei Kindern in der forensisch-psychologischen Praxis. Praxis der Forensischen Psychologie 1, (1) April 1991.

Rohner, W.: Kinder und Jugendliche als Zeugen im Strafverfahren. Schultheß Polygraphischer Verlag 1975.

Rüth-Bemelsmann, E.: Experimentelle Erprobung der Kriterien zur Aussageanalyse. Diplomarbeit Psychologie Universität Köln 1984 (Zusammenfassung in Michaelis-Arntzen, E.: Unglaubwürdige Zeugenaussagen. Forensia, Heft 8, 1987).

Rush, F.: Das bestgehütete Geheimnis. Sexueller Kindesmißbrauch. Subrosa Frauenverlag, Berlin 1985, 3. Auflage.

Schmidt, G.: Pseudologische Zeugenaussagen von Schulmädchen. Nervenarzt 1952.

Schnetz, H.: Das Kind als klassischer Zeuge bei Sexualdelikten. Darmstadt 1961.

Schönfelder, Th.: Die Initiative des Opfers. In: Beiträge zur Sexualforschung 1965.

Die Rolle des Mädchens bei Sexualdelikten. Stuttgart 1967.

Schrenk, J.: Einführung in die Psychologie der Aussage. Leipzig 1922.

Schumacher, K.: Zur Psychologie der Zeugenaussagen. In: Deutsche Richterzeitung 1960.

Schwind, H.-D.: Kriminologie, Kriminalistik Verlag Heidelberg 1986. I.
Kriminologie und Praxis, Kriminalistik Verlag Heidelberg 1986. II.

Salzgeber/Stadler/Drechsel/Vogel: Glaubhaftigkeitsbegutachtung. Profil Verlag, München 1989.

Schellenberg, C.: Die jugendliche orientalische Zeugin im deutschen Gerichtsverfahren. Monatsschrift für Kriminologie u. Strafrechtsreform 1985, Heft 10

Schneider, H. J.: Viktimologie. Wissenschaft vom Verbrechensopfer. J. C. B. Mohr (Paul Siebeck), Tübingen 1975.

Seelig, E.: Die Registrierung unwillkürlicher Ausdrucksbewegungen als forensisch-diagnostische Methode. In: Zeitschrift für angewandte Psychologie 1927.

Steller, M.: Psychophysiologische Aussagebeurteilung. Verlag für Psychologie, Hogrefe, Göttingen, *Toronto, Zürich* 1987.

Stern, W.: Erinnerung, Aussage und Lüge in der frühen Kindheit. Leipzig 1931.

Zur Psychologie der Aussage. In: Zeitschrift für die gesamte Strafrechtswissenschaft 1902.

Aussagestudium. In: Beiträge zur Psychologie der Aussage 1903.

Die Aussage als geistige Leistung und als Verhörsprodukt. In: Beiträge zur Psychologie der Aussage, 1904.

Zur Psychologie der Kinderaussage. In: Deutsche Juristenzeitung 1908.

Jugendliche Zeugen in Sittlichkeitsprozessen. Leipzig 1926.

Über psychologische Zeugenbegutachtung. In: Deutsche medizinische Wochenschrift 1930.
Zwei forensisch-psychologische Gutachten über kindliche Zeugen in Sittlichkeitsprozessen. In: Zeitschrift für angewandte Psychologie 1930.
Verschiedene Glaubwürdigkeit siebenjähriger Zwillingsschwestern. In: Zeitschrift für angewandte Psychologie 1931.

Szewczyk, H.: Die Psychologie der Aussage. In: Psychologie des 20. Jahrhunderts. Kindler, Zürich 1981.
Die Abwandlungen im Aufbau der Persönlichkeit in der Ermüdung. Dissertation. Berlin 1953.

Stöhr, A.: Psychologie der Aussage. In: Sammlung „Das Recht" Berlin 1911.

Stutte, H.: Kinder als Zeugen vor Gericht. In: Unsere Jugend 1951.

Tramer, W.: Zur kinderpsychologischen Methodik der Begutachtung der Glaubwürdigkeit von Aussagen Minderjähriger. In: Zeitschrift für Kinderpsychatrie (Schweiz) 1945/46.

Trankell, A.: Psychologisk bedömming ar vittnesutsagor. In: Svensk Juristtidning 1959.
Vittnespsykologins Arbedsmetoder. Liber, Stockholm 1963.
Zur Methodik von Glaubwürdigkeitsuntersuchungen. In: Psychologie und Praxis 6/1957.
Reliability of Evidence, Beckmanns, Stockholm 1972.

Trube-Becker, E. 1989. Sexueller Mißbrauch von Kindern aus ärztlicher und rechtsmedizinischer Sicht – Verletzungsfolgen und Schlußfolgerungen. In: J. Walter (Hrsg.), Sexueller Mißbrauch im Kindesalter, S. 35–54. Stuttgart: Edition Schindele.

Ulrich, M.: Die Glaubwürdigkeit von Zeugenaussagen Jugendlicher und Kinder zu homosexuellen Delikten. Monatsschrift für Kriminologie und Strafrechtsreform 1988, Heft 6.

Undeutsch, U.: Die Entwicklung der gerichtspsychologischen Gutachtertätigkeit. Bericht über den XIX. Kongreß der Deutschen Gesellschaft für Psychologie, Göttingen 1954.
Der Wahrheitsgehalt in den Zeugenaussagen Jugendlicher. Bericht über den 4. Kongreß „Das schwererziehbare Kind", Düsseldorf 1956.
Aussagepsychologie. In: A. Ponsold *(Hrsg.)* Lehrbuch der gerichtlichen Medizin. Stuttgart 1957.
Kriterien zur Beurteilung von Zeugenaussagen. In: Sittlichkeitsdelikte, Arbeitstagung im Bundeskriminalamt, 1959.
Forensische Psychologie. In: Handwörterbuch der Kriminologie. Bd. I., Berlin 1965.
Psychologische Gutachten in Sittlichkeitsprozessen. Neue Juristische Wochenschrift 1966.
Beurteilung der Glaubhaftigkeit von Aussagen. In: Handbuch der Psychologie 11. Band. Göttingen 1967.

Villinger, W.: Grundsätzliches und Erfahrungen zum Thema: Begutachtung der Glaubwürdigkeit kindlicher und jugendlicher Zeugen. In: Jahrbuch der Jugendpsychiatrie und ihrer Grenzgebiete, Bd. III, Bern und Stuttgart 1962.

Volk, P., Hilgarth, M., Kolter, J.: Zur Viktimologie des Sexualverbrechens. Nachuntersuchungen der Opfer. Münch. med. Wochenschrift 121 (1979), Nr. 40.

Wassermann, R. (Hrsg.): Menschen vor Gericht. Luchterhand 1979, Neuwied und Darmstadt

Weinrich, H.: Linguistik der Lüge. Heidelberg 1966.

Wegener, H.: Einführung in die forensische Psychologie. Wissenschaftliche Buchgesellschaft, Darmstadt 1981.

Zur Psychologie der Kinderaussage. In: Praxis der Kinderpsychologie 1953, 2. Jg.

Körperkontakte mit Kindern und Jugendlichen als pädagogisch-therapeutische Methode. In: Monatsschrift für Kriminologie 4/1978.

Weis, K.: Die Vergewaltigung und ihre Opfer. Eine viktimologische Untersuchung. Enke Verlag, Stuttgart 1982.

Yuille, J. C.: Credibility Assessment. Dordrecht 1989.

Zillig, M.: Einstellung und Aussage. In: Zeitschrift für Psychologie 1928.

Typisches Verhalten kindlicher Zeugen bei wiederholter Aussage. In: Zeitschrift für Psychologie 1928.

Experimentelle Untersuchungen über die Glaubwürdigkeit von Kindern. In: Zeitschrift für Psychologie 1931.

Zuschlag, B.: Das Gutachten des Sachverständigen. Verlag für Angewandte Psychologie, Göttingen, Stuttgart 1992.

A. Einführung

1. Die empirische Basis der forensischen Aussagepsychologie

In der Zeit nach dem zweiten Weltkrieg wurde der forensischen Aussagepsychologie in großem Umfang Gelegenheit zur Begutachtung von Zeugenaussagen geboten. Nach statistischen Unterlagen wurden von 1950 bis 1990 *mindestens* 50000 psychologische Gutachten über die Glaubwürdigkeit von Zeugenaussagen für Gerichte in der Bundesrepublik erstellt. Dadurch ermöglichte die Justiz den herangezogenen Gutachtern die Gewinnung eines Aussagematerials, das eine umfassende systematische Auswertung erlaubte, und schuf damit die Voraussetzungen für wissenschaftliche Arbeiten auf dem Gebiet der Aussagepsychologie, die sich auf eine breite *empirische* Basis gründen konnten.

Daß in erster Linie Aussagen untersucht wurden, die sich auf Sexualdelikte bezogen, braucht keine Einschränkung der Forschungsmöglichkeiten für die allgemeine Aussagepsychologie zu bedeuten, wirkte sich vielmehr eher als Förderung derselben aus. Gerade Zeugen von Sexualdelikten sind *vielfältig* am bezeugten Geschehen beteiligt: durch Beobachtung von äußeren Gegebenheiten, durch Teilnahme an Gesprächen, als „Partner" und Opfer von Handlungen, durch Gefühle und körperliche Empfindungen usw. Dadurch kommt es gerade bei diesen Delikten zu so mannigfaltigen, vielseitigen Zeugenaussagen, daß Eigenarten einer Zeugenbekundung hier zahlreicher in Erscheinung treten als bei Aussagen zu anderen Vorgängen, die im forensischen Bereich eine Rolle spielen.

Aus der Tatsache dieses Materialschwerpunktes ergibt sich, daß erläuternde *Beispiele* in dieser Darstellung vorwiegend dem Gebiet der Sexualdelikte entnommen sind. Wenn wir in diesem Zusammenhang zahlreiche Beispiele von Aussagen von *Jugendlichen* bringen, obschon wir auch in großer Zahl Zugang zu Aussagen von Erwachsenen haben, so liegt der Grund darin, daß Kinder und Jugendliche ihre Aussagen besonders unbefangen vorbringen, relevante Persönlichkeitseigenarten sich bei ihnen leichter erfassen lassen und ihre Bekundungen deshalb deutlicher Zusammenhänge mit Persönlichkeitseigenarten erkennen lassen, als es bei Aussagen von Erwachsenen der Fall ist. Aus ihren Aussagen ergab sich besonders reichhaltiges Material für das Grundlagenwissen der forensischen Aussagepsychologie.

Die Begutachtung der Aussagen von Zeugen sonstiger Altersstufen, von Aussagen zu anderen Delikten als zu Sexualdelikten und von Aussagen in anderen

Sektoren der Justiz (z.B. in den zivilrechtlichen) haben eindeutig gezeigt, daß die Arbeitsergebnisse auf diese übertragen werden dürfen – d.h., daß die Kriterien der Glaubwürdigkeit und Unglaubwürdigkeit dort in gleicher Weise gelten. (Teilweise wurde dies auch durch experimentelle Untersuchungen belegt – s. Rüth, 19.) Das Bochumer Institut hatte Vergleichsmöglichkeiten bei Aussagen zu Delikten wie Erpressung, Brandstiftung, Diebstahl, Kindesmißhandlung, Körperverletzung und Betrug. Unterschiedlich ist nur das Gewicht, das einzelne Glaubwürdigkeitsmerkmale in Anwendung auf Aussagen von Zeugen verschiedener Altersstufen und in anderen Sparten der Justiz haben. Auch die Möglichkeit, Glaubwürdigkeitskriterien überhaupt herauszuarbeiten, kann in den einzelnen Arbeitsbereichen der Justiz verschieden sein.

Soweit psychologische Befunde des Verfassers in die vorliegende Darstellung Eingang finden, ergaben sie sich aus einem Material, das bei über 43000 individuellen Untersuchungen von Zeugenaussagen gewonnen wurde, die von Mitarbeitern des Bochumer Institutes für Gerichtspsychologie in den letzten vier Jahrzehnten durchgeführt wurden. Die Ergebnisse der Untersuchungen waren in ausführlichen Gutachten niedergelegt worden. Die große Zahl dieser Untersuchungen erlaubt unseres Erachtens eine genügende Absicherung der Befunde.

Eines der Nebenziele dieser Darstellung ist, ein möglichst geschlossenes *System* von brauchbaren *Arbeitsbegriffen* für die Aussagepsychologie zu bieten, in dem eine Begriffsbezeichnung auf die andere abgestimmt ist, Abgrenzungen der Begriffe voneinander vorgenommen und damit Überschneidungen möglichst vermieden werden, so daß die Arbeitsbegriffe insgesamt der Operationalisierung besser zugänglich gemacht werden als bisher (s. Arntzen 1970).

Die forensische Aussagepsychologie beschränkt sich im Sektor der Strafjustiz bisher auf Probleme der Glaubwürdigkeit von *Zeugen*aussagen. *Einlassungen von Angeklagten* haben bisher unter diesem Aspekt noch keine systematische fachpsychologische Bearbeitung gefunden, während sie in der Literatur über den sog. „Lügendetektor", die von anderen Aspekten ausgeht, im Mittelpunkt der Betrachtung stehen.

Wir geben in diesem Kapitel zunächst einen geschichtlichen Überblick über die Entwicklung der Aussagepsychologie und gehen dann kurz auf die wissenschaftliche Arbeitsweise derselben ein. In den weiteren Kapiteln stellen wir systematisch die Aussageeigenarten dar, die zu Glaubwürdigkeitsmerkmalen werden können, befassen uns mit dem Merkmalskomplex, zu dem sie sich vereinigen können, erörtern Aussagen von Zeugengruppen und gehen noch einmal eigens auf unglaubwürdige Zeugenaussagen ein. Schließlich behandeln wir die Persönlichkeitseigenarten der Zeugen, die für die Glaubwürdigkeitsbeurteilung besondere Bedeutung haben. Im Anhang stellen wir eine Aussageeigenart (die Schilderung, die einem *Delikttypus* entspricht) als Glaubwürdigkeitsmerkmal dar, die vorläufig nur für Zeugenaussagen zu wenigen Delikten Bedeutung hat, also noch nicht die Allgemeingültigkeit der übrigen besprochenen Realitätskriterien beanspruchen darf.

2. Neuere Geschichte der forensischen Aussagepsychologie

In geschichtlicher Hinsicht hat die *ältere* Aussagepsychologie, die vor allem durch Binet (1900), W. Stern (1902, 1904, 1926), O. Lipmann (1905), Marbe (1913), M. Döring (1923) und P. Plaut (1929) vertreten wurde, eine treffende Darstellung in mehreren Veröffentlichungen von Undeutsch (1954, 1965, 1967) gefunden. Nur wenige Lehrmeinungen dieser Epoche der Aussagepsychologie haben Bestand gehabt. Der Grund dafür liegt eindeutig darin, daß die Autoren sich nur selten mit dem Zeugen selbst befaßt haben. Sie beschränkten sich durchweg auf bloßes Aktenstudium in einzelnen Strafsachen sowie auf Laborexperimente und hatten deshalb geringen Kontakt mit der forensischen Wirklichkeit.

Im folgenden geben wir einen Überblick über die *neuere* Entwicklung, welche die Aussagepsychologie in der Zeit nach dem zweiten Weltkrieg nahm. Diese Entwicklungsphase scheint uns bisher in historischen Darstellungen der Gerichtspsychologie unvollständig behandelt worden zu sein.

Die eigentliche empirische Fundierung und damit die entscheidende Ausweitung der Aussagepsychologie begann etwa 1948. Sie war eng verknüpft mit umfangreicher *Gutachter*tätigkeit vor Gericht.

Mehrere Psychologen wurden von dieser Zeit an als Glaubwürdigkeitsgutachter *häufig* tätig (z. B. Arnold in Nürnberg und Würzburg, Clostermann in Essen, Deegener in Oldenburg, Erna Duhm in Göttingen, Friedrichs und Ursula Jacoby in Hagen und Wuppertal, Heiß und Hildegard Hiltmann in Freiburg, Herwig und Elisabeth Müller-Luckmann in Braunschweig, Undeutsch zunächst in Mainz, dann von Köln aus vorwiegend im Rheinland, Wegener in Kiel, Wenke und Liebgard Tormin in Hamburg, Jacobs in Osnabrück sowie der Verfasser in Münster und an den Landgerichten des Ruhrgebiets). Während in den vorhergehenden Jahrzehnten Psychologen nur *gelegentlich* zu Gutachten herangezogen worden waren, wurden nun von den genannten Gerichten und von einigen anderen *regelmäßig* psychologische Gutachten angefordert, wenn Schwierigkeiten in der Glaubwürdigkeitsbeurteilung von Zeugenaussagen bestanden.

Die *Untersuchungsmethoden* der psychologischen Gutachter, die erstmalig in größerem Umfang für den forensischen Bereich tätig wurden, waren verschiedenartig. Entsprechend den anfänglichen Wünschen der Gerichte untersuchten manche nur die Persönlichkeit der Zeugen und legten in ihren Gutachten zusammenfassend eine Beurteilung der „allgemeinen Glaubwürdigkeit" des Zeugen nieder – oft nur mit einem kurzen Hinweis auf die „spezielle Glaubwürdigkeit" (d. h. der Aussagen im betreffenden Verfahren).

Von den genannten Psychologen begannen in den fünfziger Jahren aber einzelne ungefähr gleichzeitig und unabhängig voneinander, eine *eingehende Exploration zur Sache* in ihre Untersuchungen einzubeziehen, weil der Schwerpunkt jetzt weitgehend auf die Untersuchung der *Aussage selbst* gelegt wurde.

Mit eigentlich *fachpsychologischen Veröffentlichungen* traten in dieser Zeit vor allem Arnold, Undeutsch, Hiltmann, Müller-Luckmann und (in Schweden) Trankell hervor – sie befaßten sich mit den Aussagen von Kindern und Jugendlichen, die als Zeugen von Sexualdelikten auftraten. (Die anglo-amerikanische Literatur dieser Epoche, die wegen des unterschiedlichen Prozeßrechts eine völlig andere Ausrichtung hat – sie hat nicht die *konkrete* Zeugenaussage zum Gegenstand – lassen wir hier außer Betracht.)

Arnold gab (1952) als erster nach dem zweiten Weltkrieg in einem Fachzeitschriftenaufsatz einen Überlick über den damaligen Stand der Aussagepsychologie und veröffentlichte in dieser Periode auch als erster *Psychologe* Erfahrungen, die sich aus einer *größeren* Zahl eigener Glaubwürdigkeitsbegutachtungen ergaben. (Sie bezogen sich damals auf Aussagen von 154 Zeugen.) Er beschrieb auch die Untersuchungsmethoden, die zu diesem Zeitpunkt bei Glaubwürdigkeitsüberprüfungen angewandt wurden.

Indem er allgemeine Glaubwürdigkeit und die auf eine bestimmte Aussage bezogene Glaubwürdigkeit unterschied, wies er darauf hin, daß man bei ein und demselben Zeugen die eine verneinen und die andere bejahen könne, und erklärte den Vorrang der „speziellen Glaubwürdigkeit". Er zeigte ebenfalls auf, daß die Zeugentüchtigkeit („normale intellektuelle und willentliche Disposition") verbürgt sein könne, während die Glaubwürdigkeit verneint werden müsse (s. später auch Undeutsch 1954 und Wegener 1981).

Undeutsch kommt das Verdienst zu, nach dem zweiten Weltkrieg durch mehrere Veröffentlichungen als erster *weite* Kreise der Justiz mit den Möglichkeiten aussagepsychologischer Gutachtertätigkeit bekanntgemacht zu haben. Bahnbrechend war sein Referat, das er 1954 vor dem Bundesgerichtshof hielt und das für Gerichte die Möglichkeit von Aussagebegutachtungen überzeugend aufzeigte. Er gab Überblicke über einen Teil der aussagepsychologischen Gutachtertätigkeit im Bundesgebiet (1954, 1957) und betonte mit Nachdruck, daß die generelle Skepsis der älteren Generation (aus der Zeit vor dem ersten Weltkrieg) gegenüber der Zeugenaussage unberechtigt gewesen sei. Er arbeitete selbst mehrere Glaubwürdigkeitsmerkmale heraus und veröffentlichte Zusammenstellungen der Glaubwürdigkeitsmerkmale, die bis dahin zum Teil in Zeitschriftenveröffentlichungen (z. B. von Leonhardt) verstreut waren, zum Teil erstmalig in Sachverständigengutachten abgehandelt worden waren, wo sie in den Gerichtsakten aber nur einem kleinen Teil der Öffentlichkeit zugänglich waren. (Zur speziellen Geschichte der Glaubwürdigkeitskriterien vgl. S. 17). Undeutsch befaßte sich auch mit methodischen Fragen der Aussagepsychologie und zeigte die Fehler der Experimente, die in der älteren Aussagepsychologie durchgeführt worden waren, überzeugend auf. Er wies darauf hin, daß vor allem die Einprägsamkeit von Geschehnissen am eigenen Körper (zu denen es beispielsweise bei Sexualdelikten kommt) unterschätzt worden und daß die Verallgemeinerung zahlreicher experimenteller Befunde auf Situationen der Gerichtspraxis unzulässig gewesen war.

Hildegard *Hiltmann* gab 1956 in einem relativ frühen Stadium der aussagepsychologischen Forschung konkrete Winke für die Durchführung von Glaubwürdigkeitsuntersuchungen von Kindern. Sie befaßte sich weiterhin mit den einzelnen Entwicklungsstadien des Kindheits- und Jugendalters unter dem Aspekt der Zeugeneignung, wobei die *einschränkenden* Momente von ihr in den Vordergrund gerückt wurden.

Trankell veröffentlichte 1957 einen Aufsatz „Zur Methodik von Glaubwürdigkeitsuntersuchungen", in dem er den Akzent der Untersuchungen besonders auf den Aussage*prozeß* und auf sozialpsychologische Gesichtspunkte legte. Damit stellte er die Situation des Zeugen, wie sie durch seine Beziehungen zu den Menschen seiner Umgebung bestimmt wird, in den Vordergrund. In seine Untersuchungen in Strafsachen bezog er auch den Beschuldigten ein sowie die Daten, welche die gesamte Ermittlungstätigkeit im Verfahren geliefert hat. (Er geht damit offenbar von einer etwas anderen prozeßrechtlichen Situation aus, als sie in der Bundesrepublik Deutschland für Gerichtsgutachten gegeben ist.)

Elisabeth *Müller-Luckmann* behandelte in mehreren Veröffentlichungen (1959, 1962, 1965, 1967) u. a. die Besonderheiten der Zeugen weiblichen Geschlechts. Sie baute hier ältere Vorurteile gegen das Mädchen als Zeugin in Verfahren, die sich auf Sexualdelikte bezogen, ab (vor allem die Vorstellung vom sexuell unaufgeklärten Mädchen, das den Reifevorgang krisenhaft erlebt und von fluktuierenden sexuellen Wünschen und Vorstellungen überschwemmt wird, die zu Phantasieaussagen über sexuelle Erlebnisse führen). Sie spricht statt dessen vom unterschiedlichen Aussagestil der Geschlechter (1967). Auch „epochenpsychologische" Einflüsse wurden von ihr in ihrer Auswirkung auf jugendliche Zeugen aufgezeigt: Publikationen erotisch-sexuellen Inhalts vertiefen wohl das Geschlechtsbewußtsein, regen aber nicht sexuelle Phantasien an. Sie durchleuchtete weiter die komplizierte sozialpsychologische Situation der Zeuginnen von Sexualdelikten in Strafverfahren, die Emotionen und Haltungen, denen sie gerade in sehr jungem Alter bei den Prozeßbeteiligten begegnen, und berichtete über das Verhalten junger Zeuginnen in Gerichtsverhandlungen, die eine Streß-Situation darstellen, welche durch echte Kommunikation gemildert werden kann. Sie zeigte weiterhin auf, daß Beobachtungszeugen in der Regel weniger zuverlässig als unmittelbar betroffene, „in der Körpersphäre aggredierte Tatzeugen" sind. Als Zeugen bei Verkehrsdelikten hält sie Kinder deshalb für wenig geeignet. Ihre Publikationen waren empirisch durch zahlreiche Untersuchungen von Zeugen unterbaut.

Als 1950 vom Verfasser das erste *Institut für Gerichtspsychologie* gegründet wurde, dessen Mitarbeiterstab in den folgenden Jahrzehnten auf etwa 40 Gerichtspsychologen anstieg, begann man dort in weitem Umfang mit der systematischen Auswertung des Aussagematerials aus Begutachtungsfällen und mit der Ausbildung von *hauptberuflichen* Gerichtspsychologen. Aus dieser Tätigkeit ergaben sich einige weitere Neuerungen, die der *Verfasser* in die aussagepsychologische Gutachtertätigkeit einführte:

Es wurden objektive Eigenarten einer Aussage zu bestimmten Persönlichkeitseigenarten oder zum individuellen Kenntnisstand in Beziehung gesetzt, die beim Zeugen erkundet wurden. Teilweise wurde Aussageeigenarten ihre Glaubwürdigkeitswertigkeit erst aus dieser Zuordnung zu bestimmten Persönlichkeitseigenarten zugeschrieben (s. Arntzen 1970). Damit wurde gleichzeitig die Frage zu beantworten gesucht: *Warum* sind die einzelnen Aussageeigenarten Glaubwürdigkeitsmerkmale? Wir glauben, auf diesem Wege eine psychologische Ableitung der Glaubwürdigkeitsmerkmale und *Ansätze zu Theorien* hinsichtlich der einzelnen Kriterien erarbeitet zu haben. In diesem Zusammenhang wurden ab 1952 *spezielle* Aussageeigenarten, von denen einige neu herausgearbeitet wurden, auch zu *bestimmten* intellektuellen Leistungseigenarten der Zeugen in Beziehung gesetzt – und damit zu deren angenommenen persönlichen Voraussetzungen, die man üblicherweise unter den Arbeitsbegriffen „intellektuelle *Begabungen*" oder „*Fähigkeiten*" erfaßt. Dadurch ließ sich auch die Frage der Glaubwürdigkeit bei solchen Aussagen leichter als bisher klären, die in einem sehr ungünstigen, mehrdeutigen Motivfeld entstanden waren und deshalb sonstigem Zugang unüberwindliche Schwierigkeiten boten. Die *Begabungspsychologie* als Psychologie intellektueller Persönlichkeitseigenarten, die vorher nur eine Rolle für die sog. allgemeine Aussagetüchtigkeit gespielt hatte, wurde damit zu einem wichtigen Mittel der psychologischen Beweisführung bei einzelnen Glaubwürdigkeitsmerkmalen. Die Frage, die in vielen Fällen eindeutig zu beantworten war, lautete jetzt: Wäre der Zeuge intellektuell überhaupt *fähig,* eine Aussage der vorliegenden Art mit ihren bestimmten Eigenarten vorzubringen, ohne eine entsprechende wirkliche Beobachtung gemacht zu haben?

Gleichzeitig wurde auf die *direkte Umwelterkundung* größter Wert gelegt. Zahlreiche Explorationen wurden im häuslichen Milieu der Zeugen durchgeführt.

Mitarbeiter des Bochumer Instituts wandten sich speziellen Fragen der Aussagepsychologie zu (Aussagen von Kindern unterschiedlicher Altersstufen, Auswirkung kultureller Eigenarten auf Zeugenaussagen zu Vergewaltigungsdelikten, Verwendbarkeit der Aussagen schwachbegabter Personen, Schädigung durch Befragung zu Sexualdelikten, Brauchbarkeit von Zeugenaussagen Hörgeschädigter).

In neuester Zeit wandte sich *Köhnken* (1990) wieder der experimentellen Psychologie zu und fand dadurch wesentliche Befunde der systematischen Feldbeobachtung bestätigt. Er weitete die Untersuchung der Glaubwürdigkeit von Bekundungen über den Bereich der forensischen Psychologie hinaus aus.

An dieser Stelle sei erwähnt, daß *unterschiedliche Auffassungen,* die in der Geschichte der Aussagepsychologie erkennbar werden, sehr oft auf das unterschiedliche Erfahrungsmaterial der Autoren zurückgehen. Wer ständig mit Zeugenaussagen bei Gericht zu tun hat, wird manches anders sehen als derjenige, der sein empirisches Material ohne diese Möglichkeit sammeln muß. Das Forschungsmaterial der forensischen Aussagepsychologie hat in vielfacher Beziehung einen anderen Charakter als eine Aussagepsychologie, die sich aus Laborexperimenten ergibt. Auch die unterschiedliche Fülle des Materials, die zur Verfügung steht, kann zu verschiedenen Auffassungen führen. Schließlich haben die forensischen Verfahrensregeln in verschiedenen Ländern unterschiedlichen Zugang zu den Gerichtsverfahren erlaubt. In zahlreichen Ländern wird der Aussagepsychologe nur von *einer* Partei bestellt und hat nicht so weitgehenden Einblick in das Verfahren und damit auch in die Akten wie in Ländern, in denen die Gerichte selber den Sachverständigen bestellen, in denen er sich auch nicht nur zu allgemeinen psychologischen Fragen, sondern auch zur konkreten Zeugenbekundung im betreffenen Verfahren äußern darf, die in anderen Ländern nicht genauer untersucht wird, weil es die prozessualen Regelungen nicht zulassen.

Die intensive Einarbeitung zahlreicher Psychologen in das Gebiet der Aussagepsychologie ließ dieses Arbeitsfeld in einem solchen Maße wachsen, daß 1980 in den meisten Ländern der Bundesrepublik zwei Drittel der Strafkammern an Landgerichten regelmäßig und in großer Zahl Glaubwürdigkeitsgutachten anforderten.

Wenn sich die vorliegende Darstellung auch weit überwiegend auf eigentlich *psychologische* Arbeiten und Veröffentlichungen stützt, so möchten wir es keineswegs unterlassen, auf Publikationen zu verweisen, die außerhalb der eigentlichen psychologischen Fachwissenschaft entstanden sind und deren Autoren die Zeugenaussage behandelt haben.

So lag es vor allem in früherer Zeit, als es noch wenig hauptberufliche Psychologen gab, für *Psychiater* nahe, sich mit der Aussagepsychologie zu beschäftigen, entsprechende Gerichtsgutachten über die Aussagen von Zeugenpersönlichkeiten zu übernehmen und über Beobachtungen aus ihrer Praxis zu berichten. Hier sind zu nennen: Müller-Heß und Elisabeth Nau (1930, 1936, 1960, 1966), Aengenendt (1955), Geisler (1959), Erhardt und Villinger (1961) sowie Thea Schönfelder (1968) und Szewczyk als Arzt und Psychologe (1981). Besonders Erika Geisler, Elisabeth Nau, die sich beispielsweise schon 1930 gegen eine übertriebene Skepsis gegenüber der Kinderaussage wandten, und H. Szewczyk haben aus praktischer forensischer Tätigkeit die Aussagepsychologie bereichert. Leider gibt es aber keine neuere Veröffentlichung von psychiatrischer Seite, die sich mit der Betrachtung von Zeugenaussagen unter *psychopathologischen* Aspekten *systematisch* beschäftigt.

3. Zur Methode aussagepsychologischer Forschung

a) Aussagen über reale Geschehnisse als Forschungsgrundlage

Die wirksamste Methode, um in der forensischen Aussagepsychologie zu Arbeitsergebnissen zu kommen, besteht nach bisheriger Erfahrung in systematischen Untersuchungen von Aussagen, die Zeugen über Beobachtungen von forensisch bedeutsamen Geschehnissen gemacht haben. Diese Möglichkeit besteht besonders dann, wenn eine große Anzahl von Zeugenaussagen zur psychologischen Begutachtung zur Verfügung steht. Gemeint sind beispielsweise Aussagen, die Zeugen bei polizeilichen oder richterlichen Vernehmungen sowie in psychologischen Explorationsgesprächen im Rahmen einer Glaubwürdigkeitsbegutachtung über (selbst erlebte) Geschehnisse wie Delikte, Unfälle und andere Ereignisse machen, die im forensischen Bereich eine Rolle spielen. *Aussagen von Zeugen, die wissenschaftlicher Arbeit zugrundegelegt werden, sollten sich möglichst nicht auf „künstlich" herbeigeführte Vorfälle, sondern auf die Beobachtung „natürlich" eingetretener Ereignisse beziehen. Dieses Verfahren der systematischen Feldbeobachtung erlaubt es durchaus, die Situationsbedingungen und andere Faktoren zu berücksichtigen, dadurch Gegebenheiten unter wechselnden Bedingungen, die gedanklich abhebbar sind, zu erfassen und davon ausgehend Gesetzmäßigkeiten herauszuarbeiten.* So stehen heute beispielsweise genügend Zeugenaussagen zu Vergewaltigungsdelikten zur Verfügung, um Bekundungen zu diesem Delikt unter verschiedenen Bedingungen auswerten zu können: Delikte dieser Art in einer Wohnung, in Kraftfahrzeugen, nach vorheriger Bekanntschaft der Zeugin mit dem Täter, bei Unbekanntheit des Täters, nach Alkoholgenuß der Zeuginnen usw. (vgl. Michaelis 1981).

Das *Experiment,* bei dem die Abhebung der verschiedenen Situationsbedingungen leichter sein kann, weil man diese willkürlich eliminieren, auswechseln und verändern kann, ist zwar ebenfalls ein erfolgreiches methodisches Mittel auf einigen Gebieten der Psychologie. Das gilt insbesondere für das Gebiet der Wahrnehmungspsychologie und für einzelne Sektoren der Gedächtnispsychologie, die im forensischen Bereich beispielsweise beim Wiedererkennen von Personen eine Rolle spielen (vgl. Köhnken u. Sporer 1990). *Für die Aussagepsychologie spielt das Experiment aber eine geringe, untergeordnete Rolle, weil es durch die Loslösung zahlreicher Geschehensfaktoren aus ihrem natürlichen Zusammenhang offenbar eine unnatürliche, erheblich vereinfachte, der Wirklichkeit nicht entsprechende Situation schafft, von der aus man zur Mehrzahl der Fragestellungen nicht zu realitätsentsprechenden Befunden kommen kann.* Durch die Manipulation verschiedener Variablen wird leicht eine künstliche Situation geschaffen – insbesondere der innerpsychischen Erlebnisfaktoren. *Es braucht kaum erwähnt zu werden, daß – von ethischen Bedenken völlig abgesehen – Aussagen über tatsächliche Delikte wie Raubüberfälle, Erpressungsmanöver, Vergewaltigung, Inzestbeziehungen usw. sich auch nicht annähernd wirklichkeitsgetreu im Experiment herbeiführen und unter Abänderung wiederholen lassen!* (Die beispielsweise für Inzestdelikte typischen Gespräche zwischen Zeugin und Täter lassen sich durch kein Mittel im Experiment herbeiführen, während sie in zahlreichen Aussagen über tatsächliche Inzestbeziehungen ohne weiteres festzustellen, in ihren Abwandlungen unter verschiedenen Bedingungen erkennbar und für die Glaubwürdigkeitsbeurteilung auswertbar sind.) Das gleiche gilt z. B. für Aussagen über Vorgänge, die für zivilrechtliche Entscheidungen u. ä. eine Rolle spielen – wie etwa Aussagen über strittige Gegebenheiten in Ehescheidungsverfahren (beispielsweise im Hinblick auf das Sorgerecht). Dementsprechend würde man bei Experimenten, die im Hinblick auf die Beobachtung solcher Vorgänge konstruiert würden, auch keine Zeugenaussagen erhalten, die der Wirklichkeit entsprechen würden.

Auch nachgespielte Szenen, die auf Filme und Videobänder aufgenommen werden, können im Hinblick auf die meisten Forschungsaufgaben der Aussagepsychologie keinen Ersatz für solche Zeugenbeobachtungen, die sich aus Eigenerlebnissen unter natürlichen komplexen Bedingungen ergeben, bieten – ebensowenig wie *Bilder,* die Versuchspersonen vorgelegt werden. Da es sich dann nicht um selbsterfahrene Handlungen handelt, fehlt vor allem die persönliche, oft tiefgehende gefühlsmäßige Betroffenheit und der „Ansprechcharakter", den lebende Wesen ausstrahlen und der sich auf Beobachtungs- und Einprägungsintensität auswirkt. Ein Vorgang, den ein Zeuge als unmittelbarer Beobachter, als Beteiligter oder sogar als Opfer erlebt, hat eine emotionale Relevanz, die nicht aufzuheben oder beliebig zu verändern ist und die Einfluß auf die Einprägung hat. („Der die Affektivität besonders direkt und nachdrücklich ansprechende Charakter der Handlungen sorgt dafür, daß sie im Gedächtnis haften bleiben." – Müller-Luckmann, 1967.) Außerdem löst das Erlebnis, das eine Person im zwischenmenschlichen Kontakt mit einer anderen hat und das nicht selten eine lebhafte Interaktion darstellt, noch sonstige Reaktionen und psychische Begleiterscheinungen in ihr aus, die Eingang in die Aussage finden und diagnostisch sehr aufschlußreich sind.

Rein äußerlich betrachtet, fehlt beispielsweise bei der optischen Wahrnehmung von Bildern und Filmen im allgemeinen auch die dritte Dimension, die Einbettung in ein räumlich ausgedehntes Geschehen, die mehr Beobachtungen – vor allem von wechselnden Standpunkten aus – als in zweidimensionaler Darstellung erlaubt. Es fehlt darüber hinaus die Einbettung in zeitlich zurückliegende, vorhergehende Beobachtungen, die nicht optisch und akustisch erfaßbar sind. Es fehlt auch die taktile Wahrnehmung, die in manchen natürlichen Zeugenbeobachtungen eine große Rolle spielt (vgl. Arntzen 1983).

In den erwähnten Schwierigkeiten liegt es wohl begründet, daß die Ergebnisse zahlreicher aussagepsychologischer Experimente von W. Stern, M. Zillig u. a. heute nur noch sehr bedingt anerkannt werden können – ganz abgesehen davon, daß den Experimentatoren wohl Ausbildung und Übung in sachgerechter Vernehmung fehlte.

Man vergleiche hierzu Undeutsch – schon 1954 –: „Es wurde dabei völlig übersehen, daß die Verhältnisse, unter denen die experimentellen Befunde gewonnen worden sind, ganz andere waren als die Bedingungen, unter denen Bekundungen über selbsterfahrene Handlungen geschehen." Ähnlich Müller-Luckmann – 1967 –: „Vor allem hat die aussagepsychologische Forschung nach dem zweiten Weltkrieg ihr Feld in die Lebenswirklichkeit der Gerichtssäle verlegen können und die Grenzen lediglich wahrnehmungspsychologischer Experimente zugunsten einer umfassenden Analyse *aller* Bedingungen der Entstehung von Aussagen überwunden." Schließlich sei Trankell – 1982 – zitiert: „Die Probleme, die in Strafverfahren zu lösen sind, haben sehr wenig mit psychometrisch erfaßbaren Variablen oder experimentell festgestellter Häufigkeit verschiedener Arten von Gedächtnisfehlern zu tun. Statt dessen ist das Problem zu lösen, wie wir ein Ereignis oder eine Reihe von Ereignissen *aus der Vergangenheit* rekonstruieren können . . . In diesen Situationen (in denen man die Ereignisse nicht mehr beobachten kann) sind die Methoden der experimentellen Psychologie von geringem oder keinem Wert."

In der Literatur zu neueren Experimenten zur Aussagepsychologie wird gelegentlich irrtümlich angenommen, daß in der heutigen Aussagepsychologie eine *einzelne* Aussageeigenart als Beweis für die Glaubwürdigkeit einer Aussage angesehen wird. Tatsächlich werden die Glaubwürdigkeitskriterien aber nicht isoliert betrachtet, sondern im Zusammenhang eines Kriterien*komplexes* gesehen, wobei gleichzeitig eine höhere Qualifizierung der einzelnen Aussageeigenarten gefordert wird – worauf wir noch an anderer Stelle eingehen werden.

Die erheblichen Fortschritte der Aussagepsychologie in neuerer Zeit haben bewiesen, daß die *große Anzahl* aussagepsychologischer *Untersuchungen von Zeugenaussagen über Beobachtungen im natürlichen Umfeld* unter wechselnden Bedingungen den Ausfall einiger Möglichkeiten, die das Experiment bietet, voll ausgleicht und sie dem Experiment auf diesem

Fachgebiet sogar weit überlegen macht, nachdem zahlreiche Kontrollmöglichkeiten gegeben sind (s. S. 12). Es wäre wirklichkeitsfremd, dies zu übersehen.

b) Möglichkeiten der quantitativen Beschreibung

Die systematische Beschäftigung mit individuellen Aussagen zeigt, daß die Möglichkeiten der *quantitativen* Erfassung von Gegebenheiten in der Aussagepsychologie nicht so weit gehen wie z. B. in der Wahrnehmungspsychologie. Quantitative Angaben bis auf Dezimalstellen sind extrem selten möglich! *Wir glauben vielmehr, nur von begrenzten quantitativen Beschreibungsmöglichkeiten sprechen zu dürfen, unter denen die Zuverlässigkeit der Erkenntnis aber nicht zu leiden braucht.* Man muß es von daher verstehen, wenn wir manchen Zahlenangaben in dieser Darstellung ein „ungefähr" voranstellen. *Man hat sich in dieser bewußten Beschränkung bisher in der Aussagepsychologie bemüht, den Fehler zu vermeiden, Befunde quantitativ differenzierter zu formulieren, als es die Ausgangsgegebenheiten erlaubten.* Damit hat man Simplifizierung und Scheingenauigkeit vermieden.

Die Anzahl quantifizierbarer Ausprägungen ist aber trotzdem nicht unerheblich, wenn man die angedeuteten Grenzen beachtet. Durch entsprechende Vereinbarungen werden manche Arbeitsbegriffe der Operationalisierung zugänglich, die derselben auf den ersten Blick Schwierigkeiten zu machen scheinen. So hat es sich durchaus als möglich erwiesen, durch Vereinbarung den Begriff des „Erinnerungseinfalls" und des „Phantasieeinfalls", d. h. des „Details" in einer Aussage und in einer Phantasieerfindung, zum Zweck der Zählung festzulegen (vgl. S. 28). Gleiche Ergebnisse, zu denen Aussagepsychologen bei Anwendung dieser Vereinbarung kamen, bestätigten diese Möglichkeit. (So ergaben sich beispielsweise beim Vergleich der Auszählungsergebnisse von 16 Aussagepsychologen an drei umfangreichen Zeugenaussagen nur durchschnittlich 6% Abweichungen vom Durchschnittswert in der Anzahl der gezählten Einfälle – eine Abweichung, die in fast allen Fällen irrelevant war.)

Selbstverständlich ist es auch möglich, manche Gegebenheit quantitativ genau zu erfassen: beispielsweise Zeitabstände zwischen einer Frage an einen Zeugen und der Antwort des Zeugen (etwa als Ergänzung zu Phantasieprodukten).

Würde man sich in der Aussagepsychologie allerdings allein auf weitgehend quantifizierbare Befunde beschränken, so würde man nur ein dürres Gerüst von Befunden aus Persönlichkeitseigenarten des Zeugen und aus Eigenarten seiner Aussage erhalten, das zuverlässige Angaben über die Glaubwürdigkeit der Bekundungen keineswegs erlauben würde.

Die – wenn überwiegend auch auf einige Ausprägungsstufen beschränkte – quantitative Erfassung aussagepsychologischer Gegebenheiten wird dadurch erleichtert, daß vorwiegend *intra*individuelle Vergleiche vorgenommen werden: eine bestimmte Aussageleistung wird mit Phantasieleistungen der *gleichen* Person (zunächst qualitativ, dann, soweit möglich, quantitativ) *direkt* verglichen. Der umständlichere Vergleich mit der Durchschnittsleistung einer größeren Population spielt nur selten eine Rolle. Denn es nützt zur Beurteilung einer bestimmten Aussage beispielsweise wenig, zu wissen, wie sich die Phantasieleistungsfähigkeit eines Zeugen im Verhältnis zum *Bevölkerungsdurchschnitt* verhält; aufschlußreich ist vielmehr das Verhältnis von Erlebnisschilderungsleistung und Phantasieleistung des betreffenden Zeugen zueinander und der Vergleich dieser beiden Leistungen mit der vorliegenden Aussage.

c) Möglichkeiten der Verifizierung im Bereich der forensischen Aussagepsychologie

Bekanntlich hat jedes Gebiet der angewandten Psychologie seine eigene Methode zur *Verifizierung bzw. Falsifizierung*. Man kann nicht die Untersuchungs- und Beweisprinzipien von einem Gebiet der Wissenschaft ohne weiteres auf ein anderes übertragen – dies wäre ein zu mechanisches Vorgehen.

Zuverlässige Erkenntnisse hat man in der forensischen Aussagepsychologie durch besondere Kontrollmöglichkeiten erreicht, die zur Verfügung stehen. Diese bestehen in Strafverfahren einmal in nachträglichen Geständnissen von Angeklagten, die nicht auf einen sogenannten ‚Deal' zurückgehen, um etwa Vorteile bei einer Strafzumessung zu erreichen, wenn jedes (auch berechtigtes) Leugnen der inkriminierten Taten als aussichtslos angesehen wird, in Geständnissen, die Schilderungsteile enthalten, über die z. B. Präzisierungen bei einer psychologischen Exploration vorlagen, deren Existenz dem Angeklagten aber noch nicht bekannt war. Dadurch, daß auch große Teile von Aussagen durch Geständnisse bestätigt werden, die nichts mit dem Sexualdelikt und mit Schuldzumessung für den Angeklagten zu tun haben, ergeben sich weitere Bestätigungen – gerade auch dafür, daß die Glaubwürdigkeitsmerkmale ebenfalls für andere Sachgebiete gelten. Weiterhin kam es zu Bestätigungen durch objektive Sachbefunde und unabhängige Aussagen anderer Zeugen, die ebenfalls dem Angeklagten oder anderen Betroffenen vorher nicht bekannt waren.

In Fällen dieser Art, die wir im folgenden als *Bestätigungsfälle* bezeichnen wollen, wurden Vergleiche mit der entsprechenden Zeugenaussage vorgenommen. Hierdurch ließ sich vor allem die Richtigkeit der Glaubwürdigkeitsmerkmale überprüfen. Insofern, als aus den Bestätigungsfällen erkennbar war, welche Aussageeigenarten eine glaubwürdige Aussage aufweist, welche einer glaubwürdigen Aussage fehlen und welche Eigenarten für die Frage der Glaubwürdigkeit keinerlei Bedeutung haben.

In zahlreichen Fällen lagen mehrere Bestätigungsfaktoren gleichzeitig vor. Es gibt sicher nicht viele Gebiete der angewandten Psychologie, die eine so eindeutige Überprüfung ihrer Untersuchungsverfahren erlauben, wie sie in der forensischen Psychologie durch Bestätigungsfälle, die ein zuverlässiges Validitätskriterium abgeben, zur Verfügung stehen.

Als ‚Gegenprobe' stehen der Aussagepsychologie überdies nachträglich als falsch erwiesene Zeugenaussagen zur Verfügung, die analysiert werden können. Sie haben ebenfalls große Bedeutung.

Der Widerruf von Zeugenaussagen kann nur herangezogen werden (ist dann allerdings auch sehr ergiebig), wenn durch andere Momente (außerhalb des Eingeständnisses der Zeugen) gesichert ist, daß der Widerruf glaubwürdig ist. Im Unterschied zu Falschgeständnissen hinsichtlich Sexualdelikten, die extrem selten sind (sie sind in unserem Material noch nicht vorgekommen), kommt ein fälschlicher Widerruf von Zeugenaussagen zu Sexualdelikten nicht selten vor: zum Schutz von Familienangehörigen oder befreundeten Personen.

Während eine Validierung angebracht ist, wenn aus Aussageeigenarten die Glaubwürdigkeit erschlossen wird, spielt die Validierung bei den verschiedenen Leistungsprüfungen im Rahmen einer Glaubwürdigkeitsüberprüfung keine Rolle, wenn es sich um *direkte* Untersuchungsverfahren handelt, bei denen der Begriff der Validierung gegenstandslos ist. Dieser hat nur dann seinen Platz, wenn eine Gegebenheit nicht direkt zu beobachten ist, sondern nur *indirekt* erschlossen werden kann, also etwas anderes erschlossen wird, als bei einer Prüfung unmittelbar beobachtet wird – es sei denn, man faßt die Validität im Sinne der „Kontentvalidität" auf.

Auf konkretere methodische Fragen zur Untersuchung von Zeugenaussagen im Rahmen fachpsychologischer Begutachtungen gehen wir bei Erörterung der Glaubwürdigkeitsmerkmale sowie in Abschnitt G noch ein. Dort wird auch auf etwaige Fehlerquellen bei Glaubwürdigkeitsüberprüfungen noch eingegangen.

Im Rahmen der Gutachtertätigkeit hatte die Aussagepsychologie als Wissenschaft überdies bisher in vier Jahrzehnten tagtäglich in foro, also in Gerichtsverhandlungen, Proben zu bestehen – Proben, die sicher sehr anspruchsvoll waren, weil in der Justiz das Bestreben besteht, nur völlig abgesicherten Befunden Geltung zu verschaffen. Solche Befunde mußten sich in kontroverser Diskussion mit Anwälten und anderen Verfahrensbeteiligten behaupten. Man darf wohl sagen, daß kein anderes Fachgebiet der angewandten Psychologie sich fortlaufend in dieser Weise hat bewähren müssen.

d) Einheitlichkeit des Konzeptes

Die ständige Verbindung zur Realität des forensischen Bereiches hat wohl auch bewirkt, daß *spekulative* Lehrmeinungen keinen Eingang in die forensische Psychologie finden konnten, daß wirklichkeitsfremde Theorien nicht zu unterschiedlichen *Schulmeinungen* innerhalb der Aussagepsychologie führten. Alle Autoren von einiger Bedeutung sind in diesem Zweig der Psychologie von verschiedenen Ansätzen her zum gleichen Grundkonzept gekommen: daß die Zeugenaussage selbst im Mittelpunkt der Untersuchung stehen muß und daß bestimmte Aussageeigenarten, die von allen Autoren heute fast völlig übereinstimmend genannt werden, auf dem Hintergrund bestimmter Persönlichkeitseigenarten zu Glaubwürdigkeitsmerkmalen der Zeugenbekundung werden.

e) Interdisziplinäre Zusammenarbeit

Man darf noch darauf hinweisen, daß in der Aussagepsychologie die *interdisziplinäre Zusammenarbeit* besonders ausgeprägt ist: hatte schon ein Jurist (Leonhardt) den ersten Anstoß zur systematischen Herausarbeitung der Glaubwürdigkeitsmerkmale gegeben, so haben in der Folge Psychologen, Psychiater und Juristen in diesem Sektor der Psychologie ständig Hand in Hand bei der Überprüfung und Anwendung psychologischer Methoden gearbeitet.

f) Möglichkeiten der Weiterentwicklung

Fortschritte der forensischen Aussagepsychologie werden vor allem dort noch möglich sein, wo Aussagen sich auf Sektoren der Rechtsprechung beziehen, die bisher nicht im Vordergrund forensischer Psychologie gestanden haben.

Im ganzen gesehen darf man wohl sagen, daß die forensische Aussagepsychologie heute schon eine „Arbeitsgenauigkeit" erreicht hat, die wissenschaftlichen Ansprüchen voll entspricht. Eine noch weitergehende Dokumentation wird kommenden Jahren vorbehalten bleiben müssen. Es wäre aber im Interesse der Beurteilung von Zeugenaussagen im forensischen Raum kaum zu verantworten gewesen, vielfach gesicherte Arbeitsergebnisse nicht schon zu veröffentlichen.

Einen Teil *theoretischer Ansätze* zur kausalen Ableitung von Glaubwürdigkeitsmerkmalen haben wir schon in früheren Auflagen veröffentlicht. Sie scheinen bei jedem Merkmal verschiedenartig sein zu müssen. Wir bringen sie deshalb bei Besprechung der einzelnen Merkmale.

B. Allgemeine Kriteriologie der Glaubwürdigkeit von Zeugenaussagen

Die Beurteilung der Glaubwürdigkeit von Zeugenaussagen

1. System der Glaubwürdigkeitskriterien

Theoretisch betrachtet gibt es zahlreiche Glaubwürdigkeitskriterien, durch die sich die glaubwürdige Aussage von der unglaubwürdigen unterscheidet. Die wissenschaftliche Aussagepsychologie ist aber bestrebt, aus dieser Zahl diejenigen auszuwählen, die

a) mit Hilfe einer klaren Begriffsumschreibung eindeutig von anderen Kriterien abzugrenzen sind,
b) im konkreten Fall einer Zeugenaussage möglichst *objektiv* zu erfassen sind – Kriterien also, bei denen es im Einzelfall nicht strittig ist, ob sie gegeben sind oder nicht,
c) nach Auswertung von Bestätigungsfällen sowie durch Analyse nachweislich falscher Aussagen sich für die Beurteilung der Glaubwürdigkeit einer Zeugenaussage bereits als zuverlässig erwiesen haben.

Für die *gerichtliche* Beweiswürdigung spielt es überdies eine gewisse Rolle, ob ein Kriterium, das sich bei einer früheren Befragung einer Zeugin manifestiert hat, auch in foro noch „reproduzierbar" ist – d. h., daß es auch dort noch so hervortritt oder durch Beschreibung seines früheren Auftretens so zu demonstrieren ist, daß das Gericht sich selbst einen Eindruck von seinem Vorhandensein verschaffen kann.

Wir geben zunächst einen Überblick über ein *System* solcher Aussageeigenarten, die zu Glaubwürdigkeitsmerkmalen werden können. Dieses System legen wir unserer Darstellung zugrunde, nachdem wir in den im Einführungskapitel erwähnten Bestätigungsfällen die Zuverlässigkeit dieser Kriterien bestätigt fanden und in unseren gesamten Untersuchungen die Diagnosemöglichkeiten hinsichtlich dieser Kriterien als objektiv gut gesichert ansehen mußten. Genauere Begriffsumschreibungen der einzelnen Kriterien werden in den folgenden Kapiteln vorgenommen. *Die Bezeichnung „Glaubwürdigkeitsmerkmal" verwenden wir hier in gleicher Bedeutung wie „Glaubwürdigkeitskriterium" oder „Realitätskriterium".*

Auf Grundbegriffe des Systems gehen wir erst im folgenden Kapitel näher ein. Aus didaktischen Gründen erscheint es uns zweckmäßig, hier zunächst einen Überblick zu geben.

1. Glaubwürdigkeitskriterien, die sich aus dem *Aussageinhalt* ergeben:
   a) *Detaillierung* und *inhaltliche Besonderheiten* – u. a.
   Schilderung eigenpsychischer Vorgänge
   phänomengebundene Schilderung
   ausgefallene, originelle Einzelheiten
   Wiedergabe von Gesprächen aus unterschiedlichen Rollen
   Interaktionsschilderungen
   negative Komplikationsketten
   inhaltliche Verschachtelungen
   vielfältige Verflechtung des Aussageinhalts mit veränderlichen äußeren Umständen
   b) Homogenität der Aussage
   Schilderung eines dem Zeugen nicht bekannten Verhaltensmusters („Delikttypus")
2. Glaubwürdigkeitskriterien, die sich aus dem Verlauf der *Aussageentwicklung* ergeben:
   a) Relative *Konstanz* und Inkonstanz einer Aussage in zeitlich auseinanderliegenden Befragungen
   b) *Ergänzbarkeit* einer Aussage bei nachfolgenden Befragungen
3. Glaubwürdigkeitskriterien, die sich aus der *Aussageweise* ergeben:
   a) *Inkontinenz* (oder Inkohärenz)
   b) nacherlebende *Gefühlsbeteiligung,*
   c) *ungesteuerte* Aussageweise.
4. Kriterien aus dem *Motivationsumfeld* der Aussage:
   Objektivität der Aussage

In diesem Zusammenhang sei erwähnt, daß Beurteilungskriterien, also Glaubwürdigkeitsmerkmale, sich in der forensischen Aussagepsychologie nicht gegenseitig auszuschließen brauchen; es genügt, daß sie sich *gedanklich* eindeutig unterscheiden lassen. Das Problem der *„Doppelkodierung"*, also der Zuordnung eines Aussageteils zu mehr als einem Kriterium, stellt sich hier nicht. Ein Aussageteil kann originell sein, also eine Sonderausprägung des Detaillierungsmerkmals darstellen, kann aber auch gleichzeitig delikttypisch sein und schließlich in seiner Präzisierbarkeit noch ein weiteres Glaubwürdigkeitsmerkmal enthalten.

Bei der Kenntnisnahme von Systemen der Glaubwürdigkeitskriteriologie beachte man, daß manche Glaubwürdigkeitsmerkmale unter verschiedene Oberbegriffe gebracht werden können und deshalb je nach Aspekt an verschiedenen Stellen in einem System eingegliedert werden können. (So kann beispielsweise die Inkontinenz sowohl unter der Aussageweise wie unter dem Aussageinhalt eingeordnet werden, je nachdem, ob man mehr die inhaltliche Inkontinenz oder die Art des Vorbringens ins Auge faßt.) Ebenso ist es weitgehend eine Sache der Definition, ob sie als „eigenständige" Merkmale oder als Unterkriterien angesehen werden – so daß durchaus verschiedene Einteilungssysteme möglich sind. Steller und Köhnken (1990) schlagen beispielsweise für das von anderen Autoren entwickelte System der Kriterien eine andere Reihenfolge der einzelnen Merkmale in der Darstellung vor.

2. Geschichtliche Entwicklung der Glaubwürdigkeitskriterien

Es ist schwierig, von allen Glaubwürdigkeitsmerkmalen, die das wichtigste kreative Arbeitsergebnis der Aussagepsychologie sind, anzugeben, wann und von wem sie zuerst *mit eindeutigen Begriffsdefinitionen* herausgearbeitet wurden und damit bestimmten Persönlichkeiten eindeutig die Priorität zuzuschreiben, da wichtige Glaubwürdigkeitsmerkmale viel früher in Gerichtsurteilen und in psychologischen Gutachten als in Veröffentlichungen, in die sie häufig ohne Quellenangaben übernommen wurden, erscheinen. Andererseits erleichtert gerade die Datierung der Gutachten in Gerichtsakten auch wieder historische Feststellungen zur fachpsychologischen Entwicklung der Realitätskriterien.

Als erster hat der Jurist Curt Leonhard, der mit dem Leipziger Psychologischen Institut in Verbindung stand, ab 1930 die Bedeutung objektiver Glaubwürdigkeitsmerkmale der Aussage hervorgehoben und mehrere derselben systematisch beschrieben. (Es ist fast unverständlich, daß er trotz seiner zahlreichen Veröffentlichungen erst seit 1967 in der neueren Literatur, soweit sie sich mit der Geschichte der Aussagepsychologie befaßt, genannt wird.)

In *systematischen* Darstellungen der Glaubwürdigkeitskriterien, welche auch eindeutige Definitionen enthalten, finden wir, soweit sich bisher feststellen läßt, folgende geschichtliche Entwicklung:

Leonhard erwähnt 1931 „Stimmungsschilderungen“,[1] 1934 „Vorgangsakzidentien“ (zufällige Zutaten) und „Vorgangsabsonderlichkeiten“ (charakteristische Eigenarten und Ungewöhnlichkeiten, durch die der Vorgang sein individuelles Gepräge erhält). Weiterhin nennt Leonhard 1934 „Vorgangskomplikationen“ und „Genauigkeit der Darstellung“ als Glaubwürdigkeitsmerkmale, die eine Zeugenaussage aufweisen kann. 1941 nennt er noch die „Gefühlsbeteiligung.“

Nach 1950 wurde das System objektiver Glaubwürdigkeitsmerkmale weiter ausgebaut. Es wurden weitere Kriterien der Glaubwürdigkeit entwickelt, die vor allem aus der Genese der Aussage, aus dem Verhalten beim Vorbringen der Aussage und aus dem Inhalt der Aussage abgeleitet wurden.

---

[1] Zeitschrift für angewandte Psychologie, 39/1931, S. 394–407.

Der *Verfasser* zieht seit 1950 „organische Ergänzungen und prompte Präzisierungen“,[1] „Ergänzungstempo“,[2] „ungesteuertes, natürliches Aussageverhalten“,[3] „delikttypus-entsprechende Schilderung“[4] als Glaubwürdigkeitsmerkmale heran – seit 1953 „inhaltliche Verflechtungen mit einer individuellen Situation“,[5] „phänomengebundene Schilderung“,[6] weiterhin als Kennzeichen der „Objektivität“ einer Aussage die „Verknüpfung von Selbstbelastungen des Zeugen mit Belastungen des Beschuldigten“,[7] nebst (1952) „Bemühungen, den Beschuldigten zu entschuldigen“.[8] Die von Leonhard eingeführte Stimmungsschilderung weitete der Verfasser 1954 aus zur „Schilderung eigenpsychischer Vorgänge.“ Er faßte die Glaubwürdigkeitskriterien 1953 in einem System zusammen, wie es zu Anfang dieses Kapitels dargestellt wurde und bemühte sich um Definitionen der einzelnen Merkmale. (Siehe Köhnken 1990.)

Undeutsch nennt 1956 „Wirklichkeitsnähe der Schilderung“, ab 1957 „Stabilität“ (Widerstandsfähigkeit), 1961 erwähnt er „Einwände des Zeugen gegen die Richtigkeit der eigenen Darstellung“, 1967 ‚Motive, die der Zeuge dem angeblichen Täter zuschreibt‘.

Trankell (Stockholm) arbeitete 1959 das „bilaterale Emotionskriterium“ und 1963 das „Homogenitätskriterium“ heraus.

Einige weitere Merkmale, z. B. Anschaulichkeit der Darstellung, die Leonhard 1931 schon erwähnt, Einfühlbarkeit, Farbigkeit, Realistik und Lebendigkeit überschneiden sich teilweise mit anderen Begriffen – beispielsweise mit Konkretheit und Genauigkeit der Schilderung. (Die Autoren definieren die gebrauchten Begriffsbezeichnungen auch nicht näher, so daß nicht klar zu erkennen ist, in welcher Bedeutung sie diese sehr weit gefaßten Begriffe im Unterschied zu anderen verwenden. Zum Teil handelt es sich auch um Bezeichnungen, die sich auf sogenannte „Eindrucksqualitäten“ beziehen, die sich von vornherein klarer Definition, der Operationalisierung und damit dem wissenschaftlichen Gebrauch entziehen.) In den Merkmalen überschneiden sich einige Definitionen der Glaubwürdigkeitsmerkmale oder zeigen eine so nahe Verwandtschaft, daß die Begriffe nicht eindeutig zu trennen sind. (Vgl. die Phänomengebundenheit und die über das Verständnis des Zeugen hinausgehende Bekundung (Undeutsch 1967) beispielsweise.)

---

[1] z. B. in 4 Js 194/51 STA Münster; 8 Js 383/51 STA Münster; 8 Js 974/51 STA Münster.

[2] (rasche Beantwortung unerwarteter Fragen) – z. B. in 5 Kls 48/50 STA Arnsberg; 6 KMs 39/40 1950 STA Bochum; 13 Js 326/51 STA Münster.

[3] z. B. in 6 Kls 32/49 – 1950 STA Dortmund; 7 Js 1361/51 STA Münster.

[4] Schilderung eines aus der Kriminologie bekannten Verhaltenskomplexes – z. B. in 5 Kls 48/50 STA Arnsberg.

[5] z. B. in 4 Ms 258/53 STA Arnsberg; 5 Ls 66/54 STA Bochum.

[6] z. B. in 6 Js 696/53 STA Osnabrück; 4 Kls 20/52 STA Arnsberg.

[7] z. B. in 4 Kls 24/51 STA Münster; 4 Ms 258/53 STA Arnsberg.

[8] z. B. in 7 Js 132/52 STA Münster.

Manche dieser und anderer Eigenarten der Aussagen sind auch Folgeeigenarten, d. h. sie ergeben sich als Folge oder als begriffliche Zusammenfassung mehrerer anderer Eigenarten. So resultiert die Klarheit einer Aussage erst aus einer detaillierten, sprachlich genügend deutlichen und geordneten Schilderung.

Einzelne weitere Merkmale, die gelegentlich in älterer aussagepsychologischer Literatur genannt werden, können nach unseren Untersuchungen von phantasierten Zeugenschilderungen und von gesichert falschen Zeugenbekundungen als Glaubwürdigkeitskriterien nicht aufrechterhalten werden – beispielsweise die *„Bestimmtheit"*, mit der eine Zeugenaussage vorgebracht wird. Wir fanden sie häufig auch bei nachweisbar falschen Aussagen.

Ebensowenig konnten wir bei unseren Bestätigungsfällen verifiziert finden, daß nur eine „Aussage ohne Verbesserungen" glaubwürdig ist. Mehrere Zeugen, deren Aussagen durch ein Geständnis des jeweiligen Beschuldigten bestätigt wurden, hatten sich selbst in einzelnen Punkten ihrer Aussage korrigiert – offenbar, nachdem ihnen im Laufe der Befragung das Erinnerungsbild wieder deutlicher und vollständiger vor Augen getreten war als zu Anfang der Befragung. Andererseits kommen *„Verbesserungen"* (selbst spontane) aber auch bei nachweisbar falschen Aussagen vor, wenn dem Zeugen bewußt ist, daß seine Aussage nicht überzeugt und er z. B. aus Fragen entnimmt, daß seine bisherige Darstellung Ungereimtheiten enthält. Ähnlich fanden wir in der Realität gerichtspsychologischer Untersuchungen nicht bestätigt, daß das Zugeben von Gedächtnislücken ein Glaubwürdigkeitsmerkmal ist. Gerade falschaussagende Zeugen beriefen sich vielfach auf Gedächtnislücken, wenn sie nach Einzelheiten gefragt wurden, die sie schwerlich hätten beantworten können. Wir vermuten, daß hier ein Unterschied zwischen der natürlichen Feldsituation und der experimentellen Situation für die verschiedenen Auffassungen verantwortlich ist. (Siehe Arntzen 1983, S. 19; Dettenborn et al 1984, S. 313.)

3. Grundbegriffe der Glaubwürdigkeitskriteriologie, Komplexe von Glaubwürdigkeitsmerkmalen (Merkmalsgefüge)

Nachdem wir im vorhergehenden einen kurzen Überblick über infrage kommende Aussageeigenarten, die zu Glaubwürdigkeitsmerkmalen werden können, gegeben haben, müssen wir uns vor der näheren Erörterung einzelner Merkmale mit einigen Grundbegriffen befassen.

Das Grundkonzept der heutigen Aussagepsychologie, an erster Stelle die Aussage selbst in den Blickpunkt zu rücken, sie auf dem Hintergrund allgemein bekannter oder im Einzelfall zu erkundender psychischer Eigenarten zu betrachten und bestimmte Aussageeigenarten als Glaubwürdigkeitsmerkmale anzusehen, haben wir schon mehrfach erwähnt.

a) Aussageeigenart und Glaubwürdigkeitsmerkmal

Begrifflich müssen wir deutlich zwischen Aussageeigenart und Glaubwürdigkeitsmerkmal unterscheiden:

Aussageeigenarten, wie wir sie hier auffassen, etwa die Detaillierung der Aussage, ihre Ergänzbarkeit oder ihre Konstanz, sind noch *keine Glaubwürdigkeitsmerkmale.* In einfacher Ausprägung finden sie sich auch in unglaubwürdigen Aussagen. So kann eine einfache Konstanz auch in Falschaussagen gegeben sein, indem etwa die markantesten Inhalte einer früheren Aussage bei einer späteren Befragung übereinstimmend wiederholt werden. Einzelne Ergänzungen können auch zu einer Falschaussage geboten werden, wenn sie naheliegend sind. *Die Aussageeigenarten besagen in ihrer einfachen Form weder etwas für noch gegen die Glaubwürdigkeit einer Aussage.* Sie können den *Eindruck* vermitteln, daß eine Bekundung glaubwürdig ist, erlauben aber nicht die Feststellung, daß sie in einem Ausmaß glaubwürdig ist, daß sie für forensische Zwecke brauchbar ist. (Das gilt beispielsweise für Aussagen von Kleinkindern, die nur aus wenigen Sätzen bestehen.) Eine besondere Art der Steigerung liegt vor, wenn ein Aussageteil durch verschiedenartige Qualitäten zum Glaubwürdigkeitsmerkmal wird – ein Detailkomplex beispielsweise zur Beschreibung eines Delikttypus (siehe S. 143), eine Präzisierung durch rasches Vorbringen bei gleichzeitiger Schilderung eines Delikttypus, in Originalität und gleichzeitiger Objektivität durch Selbstbelastung. Wir sprechen in solchen Fällen von *Multivalenz* eines Aussageteils im Hinblick auf die Glaubwürdigkeitswertigkeit.

b) Steigerungsformen

Erst wenn die Aussageeigenart eine bestimmte Steigerung ihrer Qualität aufweist und damit eine „Steigerungsform" darstellt, wie wir sie bezeichnen wollen, wird sie zum Glaubwürdigkeitsmerkmal.

Die Steigerungsform kann durch verschiedene Umstände zustande kommen.

Eine höhere Qualität unter aussagepsychologischem Aspekt liegt fast immer vor, wenn die Aussageeigenart sich auf eine Zeugenaussage bezieht, die größeren *Umfang* hat, oder die vom Zeugen auf einen Anstoß hin *rasch* vorgebracht wird.

Bei Vernehmungen kann sich auch aus der *Art der Befragungen* (z. B. aus der Vermeidung inhaltlicher Vorgabefragen) eine höhere Qualität der Aussageeigenart ergeben. Weiter kann sich aus den Anforderungen der Überprüfungssituation im Zuge einer Begutachtung eine Steigerungsform ergeben, wenn man Erschwerungen einbaut.

In Begutachtungsfällen oder in anderen Fällen, in denen bestimmte Persönlichkeitseigenarten des Zeugen erkundet werden können, kann außerdem eine Steigerungsform *aus der Ausprägung von Persönlichkeitsei-*

genarten und aus dem Kenntnisstand des Zeugen, *zu denen die Aussage in Beziehung gesetzt wird,* resultieren (‚Rückbeziehung' siehe Arntzen 1970). Der Detailreichtum beispielsweise ist als Glaubwürdigkeitsmerkmal qualifiziert, wenn sich bei einer psychologischen Untersuchung herausstellt, daß der Zeuge wenig phantasiebegabt ist. *Steigerungsmomente können sich also gerade* – wie dieses Beispiel zeigt – *auch aus Minderbegabungen und fehlenden Fähigkeiten eines Zeugen herleiten.* Die Herstellung dieser Beziehung setzt in der praktischen Anwendung der Aussagepsychologie aber keineswegs voraus, daß nun in jedem Einzelfall die entsprechenden Persönlichkeitseigenarten des Zeugen psychologisch untersucht werden müssen, wenn man dies bei Kindern und Jugendlichen auch meistens für notwendig halten wird. In vielen Fällen kann man davon ausgehen, daß eine entsprechende Eigenart bei jedem Menschen nur gering ausgeprägt ist oder in einer bestimmten Entwicklungsphase (z. B. in der Kindheit) bzw. auf einer bestimmten Bildungsstufe nicht gegeben ist.

Eine trennende Aufteilung in „allgemeine Glaubwürdigkeit" und „spezielle Glaubwürdigkeit oder Glaubhaftigkeit" wird man danach wegen der engen Verschmelzung von Aussageeigenarten und Persönlichkeitseigenarten nicht mehr vornehmen. Wir sprechen hier dieshalb nur noch von der „Glaubwürdigkeit der Zeugenaussage."

c) Minderungsformen und Fehlerquellen

Durch bestimmte Faktoren, die je nach Aussageeigenart verschieden sein können, kann die einzelne Aussageeigenart an Qualität und damit an Beweiskraft teilweise oder völlig verlieren. Wir sprechen im System unserer Arbeitsbegriffe dann von Minderungsformen.

Wenn beispielsweise eine differenzierte *Detaillierung* einer Zeugenaussage normalerweise ein Glaubwürdigkeitsmerkmal ist, so kann doch ihr Wert gemindert oder sogar aufgehoben werden, wenn vom Zeugen vorgebrachte Einzelheiten sachlich unwahrscheinlich oder bedenkenerregend inkonstant sind. Den Wert der *Konstanz* einer Aussage als Glaubwürdigkeitsmerkmal kann die Stereotypie einer Bekundung herabsetzen, ausgesprochene Widersprüche (Inhomogenität s. S. 50) können sie völlig wertlos machen, während bloße Lücken sie kaum beeinträchtigen. Eine sehr kurze Zeitspanne zwischen zwei Vernehmungen setzt den Wert der Konstanz bis zur Bedeutungslosigkeit herab.

Aus den Beispielen ist ersichtlich, daß Minderungsfaktoren, die bei einer Aussageeigenart, welche zum Glaubwürdigkeitsmerkmal werden könnte, auftreten, auch die Qualität bestimmter *anderer* Merkmale unmittelbar beeinträchtigen können.

Weitere Minderungsfaktoren, die sich sowohl aus der Aussage selbst, aus überdauernden Persönlichkeitseigenarten und aus einer bestimmten Befragungssituation sowie aus dem Umfeld der Aussage ergeben können, werden bei Besprechung der einzelnen Glaubwürdigkeitskriterien angeführt werden.

Vorweggenommen sei hier schon vor der Erörterung entsprechender Persönlichkeitseigenarten, daß auch positiv ausgeprägte Persönlichkeitseigenarten (Schlagfertigkeit, Phantasiebegabung) durchaus Minderungsfaktoren sein können.

Fast jedes Glaubwürdigkeitsmerkmal, das herausgearbeitet wird, erlaubt, bestimmte Fehlerquellen auszuschließen und gewissen Minderungsfaktoren entgegenzuwirken, die bei *anderen* Aussageeigenarten die Qualifizierung als Glaubwürdigkeitsmerkmal fraglich erscheinen lassen könnten. (Die qualifizierte Präzisierbarkeit läßt beispielsweise ausschließen, daß die Konstanz einer Aussage durch „Eindrillen" zustande gekommen ist.)

d) Komplexe von Glaubwürdigkeitsmerkmalen

Dem einzelnen Glaubwürdigkeitsmerkmal für sich allein sprechen wir noch keinen vollen Beweiswert zu.

Aus systematischer Untersuchung sicher glaubwürdiger Aussagen (Bestätigungsfälle!) stellen wir vielmehr die Forderung *auf, daß im Durchschnitt mindestens drei eindeutige, qualifizierte Glaubwürdigkeitsmerkmale als Merkmalskomplex gegeben sein müssen.* (Wir fanden diese – oder auch eine größere – Anzahl von Glaubwürdigkeitskriterien bisher immer in anderweitig als zuverlässig gesicherten Zeugenaussagen, dagegen konnten wir in als unglaubwürdig erwiesenen Aussagen bisher nie einen solchen Merkmalskomplex feststellen. Die Forderung nach einem *Komplex* von mindestens drei Glaubwürdigkeitsmerkmalen ist also empirisch begründet.)

Der geforderte Komplex hebt gewöhnlich auch die etwaige Mehrdeutigkeit einer Aussageeigenart auf.

Dabei soll die angegebene Zahl nur einen groben Anhaltspunkt bieten und stellt keineswegs das Ergebnis einer ‚additiven Auflistung' dar. Vielmehr kann sich die Anzahl je nach dem Gewicht der Merkmale vermindern oder erhöhen. (Aus der Besprechung der einzelnen Merkmale in den folgenden Kapiteln wird sich ergeben, wie die Merkmale zu gewichten sind.)

Auch folgende Überlegung ist bedeutsam:

Die einzelnen Glaubwürdigkeitsmerkmale eines solchen Komplexes gehören häufig zu *verschiedenen Kategorien* und werden deshalb mit Hilfe unterschiedlicher Methoden herausgearbeitet (beispielsweise findet einmal der Inhalt der Aussage, ein anderes Mal das Verhalten des Zeugen bei seiner Aussage Beachtung und wird gleichzeitig in verschiedenartiger Weise angegangen.) Die Glaubwürdigkeitskriterien *stützen sich dann als voneinander unabhängige Merkmale in besonderer Weise gegenseitig.*

Erst wenn die Bedingung, daß drei Aussageeigenarten höherer Qualität gegeben sein müssen, erfüllt ist, wird eine Aussage von uns, wie gesagt, als so *eindeutig* glaubwürdig angesehen, daß vernünftiger Zweifel ausgeschlossen ist. *Die Aussageeigenart höherer Qualität wird also strenggenommen erst im Zusammenhang des Merkmalskomplexes zum eigentlichen Glaubwürdigkeitsmerkmal.* Erst der Komplex qualifizierter Merkmale, das „Merkmalsgefüge“, hat beim heutigen Stand der Aussagepsychologie vollen Beweiswert. (Hierdurch werden Ausnahmen nicht ausgeschlossen, indem ein Aussageteil etwa ein einzelnes, so markantes und eindeutiges Glaubwürdigkeitsmerkmal aufweist, daß weitere Merkmale nicht erforderlich sind. Das gilt bei Kindern beispielsweise manchmal bei phänomengebundenen Aussageteilen, die Unverständnis für beobachtete Gegebenheiten verraten.)

Keineswegs braucht man sich bei Gegebenheit eines Merkmalskomplexes darauf zu beschränken, eine Aussage nur als *mehr oder weniger* zugehörig zur Klasse glaubwürdiger Aussagen zu bezeichnen; vielmehr kann eine *eindeutige* Klassifizierung erfolgen. Die empirische Basis hierfür liegt – wie schon gesagt – in den Aussagen, die durch äußere Gegebenheiten als sicher zutreffend bewiesen waren. Eine eindeutige Klassifizierung ist nur innerhalb der negativ beurteilten Aussagen nicht immer möglich – insofern als manchmal nicht zu unterscheiden ist, ob eine Aussage „unglaubwürdig“ oder beispielsweise nur „nicht genügend zuverlässig“ ist. Bei dieser Gelegenheit sei erwähnt, daß negative Bekundungen („Ich habe nichts beobachtet“, „Ich habe den Mann dort nicht gesehen“) einer Aussageanalyse nicht zugänglich sind, weil die Aussage keinen Ansatzpunkt für die Herausarbeitung von Glaubwürdigkeitsmerkmalen bietet. Hiermit hängt in vielen Fällen auch die Schwierigkeit, Einlassungen von Angeklagten zu überprüfen, zusammen. Hier fehlt die Eindeutigkeit in manchen Fällen, weil der Umfang des Aussagematerials nicht genügt, um aussagepsychologische Methoden in ausreichendem Maße ansetzen zu können oder weil sich andere Unsicherheitsmomente aus der Aussage oder ihrem Umfeld ergeben, die sich mit den heutigen Methoden noch nicht ausräumen lassen.

Betont werden muß noch: Als glaubwürdig im Sinne der *forensischen* Aussagepsychologie gilt eine Aussage nur dann, wenn sie in einem solchen *Ausmaß* zuverlässig ist, daß sie auch für *forensische* Zwecke brauchbar ist.

e) Merkmalssyndrome

Einige Glaubwürdigkeitsmerkmale treten wegen „innerer Verwandtschaft“ der Aussageeigenarten häufiger als andere gemeinsam in einem Merkmalskomplex auf. Wir sprechen dann von einem Merkmals- oder *Kriteriensyndrom.* Aus unserer Auswertung gesichert glaubwürdiger

Aussagen ergab sich beispielsweise, daß sich ungefähr die Hälfte *detaillierter* Aussagen gleichzeitig als *präzisierbar* erwies. (Zugrundegelegt wurden 100 durch Bestätigungen gesicherte Aussagen.) Zwischen inkontinenter und ungesteuert-impulsiver Aussageweise, auf die wir in den folgenden Kapiteln noch zu sprechen kommen, besteht entgegen gelegentlichen Vermutungen nach unseren Auszählungen offenbar kein enger Zusammenhang. Dies ist wohl darin begründet, daß inkontinente Schilderungen überwiegend auf Begabungsfaktoren, ungesteuerte Schilderungen auf Antriebsfaktoren zurückgehen. Die phänomengebundene Schilderung (s. S. 31) tritt oft zusammen mit dem Merkmal auf, das sich aus der Schilderung eines Delikttypus ergibt, das seinerseits aber – man denke an intellektuell differenzierte, besser informierte Zeugen – nicht an diese Schilderungsweise gebunden ist.

Der Zusammenhang innerhalb anderer Merkmalssyndrome geht offenbar auf bestimmte Persönlichkeitseigenarten, die gleichzeitig gegeben sind, zurück. Bei gut ausgeprägter Beobachtungsfähigkeit und Erinnerungsfähigkeit sind Detaillierung, Präzisierbarkeit und Konstanz der Aussage gewöhnlich zu einem Syndrom verbunden. Eng erschien bei unserer Aufzählung der Zusammenhang zwischen Sonderformen der Detaillierung – Gesprächswiedergaben, Schilderung von Eigenpsychischem, Komplikationen usw. – und Präzisierungen. Das Merkmal der Ergänzbarkeit tritt kaum auf ohne die Sonderformen der Detaillierung. (In der Regel besteht der Inhalt der Ergänzungen, die sich bei der Exploration ergeben, aus solchen „Sonderdetails".) Wohl kommen Sonderformen der Detaillierung aber ohne das Merkmal Ergänzbarkeit vor.

Vorstehendes sei noch einmal zusammenfassend formuliert:

Aussageeigenarten werden erst zu Glaubwürdigkeitsmerkmalen, wenn sie höher qualifiziert sind und damit Steigerungsformen darstellen, wenn keine Minderungsfaktoren vorhanden sind und wenn sie im Zusammenhang eines Komplexes von mindestens drei Aussageeigenarten, die Glaubwürdigkeitsmerkmale darstellen, und zu verschiedenen Kategorien (Motivfeld, Inhalt, Aussageweise, Geschichte der Aussage usw.) gehören, stehen.

f) Unglaubwürdige Aussagen

Das typische Gepräge der *unglaubwürdigen* oder nicht genügend beweiskräftigen Aussage besteht in den meisten Fällen darin, daß ihr die angeführten Glaubwürdigkeitsmerkmale *fehlen.* Falschaussagende Zeugen können ihren Aussagen nicht planmäßig entsprechende Kriterien verleihen.

Dieser „defiziente" Charakter der nicht glaubwürdigen Aussage macht es verständlich, daß wir die Merkmale der *glaubwürdigen* Aussagen in den Vordergrund unserer Darstellung rücken. Dem bloßen Fehlen derselben in der unglaubwürdigen Aussage brauchen keine langen Ausführungen gewidmet zu werden – obwohl man deshalb die Tatsache nicht aus dem Bewußtsein verlieren darf, daß die unglaubwürdige Zeugenaussage keineswegs eine Seltenheit ist. (Wir kommen in Kapitel E darauf zurück.)

In den folgenden Kapiteln werden wir nun die einzelnen Aussageeigenarten, ihre begriffliche Definition und die Qualifizierung, durch die sie zu Glaubwürdigkeitskriterien werden, besprechen – jeweils ihre Erscheinungsweise, ihre psychologische Ableitung als Glaubwürdigkeitsmerkmal sowie Momente, die ihren Beweiswert verstärken oder mindern. Wir werden weiterhin kurze Hinweise auf ihre Feststellbarkeit bei gerichtspsychologischer Gutachtertätigkeit geben.

C. Spezielle Eigenarten von Zeugenaussagen, die zu Glaubwürdigkeitsmerkmalen werden können

I. Detaillierung
Inhaltliche Besonderheiten der Aussage

Die Detaillierung des Inhaltes von Zeugenbekundungen, unter quantitativem und qualitativem Aspekt betrachtet, kann zum entscheidenden Merkmal ihrer Glaubwürdigkeit werden. Unter den qualitativen Aspekt fallen vor allem inhaltliche Besonderheiten, die wir in diesem Kapitel gleichzeitig mitbehandeln.

1. Quantitativer Detailreichtum

Unter quantitativem Aspekt ist es die erhebliche *Anzahl* der *Einzelheiten,* welche für die Beurteilung der Zuverlässigkeit von Aussagen von Bedeutung ist. Wenn genaue Ortsangaben gemacht werden, Personen in verschiedener Hinsicht beschrieben werden, die Abfolge ihrer Handlungen Schritt für Schritt wiedergegeben wird, Gespräche reproduziert und nicht nur das Kerngeschehen, sondern auch nebensächliche Umstände berichtet werden, dann kann man von einem hohen Detaillierungsgrad der Aussage in quantitativer Beziehung sprechen. Eine gegenteilige Ausprägung hat man in der „pauschalen", undifferenzierten, allgemeingehaltenen Zeugenaussage.

Die Forderung nach Detaillierung ist geradezu eine Grundforderung, die man an jede Aussage, die Glaubwürdigkeit beansprucht, stellen muß. Sie kann stets in einem gewissen Maße erfüllt werden, wenn der Aussage ein noch gut erinnertes, einigermaßen komplexes Erlebnis zugrunde liegt. Wird sie schlecht erfüllt, so hat man immer zu Bedenken Anlaß. (Zur besonderen Situation bei der Beobachtung eines „Turbulenzgeschehens" vgl. S. 34.)

Daß eine Vielzahl von Einzelheiten, die eine Aussage enthält, diese im allgemeinen glaubwürdig erscheinen läßt, liegt darin begründet, daß es für die meisten Zeugen unmöglich ist, eine Falschaussage mit zahlreichen Einzelheiten auszuschmücken. Ein großer Teil der Zeugen (in unseren Fällen ungefähr 55%) hat schon bei tatsächlichen *Beobachtungen* Schwierigkeiten in der spontanen Abhebung von Einzelheiten. Es handelt sich aber beim phantasiemäßigen Ausdenken von Einzelheiten um eine erheblich schwierigere Aufgabe, als wenn die Einzelheiten tatsächlicher Beobachtungen wiedergegeben werden sollen. Bei unseren Untersuchungen ergab sich, daß ungefähr 90% der glaubwürdigen Zeugen mindestens acht Wochen, nachdem sie ein *reales* Handlungsgeschehen beobachtet hatten, signifikant mehr Einzelheiten in ihrer entsprechenden Bekundung vorbringen konnten als in der Wiedergabe einer Phantasieerzählung. (Ob dies auch der Fall ist, wenn nur ein Film oder ein früher gezeigtes Bild wiedergegeben wird, ist eine andere Frage – s. Köhnken 1981.)

Der quantitative Reichtum an Details kann für eine Glaubwürdigkeitsbeurteilung immer in Betracht gezogen werden, *wenn* der Zeuge nicht Anlaß und Zeit hatte, sich in Ruhe Einzelheiten zu überlegen oder aus seinen Vorkenntnissen, seinem Wissen, nicht genügend Material zur Verfügung hat, um Einzelheiten vorzubringen. Als höher qualifiziert und damit als Glaubwürdigkeitsmerkmal kann diese Aussageeigenart des quantitativen Detailreichtums *für sich allein* und ohne qualitative Besonderheiten deshalb allerdings nur gelten, wenn man Gelegenheit hat, das erstmalige Vorbringen eines Teils der Details selbst zu beobachten, um die eben genannten Fehlerquellen für die Beurteilung ausschalten zu können (vgl. folgendes Kapitel), und wenn im Rahmen einer Begutachtung eindeutig festgestellt werden kann, daß ein Zeuge nicht fähig ist, in Phantasieprodukten ohne Vorbereitung annähernd soviel Einzelheiten zu bringen wie in seiner Zeugenbekundung. (Bei wiederholten Vergleichsuntersuchungen, die wir in über 350 Fällen im Rahmen psychologischer Testbatterien durchführten, ergab sich, daß der Reichtum an Phantasieeinfällen bei *interessierenden* Themen aus Stoffgebieten, die dem Probanden *vertraut* sind, eine sehr konstante individuelle Besonderheit ist, deren Ausprägung unter dem Einfluß von Stimmung, Ermüdung usw. nur wenig schwankt, während die Unterschiede von einer Person zur anderen beträchtlich sind – s. Arntzen, Begabungspsychologie 1976.)

Damit der Begriff des Details als einer Aussageeinheit operationalisierbar wird und beispielsweise zum Vergleich mit der Anzahl der Einzelheiten einer Phantasieleistung herangezogen werden kann, wird er in der psychologischen Begutachtungspraxis durch Vereinbarung festgelegt. Bei unseren Untersuchungen etwa wurde ein Detail angenommen, wenn ein Aussageteil der beschriebenen Handlung (oder Interaktion – auch dem Gespräch) ein *neues* Moment hinzufügt. Auch eine Verneinung galt als Detail, wenn sie etwas aussagte, was den Inhalt in irgendeiner Weise charakterisierte, von anderem abhob. Eine Wiederholung zählte nicht als Detail. Die sprachliche Wiedergabe des Details hat gewöhnlich den Umfang eines Satzes – auch eines Nebensatzes. Aber selbst ein einzelnes Adjektiv oder Adverb kann ein zusätzliches neues Moment beinhalten. Bei Kleinkindern und sehr schwachbegabten Zeugen werden sogar gestische Veranschaulichungen als Details gezählt.

Bedenkenerregende Lücken der Detaillierung liegen vor, wenn ein Zeuge über ein längeres Zusammensein mit anderen Personen, das er bezeugt, keinerlei Gespräche berichten oder wenn er keine Einzelfälle abgrenzen kann, wenn es sich um Beobachtungen mehrerer Handlungen zu verschiedenen Zeitpunkten handelt.

Die Aussageeigenart des quantitativen Reichtums an Details verliert ihren Charakter als Glaubwürdigkeitsmerkmal, wenn bei späteren Vernehmungen des Zeugen Unstimmigkeiten in den Details auftreten – nicht nur Ausfälle, die auf Erinnerungslücken zurückgeführt werden können (Minderungsfaktor). Dagegen liegt eine Steigerungsform des Detailreichtums vor, wenn gleichzeitig Homogenität vorliegt (die in Kapitel III besprochen wird). Denn es ist gerade bei zahlreichen Einfällen schwierig, die Stimmigkeit zu wahren, wenn es sich um ein Phantasieerzeugnis handeln würde.

2. Detaillierung in qualitativer Hinsicht – Inhaltliche Besonderheiten

Mehr als quantitativer Detailreichtum sind vor allem aber *Besonderheiten* des Aussageinhaltes von Bedeutung, die der Detaillierung eine *qualitative* Ausprägung geben und die in der beschriebenen Ausprägung auch bei solchen Falschaussagen fehlen, die ein Zeuge sich längere Zeit überlegen konnte. Sie können im Zusammenhang eines Merkmalskomplexes als Glaubwürdigkeitsmerkmale von besonderer Bedeutung gelten.

a) Schilderung eigenpsychischer Vorgänge

Eine Qualität der Detaillierung, die sie zu einem Glaubwürdigkeitsmerkmal werden läßt und damit eine Steigerungsform ist, kann in der *Beschreibung von eigenpsychischen Vorgängen liegen* – von Angst, von Argwohn, von Enttäuschung, von Ekel, von Überlegungen, wie einer unangenehmen Situation zu entgehen sei usw.

Dieses Glaubwürdigkeitsmerkmal findet sich ansatzweise schon bei Leonhard, der sich dabei allerdings auf Bekundungen der Zeugen über ihre *Stimmungen* beschränkt.

Eine besondere Steigerungsform einer solchen Vorgangsbeschreibung liegt vor, wenn nicht nur beschrieben wird, wie ein Erlebnis im *Augenblick* auf den Zeugen wirkte, sondern wenn *Affektverläufe* oder eine andere psychische *Erlebnisentwicklung* geschildert werden. (Die Wiedergabe *einzelner* sehr einfacher und naheliegender Reaktionen weist dagegen noch nicht auf die Glaubwürdigkeit der Aussage hin. Solche Äußerungen finden sich bereits häufig in Phantasieschulaufsätzen von Kindern.) Beispielsweise werden bei Sexualdelikten häufig eine anfänglich vertrauensvolle Einstellung des Kindes zum Täter, der Übergang zu Ängstlichkeit und Abwehr und später zu einer Haltung furchtsamer Duldung aufgrund von Einschüchterung bei gleichzeitigem schlechten Gewissen beschrieben. Oder wir finden die Schilderung der Entwicklung eines

Konfliktes zwischen dem Wunsch eines jugendlichen Zeugen, eine Straftat den Eltern mitzuteilen, und der Scheu vor Strafe oder vor den Nachteilen, die ein Mittäter dem jungen Partner für eine Indiskretion angedroht hat.

Sehr eindrucksvoll wird hin und wieder auch geschildert, wie sich bei inzestuösen Verhältnissen zwischen Vätern und Töchtern auf seiten der Töchter aus anfänglicher Ablehnung schmerzhafter, unverstandener Handlungen eine jahrelange bereitwillige Mitwirkung *entwickelt,* wie gewisse sich aus diesem Verhältnis ergebende Vergünstigungen ausgenutzt werden, bis sich allmählich wieder negative Gefühle in die Einstellung zum Vater mischen. (Letzteres ist häufig der Fall, wenn der Tochter das Unrecht der Handlungen mehr und mehr bewußt wird, oder noch öfter, wenn es zur Freundschaft mit einem jugendlichen Partner kommt.) Eine 17jährige Inzestzeugin sagte beispielsweise der explorierenden Psychologin: „Erst wollte ich nicht, aber dann merkte ich, daß ich es gut bei ihm hatte, wenn ich es machte. Da habe ich gedacht: Pfeif drauf, tu's, dann hast du sie wenigstens nicht *beide* am Hetzen." (Die Zeugin fühlte sich von Stiefvater *und* Mutter lieblos behandelt; bei sexuellem Entgegenkommen habe sich der Stiefvater nun aber auf ihre Seite gestellt.)

Beispiele geben aber auch schon die Aussagen acht- und zehnjährigen Mädchen ab, wenn u. a. berichtet wird: „Ich wollte das nicht. Ich wußte ja, das macht man nicht, und Papa und Mama schimpfen. Aber dann habe ich gedacht, wenn ich nicht tue, was er sagt, erzählt er, daß ich neulich den Groschen bei ihm genommen habe, und das hab ich es halt doch wieder getan."

Oder es berichtet ein zwölfjähriger (intellektuell mäßig begabter) Junge über ein homosexuelles Erlebnis mit seinem Onkel: „Da sagte er: das ist das Schönste, was man im Leben finden kann, findest du nicht auch? Ich dachte, ich kann nicht ‚nein' sagen, aber ‚ja' wollte ich auch nicht sagen; da habe ich bloß so was in den Bart gebrummt" (zu Beispielen aus Aussagen erwachsener Zeugen s. Michaelis-Arntzen, Vergewaltigung 1981).

Selbstverständlich wird nicht in *allen* glaubwürdigen Aussagen in größerem Umfang Psychisches dargestellt. Gespräche, Reaktionen, Reflexionen und Erlebnisentwicklungen werden oft deshalb nicht wiedergegeben, weil den Zeugen die Differenzierungsmöglichkeit fehlt, die Voraussetzung für ein bewußtes Erleben in diesem Bereich ist. In etwa verhindert überdies – besonders bei sehr bereitwilliger und aktiver Mitwirkung des Zeugen beispielsweise an sexuellen Handlungen – die Scham, daß der Zeuge die eigene Einstellung zu den fraglichen Geschehnissen offenbart. Auch das schlechte Gedächtnis mancher Zeugen speziell für *Gespräche* wird man berücksichtigen müssen. Man wird deshalb nicht allgemein und ohne weiteres aus dem Fehlen oder der schwachen Ausprägung dieser Momente auf das Fehlen einer Erlebnisbasis der Aussage schließen können. *Wird Psychisches aber von einem Zeugen bekundet, so muß man berücksichtigen, daß erheblich größere Fähigkeiten dazu gehören, aus der Phantasie heraus einen psychologisch angereicherten Handlungskomplex ohne Unstimmigkeiten und überzeugend zu erfinden und darzustellen, als etwas zu berichten, was man tatsächlich erlebt hat.* Nur in *wenigen* Fällen sind die Zeugen, mit denen man in der forensischen Psychologie zu tun hat, in der Lage, derartiges bewußt und fehlerfrei ohne Erlebnisbasis zu konstruieren. Hierzu gehören nämlich *außer produktiver* Phantasietätigkeit, Überblick bei „mehrgliedrigem" Denken und müheloser Ablösung von der anschaulichen Denkebene psychologische Einsichten sowie die Fähigkeit, sich in nicht selbst erlebte psychische Zuständlichkeiten hineinzudenken: Voraussetzungen, die nur ein *sehr* geringer Prozentsatz der Zeugen mitbringt.

b) Phänomengebundene Schilderung

Eine Besonderheit, die sich selbst bei Vorhandensein der eben genannten Begabungseigenarten nicht „künstlich" in eine Aussage hineinbringen läßt, haben wir als *„phänomengebundene Schilderung"* bezeichnet: *Die Aussage beschränkt sich auf das rein äußere Phänomen des Beobachtungsgegenstandes, das nicht in größere Zusammenhänge eingeordnet werden kann.* Der Zeuge bringt Formulierungen, die von begrenztem Überblick über die beobachteten Abläufe zeugen, die aber dennoch den sachlichen Gegebenheiten gerecht werden und der Aussage oft besondere Lebendigkeit verleihen. Das auf das äußere Phänomen beschränkte, vordergründige, naive Schildern ist völlig unreflektiert. Wir finden diese Art der Darstellung beispielsweise bei Kindern, wenn sie unverstandene Gegebenheiten aus dem sexuellen Bereich schildern. („Wenn der Opa mir ein Küßchen gab, hat er mir mit seiner Zunge immer die Zähne geputzt.") Unverstandene Aussageinhalte und phänomengebundene Schilderungen finden sich aber selbstverständlich nicht nur in Kinderaussagen. Auch erwachsene Zeugen machen Aussagen, die von der *unmittelbaren Aufnahme von Eindrücken bei fehlender intellektueller Durchdringung zeugen.* Undeutsch (1967) spricht von Details, welche die Kapazität des Zeugen übersteigen. Man findet Formulierungen, die das Unverständnis für die Bedeutung des Wahrgenommenen deutlich erkennen lassen und begegnet falsch hergestellten Verbindungen sowie fetzenhaften Darstellungen ohne verbindenden Zusammenhang. Der Zeuge beschreibt manchmal Handlungsmomente, die chronologisch auf ein bestimmtes Geschehen folgen oder aus ihm hervorgehen, während das Geschehen selbst nicht bemerkt und nicht erschlossen worden ist – z. B. werden Maßnahmen geschildert, die nur zur Entfernung von Spuren gedient haben können, während Vorhergehendes nicht bemerkt worden ist. Oder ein Zeuge beschreibt beobachtete Handlungen einer Person, die eindeutig Hilfsmaßnahmen bei einem kriminellen Tat – z. B. einen Diebstahl – darstellen, ohne daß das kriminelle Verhalten des Täters selbst vom Zeugen bemerkt worden ist.

Verständnislosigkeit verrät auch eine Darstellungsweise, die bei der Schilderung eines typischen Sexualverhaltens das *Staunen* des kindlichen oder jugendlichen Zeugen über ein vermeintlich *einmaliges* Vorkommnis, ein für individuell und willkürlich gehaltenes menschliches Verhalten ausdrückt. Der Zeuge erwartet in solchen Fällen, daß auch der Vernehmende über die von ihm berichtete „Merkwürdigkeit", die jedoch tatsächlich einen allgemein bekannten Ablauf in Situationen der beschriebenen Art darstellt, erstaunt ist. („Denke mal, da hat der Onkel doch ... Der denkt sich auch immer Sachen aus!") Es ist in den meisten Fällen durchaus nicht mit der Einstreuung einiger grober „Naivitäten" oder der Einflechtung einiger kindlicher Formulierungen in die Aussage getan, sondern es handelt sich um ein sublimeres, durchgehendes Moment, das der gesamten Aussage diese Eigenart gibt.

Diese verständnislos und phänomengebunden vorgebrachten Schilderungsbesonderheiten können nicht willkürlich in eine Aussage hineingebracht werden, weil ein Zeuge sich nicht bewußt einen naiveren Lebensaspekt zu eigen machen kann, als ihm angemessen ist; er kann sich in der hier beschriebenen Weise nicht in eine frühere Entwicklungsstufe seiner Auffassungsfähigkeit zurückversetzen.

Eine dem kindlichen Zeugen von einem Erwachsenen *induzierte* Aussage enthält deshalb die Merkmale der verständnislosen und rein phänomengebundenen Schilderung ebenfalls nicht, weil der Erwachsene diesen Aspekt nicht mitliefern kann. Die enge Knüpfung an einen originären, individuellen, nicht nachvollziehbaren Erlebnisaspekt, die nicht steuerbar ist, machen den starken psychologischen Beweiswert dieses Glaubwürdigkeitsmerkmals aus.

c) Ausgefallene, originelle Einzelheiten

Unter den konkreten Details einer glaubwürdigen Aussage finden sich öfter auch solche, die durch ihre *Ausgefallenheit* und Abgelegenheit den Charakter des *Besonderen,* des Originellen gewinnen und damit der Detaillierung die Qualität eines Glaubwürdigkeitsmerkmals geben. Im Unterschied zu banalen, stereotypen, alltäglichen Einzelheiten handelt es sich um Details, die man nicht erwarten würde, die ungewöhnlich sind.

Beispielsweise berichtet eine siebenjährige Zeugin, die von einem Hausbewohner belästigt worden sein wollte, daß sie ihren Kinderregenschirm über sein Glied habe halten müssen, als er zunächst im Regen im Hof urinierte. – Eine Siebzehnjährige, die angeblich von ihrem Ausbilder belästigt worden war, gab an, dieser habe versucht, ihren Büstenhalter zu öffnen. Das sei ihm aber nicht gelungen, denn sie habe gerade an diesem Tage ihren Büstenhalter-Verschluß verknotet, weil dort ein Verschlußteil abgerissen gewesen sei. – Eine Achtjährige berichtet, ihr Vater habe sie veranlaßt, erst einen roten, dann einen schwarzen Perlonschlüpfer der Mutter anzuziehen. Jedesmal habe sie sich in diesem Kleidungsstück über sein Knie legen müssen und sei mit einem Stock von ihm geschlagen worden, bis sie geweint habe. (Das realistische Moment dieser ausgefallenen Darstellung liegt im sadistisch-fetischistischen Charakter der beschriebenen Handlung, der auch aus anderen Schilderungen der Zeugin erkennbar wurde.)

Allerdings ist die Einschränkung (zur Ausschaltung eines „Minderungsfaktors“) zu beachten, daß Originelles und Besonderes nie phantastisch, unrealistisch, abstrus und damit auch untypisch für das von Zeugen beobachtete Geschehen sein darf – dann wäre aus der Schilderung eines Details, weil es unwahrscheinlich wirkt, kein Glaubwürdigkeitsmerkmal herzuleiten.

Ob eine Aussage originell ist, kann im allgemeinen allerdings nur derjenige beurteilen, der schon zahlreiche Zeugenaussagen auf ein und demselben Gegenstandsgebiet selbst zur Kenntnis genommen hat oder dem sie (etwa im Rahmen einer Ausbildung) zur Kenntnis gebracht worden sind – die Auswertung dieser Aussageeigenart ist also Erfahrungssache.

Ebenso ist die Beurteilung der Detaillierung *außerhalb* psychologischer Begutachtungen eine Sache der Berufserfahrung. Welche Anzahl von Details man in einem Aussagenkomplex als erheblich ansieht, kann je nach Vernehmungsgegenstand und intellektuellem Niveau des Zeugen verschieden sein. Man wird sich hier vielfach auf die Feststellung extremer Ausprägungen beschränken müssen.

Abschließend ist zur diagnostischen Auswertung des Glaubwürdigkeitsmerkmals „Detaillierung und inhaltliche Besonderheiten“ noch zu sagen:

Man sollte bei einer Zeugenaussage außer den einzelnen *Besonderheiten der Detaillierung* stets auch die *Gesamtheit der Besonderheiten, der Komplikationen usw. beachten.*

Eine Häufung dieser Gegebenheiten, wie sie vor allem in umfangreichen Aussagen glaubwürdiger, voll aussagetüchtiger Zeugen gefunden wird, gibt es in *Falschaussagen nicht.* Eine gründliche Analyse nachweisbar falscher Aussagen unter Berücksichtigung der individuellen Zeugeneignung, wie sie anhand des Materials des Verfassers vorgenommen werden konnte, ergibt immer *große Unterschiede* zu vergleichbaren wahrheitsentsprechenden Aussagen – gerade in Hinsicht auf die Detaillierung und die zum Ausdruck kommenden Besonderheiten. Für den aussagepsychologisch Erfahrenen wird sich in sehr vielen Fällen schon mit Hilfe der hier dargestellten Glaubwürdigkeitskriterien eine sichere Unterscheidung treffen lassen. (Michaelis 1987)

Entscheidende Hinweise liefert die Betrachtung einer Aussage unter dem Gesichtspunkt der Detaillierung übrigens auch dann, wenn nicht ihre Glaubwürdigkeit im ganzen zur Erörterung steht, sondern wenn nur zu untersuchen ist, ob nicht *einzelne* Aussageteile hinzuerfunden oder übertreibend dargestellt wurden. Es kommt dann nicht nur darauf an, ob sich der in Frage gestellte Aussageteil in die Struktur des Gesamtaussageinhaltes organisch – evtl. mehrfach mit ihm *verwoben* – einfügt, sondern es ist außerdem sehr bedeutsam, ob er mit dem gleichen Ausmaß an Detaillierung vorgebracht werden kann wie die übrigen (häufig von anderer Seite als richtig bestätigten) Aussageteile.

Bedenken müssen dagegen Details in einzelnen Aussageteilen erwekken, die bei normalen Beobachtungs- und Gedächtnisfähigkeiten nicht zu erwarten sind, besonders wenn ein Zeuge seine Beobachtungen schon vor längerer Zeit gemacht hat (vgl. Bender 1981) und dann eine solche „Überdetaillierung" bringt – etwa genaue Zahlen wie Daten, Entfernungen u. ä. (vgl. S. 60).

Die eben besprochenen Detaillierungsarten (2–9) sind, wie schon mehrfach gesagt, *Steigerungsformen* der Detaillierung und stellen *im Zusammenhang eines Merkmalskomplexes* Glaubwürdigkeitsmerkmale dar.

Eine Steigerungsform des Detaillierungsmerkmals, die sich aus einer Persönlichkeitseigenart herleitet, ergibt sich in *Begutachtungsfällen,* wenn der Detaillierungsgrad nach Anzahl und Qualität der Einzelheiten die entsprechenden Leistungen des Zeugen bei eigens durchgeführten Phantasieprüfungen erheblich überschreitet.

Dadurch kann als *Fehlerquelle* ausgeschlossen werden, daß eine lebhafte Phantasie als *Minderungsfaktor* ins Spiel kommt.

Abschließend sei noch folgendes erwähnt: Besondere Schwierigkeiten machen der Glaubwürdigkeitsbeurteilung die Details einer Zeugenaussage über Geschehnisse, die wir als *„Turbulenzgeschehen"* bezeichnen wollen – wie sie beispielsweise eine Schlägerei in einer Gaststätte oder ein Verkehrsunfall darstellen. Die Besonderheiten eines Turbulenzgeschehens, wie wir es verstehen wollen, sind: (1.) Es läuft in seinen entscheidenden Phasen sehr *rasch* ab. (2.) Es sind *mehrere* Personen an dem Geschehen beteiligt. (3.) Der Zeuge wird von der Situation *überrascht.* (4.) Der Zeuge selbst wird von einem *Affekt* erfaßt (Angst, Schreck). (5.) Im Anschluß an die Beobachtung wird der Vorfall häufig unter mehreren Zeugen intensiv *besprochen.*

Diese Momente tragen dazu bei, daß der Zeuge in seiner Beobachtung beeinträchtigt ist (Gegebenheiten und Abläufe nicht genau erfaßt, den Überblick verliert) und nicht unbeeinflußt aussagt. Ohne Sachbeweise kommt man dann in den meisten Fällen nicht zu einem klaren Bild vom Geschehen. (Daß die ältere Aussagepsychologie mit Vorliebe Turbulenzgeschehnisse für ihre *Experimente* wählte, mag mit zu ihrer negativen Beurteilung von Zeugenaussagen allgemein beigetragen haben.)

d) Wiedergabe von Gesprächen aus unterschiedlichen Rollen

Besonderheiten können auch in der Detaillierung der vom Zeugen wiedergegebenen *Gespräche* der beteiligten Personen, welche die fraglichen Handlungen eingeleitet oder begleitet haben sollen, enthalten sein.

Sehr glaubwürdig ist vor allem die Wiedergabe solcher Gespräche, die verschiedene Rollen der Gesprächsteilnehmer erkennen lassen. Dies kann z. B. in der *Rollenverteilung* zwischen dem erfahrenen und dem unerfahrenen Partner eines Gespräches, in verbaler Reaktion und Gegenreaktion und gleichzeitig in der Wiedergabe von Gesprächen aus verschiedener Einstellung und Haltung heraus liegen. Dabei kommen beispielsweise in einem Gespräch zwischen Erwachsenen und Kindern die berichteten Äußerungen des erwachsenen Partners häufig aus einer dem Kind nicht einfühlbaren Mentalität. („Der Onkel sagte, er wolle mir etwas zeigen, was noch viel interessanter ist als ein Fernsehstück. Und wenn ich das lernen würde, dann würde ich bloß immer das machen wollen und nicht mehr fernsehen. Ich habe aber nachher gesagt: – gemeint war: nach den sexuellen Handlungen – Fernsehen ist besser, ich will doch lieber fernsehen".) Der Zeuge einer Erpressung berichtete folgendes: „Sie können dem jungen Mann ruhig sagen, er soll Ihnen das Geld mitbringen, wenn er keine Prügel haben will. Das ist für Sie nicht strafbar, weil er das Geld dann ja freiwillig mitbringt." Gespräche, die ein unterschiedliches Wissen der beteiligten Partner widerspiegeln, wollen wir als *didaktische Rollengespräche,* Gespräche von Partnern mit entgegengesetzten Meinungen als *adversative Rollengespräche,* Gespräche, in denen ein Gesprächspartner sich gegen ausgesprochene oder nur vermutete Vorwürfe des anderen verteidigt, als *Defensivgespräche* bezeichnen.

e) Interaktionsschilderungen

Bei den Interaktionsschilderungen handelt es sich jeweils um eine Kette wechselseitiger Aktionen und Reaktionen des Zeugen und desjenigen, auf den sich die Aussage bezieht, vor allem um Handlungen und Gespräche, die sich gegenseitig bedingen und die vom Zeugen flüssig berichtet werden. Hier besteht also eine gewisse Verwandtschaft zu den Gesprächen aus unterschiedlichen Rollen. Ein Beispiel für eine Interaktion ist im folgenden gegeben: ein Zeuge eines Raubüberfalls schildert, wie er einen Mann, von dem er annimmt, daß er ihm zufällig folgt, nach einer Straße fragt. Der Mann erklärt, man wolle sich darüber nicht unterhalten, er wolle Geld. Nun schildert der Zeuge seine Betroffenheit, weiteres Drängen des Mannes, sein Geld rasch herauszugeben, seinen eigenen Versuch, den Mann von seiner Brieftasche abzulenken, indem er seine Geldbörse anbietet, einen Griff des Mannes nach seiner Brusttasche, eine Abwehrbewegung seinerseits, woraufhin der Mann ein Messer zieht, es aufklappt, die Bitte des Zeugen, alles in Ruhe abzumachen usw.

Eine Steigerungsform kommt dadurch zustande, daß (wie Dettenborn u. a. 1984 aufwiesen) die Beschreibung des Gespräches oder der Interaktion durch den Zeugen ein Mißverständnis aufweist.

f) Negative Komplikationsketten

Als eine inhaltliche Steigerungsform der Detaillierung, die für glaubwürdige Aussagen typisch ist, während sie sich in erlebnisfremden Aussagen in der hier angegebenen Art nicht findet, gilt die *Komplikationskette. In ihr werden gestörte oder abgebrochene Handlungsabläufe beschrieben, Hindernisse, die aufgetaucht sein sollen, vergebliche Bemühungen, wiederholte Versuche, unerwartete Vorgänge, enttäuschte Erwartungen, Mißerfolge im Handlungsfortgang, eine Äußerung, durch die etwas erreicht werden sollte, die sich später aber als bloßer Vorwand herausstellte u. ä.* Ein Beispiel für eine Komplikationskette im Sinne unserer Begriffsumschreibung: Eine halbwüchsige Zeugin gab an, ihr Stiefvater habe einmal als „Gegenleistung" für die Erlaubnis zum abendlichen Ausgehen den Geschlechtsverkehr von ihr verlangt. Als sie von ihrem Ausgang zurückgekommen sei, habe er gefragt: „Und wie ist es nun mit uns beiden?" Sie habe dann versucht, sich zu drücken, indem sie vorgegeben habe, sie müsse sich erst waschen. Damit habe sie auch Erfolg gehabt. Er sei ihr nicht in ihr Zimmer gefolgt, habe aber am nächsten Morgen geäußert: „Du weißt ja, diese Woche kommst du nicht mehr heraus."

Ein Beispiel für eine kurze Negativkomplikation: Ein jugendlicher Zeuge berichtete, sein Vater habe ihn manchmal gefragt, was ihm als Strafe lieber sei, Schläge oder Schreiben. Und wenn er dann gesagt habe, Schreiben, dann habe der Vater gesagt: „Na gut, dann kriegste Haue".

Einfache Komplikationen liegen auch schon vor, wenn beispielsweise vergeblich versucht worden sein soll, durch eine bestimmte Handlung zum Ziel zu gelangen. Eine einzelne dieser Schilderungen eines einfachen negativen Verlaufs würde aber noch wenig besagen, da sie auch bei Zeugen vorkommen kann, die sich selbst nicht bloßstellen oder einen Beschuldigten nicht unnötig belasten wollen. („Was ich da tun sollte, habe ich natürlich nicht gemacht." – „Soweit ist er nicht gegangen".)

Würde es sich dagegen bei einer *längeren* Komplikationskette um erfundene Angaben handeln, so würde sie eine umfassende Überschau bei der phantasiemäßigen Konstruktion erfordern und damit Anforderungen stellen, die Zeugen zum mindesten *bei raschem Vorbringen ohne Überlegungspausen* nicht erfüllen können. Mehrgliedrige Ketten von Handlungsansätzen, Frustrationsmomenten, Reaktionen darauf, Gegenreaktionen und Anschlußhandlungen müßten vom Zeugen ja frei ausgedacht worden sein, wenn es sich um Falschaussagen handeln würde. Der schlichteren intellektuellen Ausstattung der meisten Zeugen liegt auch der *Tendenz* nach die Erfindung derartig „unnützer" Handlungsteile fern, weil sie nicht zielstrebig und direkt auf das Handlungsziel und den Belastungsschwerpunkt hinleiten, während in der Realität ein großer Teil aller Vollzüge gekennzeichnet ist durch solche „Umwege" und Vereitelungen.

Eine umfangreichere Komplikationskette oder mehrere einfache Komplikationen in einer Aussage sehen wir bereits als Höherqualifizierung dieser Aussageeigenart unter dem Aspekt der qualitativen Detaillierung an.

g) Inhaltliche Verschachtelungen

Eine seltener auftretende Komplikation fand sich bei unseren eigenen Untersuchungen als zuverlässiges Glaubwürdigkeitssymptom. Wir bezeichnen sie als *„Verschachtelung". Sie liegt vor, wenn Zeugen über Gespräche von Personen berichten, die sich auf frühere ähnliche Handlungen beziehen.* Als solche Verschachtelung ist z. B. in einer Aussage über ein inzestuöses Verhältnis ein berichtetes Gespräch der Zeugin mit ihrem Vater über Erlebnisse mit einem anderen Sexualpartner anzusehen. Das gegenwärtige Erlebnis der jugendlichen Tochter mit dem Vater wird in einem solchen Gespräch also gewissermaßen mit einem Erlebnis, das die Tochter mit einem anderen Partner gehabt hat, „verschachtelt". So fragt – wie in vielen glaubwürdigen Aussagen berichtet – ein Vater seine jugendliche Tochter, wenn er beim Geschlechtsverkehr mit ihr eine vorliegende Defloration bemerkt, nach deren Ursache, worauf sie zögernd die Beziehung zu einem gleichaltrigen Freund zugibt. Oder der Täter zieht Vergleiche zwischen sich und dem anderen Partner in sexueller Hinsicht. Das jeweils wiedergegebene Gespräch enthält eine Überschneidung, ein Ineinandergreifen zweier Beziehungen und wird nicht in Fällen vorgefunden, in denen nur *eine* solche Beziehung bestanden hat.

Es leuchtet ohne weiteres ein, wie schwierig derartige verwickelte Verbindungen ohne Erlebnisbasis auszudenken sind. Wir haben sie in unserem umfangreichen Material von eindeutigen Falschaussagen bisher nie gefunden. Außer den allgemeinen Hinweisen auf die Glaubwürdigkeit, die sie geben, eignen sie sich speziell zur *Abgrenzung* eines Sexualgeschehens von einem anderen, wie sie bei heranwachsenden Zeuginnen oft nötig ist, wenn der Verdacht auf mehr als ein Sexualdelikt oder auf sexuelle Vor- und Parallel-Erlebnisse besteht. Bringt z. B. eine mäßig begabte Zeugin in ihrer Aussage in einem Inzestverfahren die oben erwähnten Fragen ihres Vaters und schildert noch verschiedene Anlässe, bei denen sich der Vater angeblich in eifersüchtiger Weise auf ihren Freund bezogen haben soll, evtl. auch noch Gespräche mit dem Freund über die Beziehung zum Vater, so daß diese beiden Beziehungen in der „Verschachtelung" deutlich voneinander abgesetzt werden, so spricht dies eindeutig dafür, daß die Zeugin nicht einfach ihre sexuell-erotischen Erfahrungen mit ihrem Freund als Grundlage für eine den Vater belastende Aussage genommen hat. Durch die bloße Übertragung erlebter sexueller Handlungen auf einen anderen Partner entsteht noch keine Aussage mit so charakteristischen, zwei verschiedene Beziehungen implizierenden Verschachtelungen.

Die Verschachtelung kann deswegen (ebenso wie die „Individualverflechtung" s. S. 40) in vielen Fällen den Verdacht der Übertragung von Erlebnissen mit anderen Personen auf den Beschuldigten ausräumen.

Zudem gilt von der „Verschachtelung" das gleiche wie von der „Vielfältigen Verflechtung": Die Zeugen schaffen durch derartige Angaben häufig – nicht immer – Kontrollmöglichkeiten für den Vernehmenden (z. B. kann der Freund oder Verlobte, mit dem die Vaterbeziehung besprochen worden sein soll, über dieses Gespräch befragt werden).

h) Vielfältige Verflechtung des Aussageinhaltes mit veränderlichen äußeren Umständen

Zu den Details realitätsbegründeter Aussagen gehören auch die in glaubwürdigen Erlebnisberichten auftretenden vielfältigen Verflechtungen der in Frage stehenden Kernhandlungen mit äußeren veränderlichen Umständen.

Naturgemäß sind Handlungen in bestimmte konkrete Situationen und Verhältnisse eingebettet. Die Gewohnheiten des Tagesablaufes, der Verwandten- und Bekanntenkreis und bestimmte örtliche Verhältnisse, z. B. Landschafts- und Gebäudegegebenheiten sowie das Mobiliar und seine Anordnung spielen beim Vollzug eine Rolle. Einsichtsmöglichkeiten und äußere Störfaktoren, die durch die spezielle Umgebung bedingt sind, haben Einfluß auf Planung und Ablauf eines Geschehens.

Die Verflochtenheit stellt aufgrund folgender Erfahrung im Zusammenhang mit anderen Kriterien ein Glaubwürdigkeitsmerkmal dar: Denkt ein Zeuge sich eine Falschbelastung aus, so stellt er zwar auch irgendeine Verbindung zwischen der angeblichen kriminellen Handlung und einer Rahmensituation her. Doch nimmt er in solch einer Darstellung keine *engere* Durchdringung von Handlungen und Rahmensituationen vor, vor allen Dingen keine Verflechtung mit *vorübergehenden* situativen Umständen, weil hierfür ein größeres Maß an Überblick, an Fähigkeiten zu mehrgliedrigem Denken und kombinatorischer Logik sowie an plastischer Vorstellungsfähigkeit erforderlich ist, als der Zeuge vor allem bei einer Bekundung, die rasch nach einem Anstoß erfolgt, einsetzen kann. Außerdem denkt der Zeuge fast immer auch zu vordergründig, um die Notwendigkeit einer solchen Verflechtung von Handlung und äußeren Umständen, wie sie sich in der Realität ergibt, in seine Erwägungen einzubeziehen. In Falschaussagen finden wir darum ein im ganzen relativ bezugloses Nebeneinander von Geschehenskern und äußeren Umständen ohne Einfluß der letzteren auf Geschehensform und -ablauf. Stellt man dann noch Nachfragen in dieser Richtung an, so ergeben sich Unsicherheiten.

Ein junger Zeuge, der möglicherweise Zeuge eines Tötungsdeliktes geworden war, berichtete beispielsweise: Er habe hellgrünes Zeug in einer Tasse seiner Tante gesehen. Die Tante habe das Zeug aus der Tasse in gehacktes Fleisch hineinlaufen lassen und das Fleisch mit der Masse durchgeknetet. Er habe sich beim Anblick des grünen Zeugs an das Mittel erinnert gefühlt, das sie immer verwendet hätten, wenn Fische aus ihrem Aquarium eine Pilzkrankheit gehabt hätten. Wenn man den Inhalt der braunen Tube mit dem Pilzgegenmittel in ein Aquarium hineinlaufen lasse, nehme das Wasser im Aquarium die gleiche Farbe an, die das grüne Zeug gehabt habe, das in der Tasse gewesen sei. Dem gehackten Fleisch habe man ansehen können, daß grünes Zeug durchgemischt war. Da habe die Tante aus dem Kühlschrank in der Küche Spinat geholt, den sie vorher bei Bergmann gekauft hatte. Den Spinat habe die Tante dann auch über das gehackte Fleisch gegeben. „Die Tante hat gesagt, das grüne Zeug hätte sie vom Hellseher. Die Tante ging immer zum Hellsehen und guckte dort Karten. Das Zeug vom Hellseher sei dafür, daß ihr Mann nicht mehr so viel trinke."

Auch in den Berichten schwach begabter Zeugen *können* sich schon mehrere Verflechtungen finden. Eine zwölfjährige Sonderschülerin sagte z. B.: „Der Opa hat vor die Tür immer den *Kinderwagen von der kleinen Sabine* – seinem Enkelkind – geschoben, wenn er das machte. (Gemeint waren sexuelle Handlungen mit der Zeugin.) Das war immer am Nachmittag. Am Abend bin ich dann weggegangen, weil um ½8 ja seine Frau wiederkommt. Die geht immer putzen, jeden Nachmittag um vier Uhr."

Einige *wenige* inhaltliche Verflechtungen der Handlung mit *üblichen* Mobiliargegebenheiten besitzen wenig Wert, weil auch der lügende Zeuge, wenn er sich die erdachte Handlung vorstellen will, sich an den *feststehenden* örtlichen Gegebenheiten orientiert und von daher Anregungen für den Inhalt seiner Darstellung nimmt. Dagegen fällt eine *größere Anzahl* solcher Verflechtungen der Handlungen mit Einrichtungsgegenständen durchaus ins Gewicht – ebenso wie eine Verflechtung mit *veränderlichen* Umständen.

Eine vielfache Verflechtung des Handlungsinhaltes einer Zeugenaussage mit äußeren Umständen ist ein besonders wichtiges Glaubwürdigkeitsmerkmal in speziellen Fällen: Dann nämlich, wenn man mit der Möglichkeit rechnen muß, daß eine verfälschende Übertragung von Beobachtungen auf den jeweils Beschuldigten stattgefunden haben könnte, die der Zeuge tatsächlich bei einer anderen Person gemacht hat. Wir wollen hierfür den Terminus „Personenübertragung" verwenden. Hier liegt eine gefährliche Täuschungsmöglichkeit in einer Zeugenaussage, weil der Zeuge sich im größten Teil seiner Aussage auf die Realität stützen kann (so daß dieser Teil seiner Bekundung echte Glaubwürdigkeitsmerkmale aufweist) und nur die angegebene Person ausgewechselt hat.

Bei jungen Mädchen als Zeuginnen von Sexualdelikten muß vorsichtshalber in sehr vielen Fällen hypothetisch diese Möglichkeit der Personenübertragung mit einbezogen werden, *wenn die Identität des Täters nicht anderweitig gesichert ist.* Die Einwände, die von den Beschuldigten und deren Verteidigern gegen die Glaubwürdigkeit der belastenden Aussagen dieser Mädchen erhoben werden, betreffen sehr häufig diese Möglichkeit, und das Gericht und Gutachter haben sich entsprechend oft mit ihr auseinanderzusetzen. Eine Personenübertragung wird manchmal vorgenommen, wenn Zeugen Personen schützen wollen, die ihnen nahestehen – beispielsweise, wenn es in einem Inzestverhältnis zu einer Schwangerschaft kommt.

Eine enge und vielfältige Verflechtung der Angaben zur Delikthandlung mit individuellen Umständen, die insgesamt nur auf den Beschuldigten und seine Situation zutreffen – wir sprechen kurz von „Individualverflechtung" – bietet aber eine Absicherung gegen das Vorliegen einer verfälschenden Personenübertragung, gegen ein Vertauschen von Personen in der Darstellung eines Zeugen.

Angaben über die Verflechtung einer dargestellten Handlung mit äußeren Umständen bieten häufig auch zusätzliche *Kontrollmöglichkeiten:* Der Tatort kann besichtigt werden, Personen aus dem betreffenden Milieu können zu den angeblichen Umständen am Tattage befragt werden. Besonderen Beweiswert haben die Angaben über Verflechtungen, wenn sie – wie im Kapitel über die Präzisierbarkeit von Aussagen dargestellt – *nachträglich rasch ohne Unstimmigkeiten und Widersprüche* eingefügt werden. Beispielsweise hatte ein Junge bei der polizeilichen Vernehmung über ein an ihm begangenes homosexuelles Delikt gesagt, daß dasselbe sich abends auf einer Bank am Sportplatz zugetragen habe. Der Beschuldigte habe den Jungen angewiesen, wenn jemand frage, warum sie den Sportplatz aufgesucht hätten, zu sagen, sie hätten dort eine Wette abgeschlossen. Diese Aussage enthält in ihrem Inhalt noch keine Verflechtung mit dem Sportplatz als *Tatort* (was insofern von einiger Bedeutung war, als der Beschuldigte bestritt, mit dem Jungen überhaupt auf demselben gewesen zu sein). Bei der psychologischen Exploration erläuterte der Zeuge diesen Punkt nun prompt folgendermaßen: Er habe sagen sollen, daß er und der Beschuldigte eine Wette bezüglich der Größe des Sportplatzes abgeschlossen hätten. Sie hätten nun im Dunkeln noch nachprüfen wollen, wer von ihnen beiden recht gehabt habe. – Hier ist nicht nur eine Lücke in einem Bericht gefüllt, sondern gleichzeitig eine inhaltliche Verflechtung mit dem Tatort hergestellt worden, die deshalb als Glaubwürdigkeitshinweis doppelt zählt.

Das Auftreten des soeben besprochenen Glaubwürdigkeitskriteriums ist von der Art des Geschehens abhängig, von dem die Rede ist. So ergeben sich bei kurzdauernden Handlungen (z. B. bei solchen, die einen Verkehrsunfall verursachten) in wenig gegliederter Situation auch in der Realität wenig Verflechtungen. Folglich sind sie dann auch in den Aussagen der Zeugen nicht zu erwarten.

Es sei eigens betont, daß alle Ausführungen dieses Kapitels, in denen Beispiele von Aussagen Jugendlicher angeführt werden, auch auf erwachsene Zeugen und auf andere Sparten der Justiz als auf die Strafjustiz zutreffen.

II. Ergänzbarkeit der Zeugenaussagen

Eine unterscheidbare Aussageeigenart, die zum Glaubwürdigkeitsmerkmal werden kann, ergibt sich aus der Detaillierung, die erst in späteren Phasen einer Befragung auftritt: Die Ergänzbarkeit der ursprünglichen Aussage eines Zeugen.

1. Zum Begriff der Aussageergänzungen

Bei systematischen Untersuchungen von Aussagen heranwachsender Zeugen, die der Verfasser durchführte, ergab sich nämlich als einer der wichtigsten Befunde, daß der *Inhalt von späteren Aussageergänzungen* und das Tempo ihres Vorbringens entscheidend für die Klärung der Glaubwürdigkeitsfrage sind (was auch durch die systematische Auswertung der eingangs erwähnten Bestätigungsfälle später belegt wurde). Sie wurden deshalb in der Folgezeit ausführlich in zahlreichen Glaubwürdigkeitsgutachten behandelt.

Als solche Ergänzungen sehen wir Aussageerweiterungen an, die erst *nach* der ersten Vernehmung eines Zeugen – z. B. bei einer psychologischen Exploration oder in einer Gerichtsverhandlung – vorgebracht werden. Sie können eine Detaillierung und Präzisierung des schon vorhandenen Aussagematerials darstellen, aber auch bisher überhaupt noch nicht wiedergegebene Beobachtungen zum Inhalt haben. Sie veranschaulichen oft Vorgänge deutlicher, die schon früher berichtet wurden, und lassen sie plastisch und lebensnah vor dem Befragenden erstehen. Nachträgliche Ergänzungen einer Aussage können auch früher schon berichtete Beobachtungen, die bis dahin unverbunden nebeneinander standen, *verbinden* und dadurch Zusammenhänge aufzeigen, die vorher nicht erkennbar waren. Nicht selten klären sich durch sie überdies scheinbare Widersprüche in einer Aussage auf.

Ablauf und *Intentionen* bei einer *Falschaussage* entsprechen ihrer Natur nach nicht einem derartigen Vorgehen. Ein Zeuge bereitet sich möglicherweise auf eine Falschaussage zwar vor und beschränkt falsche Angaben vorsichtigerweise auf einen gewissen Umfang, um den Überblick zu behalten (oder auch, weil eine umfangreichere Produktion ihm mit den *Mitteln seiner Phantasie* nicht möglich ist); er wird aber nicht eine absichtlich *unvollständige* Aussage machen und bewußt Aussageteile zurückhalten, denn er wünscht doch gerade, *sofort* zu überzeugen, schon weil er nicht weiß, ob sich ihm je wieder eine Aussagegelegenheit bieten wird. Unausgesprochen läßt der falschaussagende Zeuge nur Inhalte am Rande des Bewußtseinsfeldes, die er nicht durchdacht hat, deren Erörterung und Durchdenken ihm überflüssig erscheinen oder denen er ausweicht, weil ihm ihre Erörterung zu schwierig zu sein scheint. Wenn ihm Fragen zur Aussage gestellt werden, so bereitet ihm die Ergänzung seiner bisherigen Bekundungen große Schwierigkeiten.

Der erlebnisbezogen aussagende Zeuge kann dagegen leicht Ergänzungen seiner früheren Aussagen bringen, weil die erlebte Realität, über die er berichtet, sie ihm mitliefert. (Einschränkungen sind hier nur zu machen beim intellektuell sehr beschränkten Zeugen, der Beobachtungskoordinationsschwierigkeiten hat. Er kann nur Fetzen, und diese oft nur in entstellter Form in falsch erkannte Teilzusammenhänge bringen, sowie auch auf Nachfragen hin nicht solche Einzelheiten und Feinheiten abheben, die Verbindungen erhellen könnten. Der normalbegabte, erlebnisbezogen Aussagende berichtet dagegen häufig nur deshalb nicht von vornherein alles, weil seine Aufmerksamkeit von vordergründigen Einzelheiten in Anspruch genommen wird und weil er im Durchschnitt nicht zum „diskursiven", Schritt für Schritt erfolgenden und vollständigen Schildern neigt.)

Spätere Aussageergänzungen haben auch deshalb sehr großen Wert für die Klärung der Glaubwürdigkeitsfrage, weil man *in diesen Ergänzungen ja Aussageteile „in statu nascendi", bei ihrem erstmaligen Vorbringen erlebt und Zeuge von originären Aussagen wird, die zu hören sonst keine Gelegenheit besteht,* wenn einem der Zeuge erst in einer späteren Verfahrensphase zugeführt wird und er dort seine Aussagen nur wiederholt. Die Ergänzungen geben überdies bei psychologischen Glaubwürdigkeitsbegutachtungen Gelegenheit, die Aussage nicht nur als fertiges Produkt, sondern auch aktualgenetisch mit Phantasieprodukten zu vergleichen.

Daß spätere Ergänzungen glaubwürdiger Aussagen überhaupt erfolgen, entspricht psychologischen Gesetzmäßigkeiten. Bei Besprechung des Inkadenzphänomens (S. 66) werden wir erörtern, daß nicht alle Einzelheiten von Geschehnissen dem Zeugen zu jedem gewünschten Zeitpunkt einfallen. Hemmungen können in früheren Phasen der Aussageentwicklung die Vollständigkeit der Angaben beeinträchtigen, situative Faktoren Einfluß auf den Umfang der Bekundung nehmen. *Bei keiner Vernehmung ist der Zeuge fähig, eine bis ins letzte vollständige Aussage zu machen!*

Es kann nun selbstverständlich nicht jede erläuternde Zusatzäußerung, die in einer späteren Vernehmung oder Befragung vorgebracht wird, als Glaubwürdigkeitshinweis gewertet werden. Auch der falsch Aussagende wird gelegentlich seine Aussage noch erläutern und auf Befragen einzelne Nachträge liefern, wenn er den Eindruck hat, daß seine bisherigen Bekundungen noch nicht überzeugen. Phantasiefreudige Zeugen liefern manchmal Ausschmückungen von Bekundungen über tatsächliche Beobachtungen. Sie lassen sich von Ergänzungen auf Erlebnisbasis im allgemeinen aber leicht unterscheiden: Häufig ist die Unterscheidung schon von ihrem *Inhalt* her möglich. In den nachträglichen Ausschmückungen finden sich Unstimmigkeiten in sachlicher Hinsicht oder solche Inhalte, die in auffallender Weise den bewußten oder unbewußten Wünschen des Aussagenden, aber nicht dem Typus des beschriebenen Vorgangs (z. B. eines Deliktes) entsprechen.

Gelingt die Unterscheidung realitätsbegründeter Ergänzungen von unechten Augenblickszutaten vom Inhalt her nicht, so gibt der *Aussageverlauf* Hinweise: Die „echten" Ergänzungen entstehen nicht nur im allgemeinen müheloser, sondern sie haften auch besser im Gedächtnis des Zeugen: Eine Überprüfung der Aussagen schon im Abstand von einigen Wochen ergibt *Verschiebungen* und *Ausfälle in den Falschzutaten* in weit größerem Umfang als in Aussageteilen, die sich auf natürliche Beobachtungen und eigene Erlebnisse (nicht etwa auf bildliche Darstellungen wie Filme o. ä. – s. Köhnken 1982) beziehen.

Allerdings werden auch Ergänzungen von Aussagen über wirkliche Erlebnisse allgemein unvollständiger wiederholt als frühere Aussagen. Die Erlebnisteile, auf die sie sich beziehen, waren in vielen Fällen für die Zeugen nicht sehr eindrucksvoll – sonst hätten sie sie wahrscheinlich früher schon spontan vorgebracht.

2. Steigerungsformen der Ergänzbarkeit

Um beurteilen zu können, ob Ergänzungen von Zeugenaussagen höhere Qualität haben, in unserer Terminologie *Steigerungsformen* darstellen und somit zu Glaubwürdigkeitsmerkmalen werden, muß man die Frage stellen, ob die Ergänzungen sich inhaltlich in das bisherige Aussagematerial organisch einfügen, ob sie vom Zeugen rasch und prompt vorgebracht werden, ob sie inhaltliche Besonderheiten aufweisen und ob der Zeuge sich auf sie nicht vorbereitet haben könnte.

a) *Die organische, inhaltliche Einpassung der Aussageergänzungen in das bisherige Aussagematerial als Glaubwürdigkeitsmerkmal.* Passen sich Zusätze und Erläuterungen in vorher Berichtetes fugenlos ein, stehen sie nicht in Widerspruch zu früheren Angaben, füllen sie Lücken, die schon früher erkennbar oder auch nicht erkennbar waren, stellen berichtete Handlungen in konkrete Situationen mit festem Raum- und Zeitbezug hinein, führen sie so erst zu einer in sich geschlossenen Darstellung, so weisen sie vor allem auf die Richtigkeit einer Aussage dann hin, wenn sie in größerer Anzahl vorgebracht werden. (Es ist nicht selten, daß die Ergänzungen den bisherigen Umfang der Aussage fast verdoppeln.) Sie haben Beweiswert vor allem dann, wenn erkennbar ist, daß der Aussagende nur über einen geringen Überblick verfügt oder daß er mit der Materie der Aussage wenig vertraut ist.

Einige Beispiele aus Zeugenaussagen über Sexualdelikte:

(1.) Eine Inzestzeugin hatte zunächst nur berichtet, der Täter habe zu ihr gesagt: „Du brauchst keine Angst zu haben." Später ergänzte sie, er habe hinzugefügt: „Ich tue es bald auch nie mehr; wenn ich mich mit Mutter wieder vertrage, tue ich es mit dir nicht mehr."

(2.) Aussage vor der Polizei: „Plötzlich schellte es. Als ich zur Tür ging, sagte er, er wolle so tun, als ob er schliefe." Spätere Ergänzung: „Und wenn mich jemand fragte, warum ich im Schlafzimmer war, sollte ich dann so tun, als ob ich Betten gemacht hätte."

(3.) Ursprüngliche Aussage: „Da stand Mutter da. Sie hat aber nichts gemerkt."

Ergänzung: „Und dabei hatte ich doch so rote Stellen im Gesicht, weil er mich mit seinem unrasierten Bart immer geküßt hatte."

(4.) Ursprüngliche Aussage: „Er hat mal gesagt, ich käme in ein Heim, wenn ich was verraten würde."

Ergänzung: „Und er käme in eine Trinkerheilanstalt. Er sagte auch: ‚Wenn ich betrunken bin, muß ich das machen, ich weiß dann nicht, was ich mache.'"

(5.) Ursprüngliche Aussage (über einen Kaufhausdiebstahl): „Frau J. wollte gern noch eine Pelzjacke mitnehmen. Sie ging mit den beiden Jungen nochmal in das Geschäft, ich wartete draußen. Nach fünf Minuten kamen sie aber wegen dem Norbert ohne Jacke zurück."

Ergänzung: „Frau J. sagte, als sie rauskam: ‚Mit dem Norbert geht das nicht. Der ruft durchs ganze Geschäft: Mama, willst du diese Pelzjacke haben? Da mußten wir schnell rausgehen.'"

b) Von noch größerer Bedeutung als die *inhaltliche* Einpassung der Aussageergänzungen ist aber das *Tempo,* in dem sie vorgebracht werden. An ihm läßt sich erkennen, ob zwischen eine Frage und ihre Beantwortung noch Überlegungen eingeschoben werden konnten, die es dem Zeugen erlaubt hätten, die Antworten in irgendeiner Weise auf seine früheren Aussagen abzustimmen.

Erfolgt die Antwort so rasch, daß dem Zeugen keine Zeit zur Einschaltung von Überlegungen blieb (und fügen sich mehrere ergänzende Präzisierungen trotzdem sehr gut in das Bild der bisherigen Aussagen ein), dann darf man sicher sein, daß keine falsche Aussage vorliegt – und zwar auch dann nicht, wenn der Zeuge mit der Materie des beobachteten Vorganges gut vertraut ist. *Es ist nämlich unmöglich, ohne Überlegung und ständiges bewußtes* Bemühen um Abstimmung der Aussagen aufeinander, sozusagen „aus dem Handgelenk" rasch so zu phantasieren, daß alte und neue Angaben bruchlos miteinander verfugt werden.

In den Untersuchungen des Verfassers hat sich erwiesen, daß die mühelose und rasche Ergänzung speziell dann zum Glaubwürdigkeitsmerkmal von hoher Qualität wird, wenn sie inhaltlich folgende Gegebenheiten enthält, die dem Zeugen bei einem Phantasieprodukt nicht möglich sind. (Um einige Abgrenzungen zu vorher [S. 29] besprochenen Detaillierungsarten vorzunehmen: hier werden jetzt Details besprochen, deren *nachträgliches rasches* Vorbringen dem Zeugen ohne Erlebnisbasis *besondere* Schwierigkeiten macht.)

a) Ein *„dramatisches"* und gleichzeitig *komplexes* Geschehen mit ineinandergreifenden Teilhandlungen und mehrfachem *Wechsel* von Situationen und Umständen

Es ist dann selbstverständlich sehr schwierig für einen Zeugen, in der Situation, in der Ergänzungen rasch auf irgendeinen kurzen Anstoß hin vorgebracht werden sollen, über einen derartigen Aussagekomplex den Überblick zu wahren, wenn er sich nicht in allen Einzelheiten auf *wirklich* erlebte Vorgänge stützt. Wir denken hier z. B. an Zeugenaussagen über Raubüberfälle, Vergewaltigungsdelikte und Körperverletzungen.

Vorstehendes gilt *besonders auch dann, wenn nach und nach flüssig immer neue Verflechtungen des geschilderten Verhaltens der Hauptbeteiligten untereinander sowie der Handlungen mit den äußeren Umständen geschildert werden.* Sie sind vor allem dann wertvoll für die Glaubwürdigkeitsbeurteilung, wenn sie sich nicht auf feststehende, sondern auch auf *vorübergehende* und damit auf wechselnde Umstände beziehen – wie schon früher bei der Erörterung der Verflechtung (S. 38) ausgeführt wurde.

So erklärt die nachträgliche Angabe über die Tageseinteilung einer Familie in vielen Inzestaussagen erst, warum unerlaubte Handlungen mit Hilfe bestimmter Arrangements vorgenommen worden sein können. Zwei Beispiele aus Aussagen über Sexualdelikte, die von Kindern als Zeugen gemacht wurden, mögen das erläutern:

Zunächst war in der Aussage eines Kindes nur die Rede davon gewesen, daß sexuelle Handlungen häufig in einem von der Tür abgewandt stehenden Sessel stattgefunden hätten.

Später wurden folgende Ergänzungen rasch und flüssig vorgebracht: „Vormittags haben Vati und ich es im Bett gemacht; da konnte ja keiner kommen. Aber nachmittags, da kam die Tante Elli und der Kurt von der Arbeit. Wann die genau kamen, wußten wir nicht. Da konnten wir uns doch nicht ins Bett legen. Wie sollten wir das so schnell glatt kriegen? Da mußten wir uns in den großen Sessel setzen. Den haben wir aber so gedreht, daß er mit dem Rücken zur Tür stand:

dann konnten wir aus dem Fenster gucken, ob jemand kam, und von der Tür aus konnten sie nicht gleich sehen, was wir machten."

In einem anderen Fall war von einer Zeugin anfänglich nur berichtet worden, daß sexuelle Beziehungen zu ihrem Vater zu einem Zeitpunkt während des Krankenhausaufenthaltes der Mutter begonnen hätten, aber auch noch nach demselben fortgesetzt worden seien. Die später flüssig vorgebrachte Ergänzung lautete: „Als unsere Mutti so schwer krank war und sich dann meine Schwester verheiratet hat, da fing es an. Der Papa hat gesagt, er hat ja nun keinen außer mir, er denkt dann immer an die Mutti, wenn ich bei ihm bin. Als unsere Mutti wiederkam, da hat er gesagt, sie muß sich noch schonen. Ich sollte es ihr zuliebe doch noch tun." Durch die zusätzlichen Äußerungen wird deutlich, wie die äußeren Umstände mit dem Deliktgeschehen in Verbindung stehen, wie es aus ihnen erwachsen ist.

Werden solche Verflechtungen und wechselseitige Bedingungen *nachträglich* durch mühelos und beiläufig gegebene Präzisierungen und Erläuterungen aufgezeigt, nachdem vorher die verschiedenen Verhaltensweisen und Umstände in der Schilderung *unverbunden* nebeneinander standen, so stellt dies eine Leistung dar, die ohne Erlebnisbasis des Dargestellten nicht erklärbar ist. Diese Art der *nachträglichen Verflechtung* von Aussageinhalten würde nämlich, wenn der Zeuge sich nicht auf ein entsprechendes Erlebnis stützen könnte, eine Reihe von Denkprozessen und eine besondere Aussageablaufsplanung voraussetzen. Diese könnte aber kein Zeuge in einer Vernehmungssituation so rasch leisten, wie es die kurzen Zeitspannen zwischen Fragen und Antworten erfordern würden. Und sie käme einem Zeugen natürlicherweise auch gar nicht in den Sinn: Er müßte sich nämlich andernfalls zunächst ein vollständiges Geflecht von Handlungsbezügen in allen Einzelheiten ausgedacht haben. Dieses dürfte er bei der ersten Aussage aber nur auszugsweise und bruchstückhaft zur Sprache bringen, und zwar, *ohne* daß er die Beziehungen der Fakten untereinander ausdrücklich darstellte.

b) Begleitende Gespräche

Begleitende *Gespräche,* die das schon vorher mitgeteilte Handlungsgerüst in eine „zwischenmenschliche Atmosphäre" einbetten, werden sehr oft als Ergänzung früherer Aussagen gebracht, weil der Zeuge ihnen ursprünglich kein Gewicht beigemessen hat. Derartige Gespräche illustrieren beispielsweise das Verhältnis zwischen den Partnern eines Meineid- oder Erpressungsdeliktes, das jeweils sehr verschiedenartig sein kann.

Besonders wegen ihres psychologischen Gehaltes stellen *Gespräche,* die in Aussageergänzungen wiedergegeben werden, oft solche *Beson-*

derheiten dar, daß sie nicht als Präzisierungen schon früher gemachter Aussagen rasch hinzuerfunden werden können.

c) Verstreut vorgebrachte Ergänzungen

Ähnlich verhält es sich mit *verstreut vorgebrachten* Ergänzungen, die, wenn sie in Zusammenhang gebracht werden, einen „Verhaltensstil" beschreiben, den *der Aussagende selbst nicht „abheben" kann.*

Es kommt beispielsweise vor, daß ein Zeuge seiner Aussage nachträglich an verschiedenen Punkten Erläuterungen beifügt, die als solche erst eine charakteristische „Spielart" im Verhalten des Täters (z. B. bei Betrügereien oder Erpressung: „Raffiniertheit" oder „Plumpheit des Vorgehens", bei vielen anderen Situations- und Vorgangsschilderungen: beherrschtes oder impulsives Verhalten) veranschaulichen. Dabei kann der Zeuge selbst die verschiedenen konkreten Äußerungen und Verhaltensformen, die er schildert, ihrem Gehalt nach einander nicht zuordnen, weil er die entsprechenden Oberbegriffe nicht bilden oder ein irgendwie verbindendes Moment nicht erkennen kann. Es ist ihm unter diesen Umständen nicht zuzutrauen, daß er seine Ergänzungen bewußt aufeinander abgestimmt und eingefügt hat.

Die manifestierte Ergänzung einer Aussage kann in besonderer Weise ein multivalenter Aussageteil im Hinblick auf die Glaubwürdigkeitsqualifizierung sein. Hier liegt dann eine besondere Steigerungsform der Ergänzbarkeit vor.

Durch präzisierende Ergänzungen werden oft erst Anschaulichkeit und Konkretheit der Aussage erreicht.

3. Minderungsfaktoren und Fehlerquellen

Gemindert werden kann der Beweiswert mancher Aussageergänzungen durch die gleichen Faktoren, die wir bei der Detaillierung (mit deren Inhalt sie ja identisch sind) erwähnt haben.

Fehlerquellen in der Einschätzung der Präzisierbarkeit als Glaubwürdigkeitsmerkmal können sich schließlich ergeben, wenn Ergänzungen, die auf Vernehmungsfragen mit *inhaltlichen Vorgaben* erfolgen und dem Zeugen somit *nahegelegt* worden sind, unberechtigt zur Annahme einer Steigerungsform führen. Wenn aber bei gegebener Präzisierbarkeit immer *mehrere* Ergänzungen zur Verfügung stehen und ausgewertet werden, spielt es keine Rolle, ob die eine oder andere Ergänzung vielleicht als solche nicht erkennbar war, nachdem die entsprechende Aussage bei einer früheren Vernehmung nicht niedergeschrieben worden ist.

Zur aussagepsychologischen Verwertung der besprochenen Phänomene ist noch folgendes zu sagen:

Eine Aussage, die nachträglich auf unerwartete Fragen rasch ergänzt werden kann, spricht speziell gegen „eingeredete" und „eingedrillte" Falschaussagen. Induzierte Aussagen sind ihrer Natur nach von vornherein festgelegt, so daß höchstens einige wenige naheliegende Ergänzungen zu erwarten sind. Aus der Tendenz der Falschaussage heraus soll nämlich, wie schon an anderer Stelle erwähnt, möglichst früh und wirksam alles zur Geltung gebracht werden, was der Zeuge zu sagen hat. Wohl könnte jemand einem erwachsenen Zeugen, den er zu einer falschen Aussage beeinflussen wollte, sagen, er möge in der Vernehmung zunächst wenig vorbringen und sich erst, wenn es notwendig werden würde – also auf Nachfragen hin – auf Einzelheiten einlassen. Er könnte ihm, wenn es sich um einen intelligenten Menschen handelt, einige Antworthinweise für zu erwartende Fragen geben. Sicher ergibt sich aufgrund solcher laienhaften Hilfen aber nicht das Bild einer auch nur einigermaßen überzeugenden Aussage, wie es der Vernehmende aus seiner Berufspraxis bei der Schilderung wirklicher Beobachtungen gewohnt ist.

Einem *Kind* als Zeugen müßte die Aussage sogar in allen inhaltlichen Einzelheiten sowie im geplanten Ablauf vom Suggestor in der Art eingedrillt werden, daß dem Zeugen eingeprägt würde, diese Aussage bei der ersten Vernehmung zu machen, jene aber erst bei einer zweiten Vernehmung usw. Es leuchtet ohne weiteres ein, daß jemand, der einem Kind derartiges einprägen wollte, damit keinen Erfolg haben würde, da das Kind nur unsicher die Verteilung der Aussagen vornehmen könnte – zumal die entsprechenden Fragen ja nie so gestellt werden, wie sie nach den Vorstellungen des Suggestors erwartet wurden. In der Regel ist es so, daß der beeinflußte kindliche Zeuge sein „Sprüchlein" so gut und vollständig anbringt, wie er kann, und bei späteren nachgreifenden Fragen entweder versagt oder sich in durchsichtiger Weise improvisierend behilft.

4. Ergänzbarkeit von Aussagen in psychologischen Explorationsgesprächen

Das Vorbringen von Aussageergänzungen ist ein Glaubwürdigkeitsmerkmal, das speziell *für den psychologischen Gutachter* sehr aufschlußreich ist.

Die ergänzenden Präzisierungen ergeben sich nämlich meist zahlreicher als in einer Gerichtsverhandlung im Rahmen einer psychologischen Exploration. In dieser bestehen besonders günstige Voraussetzungen für die Gewinnung von Ergänzungen. Sie ergeben sich aus dem Charakter der Exploration, die in Form eines persönlichen Gespräches durchgeführt wird, aber auch aus der Kenntnis der besonderen Begabungseigenarten des Zeugen und seiner individuellen Aussageschwierigkeiten. So kann sich der Explorator auf das intellektuelle Tempo eines Zeugen, seine sprachliche Ausdrucksfähigkeit, seine Auffassungsfähigkeit, auf seine „Abhebefähigkeiten" und seine Erinnerungstreffsicherheit in der Befragung einstellen. Schließlich kann in intensiven, ungestörten Gesprächen eher ein Nacherleben in dem Zeugen erweckt werden, das von der Wiederbelebung eines gefühlsmäßigen Gesamteindrucks her auch die Erinnerung an Einzelheiten mobilisiert. Wurden die Ergänzungen durch eine scheinbar *unsystematische* – d. h. dem Zeugen unsystematisch erscheinende – *Befragungsweise* gewonnen, so verstärkt dies – wie an anderer Stelle schon angedeutet – den Beweischarakter dieses Glaubwürdigkeitsmerkmals, weil die Befragungsart dem Zeugen den Überblick erschwert. Er kann dann noch weniger als sonst darauf achten, daß die zusätzlich gemachten Äußerungen sich in die früheren ohne Unstimmigkeiten einfügen.

Völlig eindeutig wird der Beweiswert späterer Aussageergänzungen in der Regel, wenn man im Rahmen einer Begutachtung die Präzisierungen der Aussage mit entsprechenden Präzisierungsleistungen bei Phantasieprodukten des Zeugen vergleicht. Es ist – wie in einem späteren Kapitel beschrieben wird – in vielen Fällen möglich, eine auf Phantasieleistungen abzielende Vergleichsbefragung so zu halten, daß ihre Ergebnisse denen der Exploration zum Sachverhalt qualitativ, quantitativ und dem Tempo ihres Vorbringens nach vergleichbar sind, wenn konkrete Handlungen als Gegenstand gewählt werden. (Es genügt nicht, die Skizze eines Filminhaltes ausschmücken zu lassen oder eine angefangene Erzählung zu Ende führen zu lassen.)

Aber auch schon vom *individuellen, vorher* gewonnenen *Begabungsbefund* allein läßt sich oft herleiten, ob bestimmte Ergänzungen einer Aussage als Glaubwürdigkeitshinweise gewertet werden können. So schließen geringe Wendigkeit und unzulängliche kombinatorische Logik, schwache „Abhebefähigkeit" und fehlender Einblick in die Gesetzmäßigkeiten des inkriminierten Geschehens eine überzeugende Ergänzung erdachter Sachverhalte aus. (Natürlich hat man auch die Struktur der einzelnen Aussage und ihrer Erläuterungen zu betrachten, ehe man derartige Schlüsse zieht. Es gibt hin und wieder Aussagen so einfacher Struktur, daß auch der intellektuell wenig begabte Zeuge sie auf Nachfragen durch *schlichte, naheliegende* Ergänzungen erläutern könnte, *ohne sich* dabei auf echte Erlebniserinnerungen stützen zu müssen. In diesen Fällen wird sich die Glaubwürdigkeitsbeurteilung nicht auf die zur Aussage erbrachten Ergänzungen stützen können.)

5. Anwendungsbereiche

In Sparten der Justiz, in denen Glaubwürdigkeitsbegutachtungen von Zeugenaussagen üblich sind, ist das Studium der Aussageergänzungen besonders dann bedeutsam,

a) wenn das Motivationsstudium unergiebig ist,
b) wenn zu befürchten ist, daß von dritter Seite Einfluß auf die Aussage genommen wurde – auch, wenn zu befürchten ist, daß bei früheren Vernehmungen zuviel inhaltliche Vorgaben gemacht worden sind (Suggestivfragen!),
c) wenn die ursprüngliche Zeugenaussage so kurz war, daß die Konstanz für die Frage der Glaubwürdigkeit nichts besagt.

Das Glaubwürdigkeitsmerkmal der Ergänzbarkeit gilt bei *erwachsenen* Zeugen ebenso wie bei jugendlichen und hat nach unseren bisherigen Feststellungen in allen Sparten der Justiz nahezu gleiche Geltung.

Aus der Art der *beiden* bisher beschriebenen Aussageeigenarten, Detaillierung und Präzisierbarkeit, ergibt sich, daß sie besonders zahlreiche Steigerungsformen aufweisen können und dadurch zu durchschlagenden, besonders beweiskräftigen Glaubwürdigkeitsmerkmalen werden können.

III. Homogenität der Zeugenaussage

Die Aussageeigenart der Homogenität kann sich ergeben, wenn man die bisher besprochenen Details und spätere Ergänzungen einer Zeugenbekundung in ihrer *Gesamtheit* betrachtet. Allerdings ist die Homogenität eine Aussageeigenart, die nicht bei allen Zeugenbekundungen der Operationalisierung gut zugänglich, nachvollziehbar, erfaßbar und anwendbar ist, die aber doch andererseits bei nicht wenigen Aussagen, *die einigermaßen umfangreich sind,* deutlich herauskommt und damit die Qualität erhält, die sie zu einem eindeutigen Glaubwürdigkeitsmerkmal werden läßt.

Wir verstehen hier unter der Homogenität einer Aussage, daß sich in ihr inhaltliche Details zu einem Ganzen ohne Unstimmigkeiten zusammenschließen, daß deren Einzelheiten in einen integrierten organischen Zusammenhang gebracht werden können und daß der Inhalt der Aussage damit auch folgerichtig ist.

Der Begriff „homogen“ dürfte auch dem Begriff der „Stimmigkeit“ entsprechen, den Undeutsch (1967) verwendet. Trankell, der die Bezeichnung „homogen“ in die Fachliteratur (1963) einführte, definiert Homogenität als gegeben, „wenn von verschiedenen Details einer Aussage gesagt werden kann, daß sie von verschiedenen Ausgangspunkten her den gleichen Geschehensablauf definieren“.

Nach Bender (1981) wird das Homogenitätskriterium angenommen, „wenn die verschiedenen Details einer Aussage trotz verschiedenartiger Anknüpfungspunkte, zusammenfassend betrachtet, sich zu einem stimmigen einheitlichen Ganzen zusammenfügen".

Die hier beschriebene Integration bezieht sich zunächst auf die Homogenität *innerhalb* einer Zeugenaussage. Zur Homogenität in weiterem Sinne rechnen wir im System der hier zu Grunde gelegten Arbeitsbegriffe aber auch die *Homogenität von Zeugenaussagen in Bezug auf das Umfeld der Aussagen. Damit ist gemeint, daß die Aussagen eines Zeugen sich mit den Aussagen anderer Personen und mit objektiven Sachbefunden vereinbaren lassen, daß sie ihnen entsprechen.*

In Strafverfahren können dies sein: Aussagen anderer Zeugen, gegen deren Glaubwürdigkeit sich keine Bedenken erhoben haben, medizinische Befunde, die sich beispielsweise auf Verletzungen beziehen, kriminaltechnische Feststellungen oder die Übereinstimmung mit dem Inhalt von Schriftstücken. Diese Form der Homogenität nach außen gilt besonders dann als Glaubwürdigkeitsmerkmal, wenn der Zeuge die äußeren Gegebenheiten – und damit Kontrollmöglichkeiten – nicht voraussehen, seine Aussage also nicht nach ihnen ausrichten konnte.

Der organische Zusammenhang von Teilen einer Zeugenbekundung braucht keineswegs vom Zeugen selbst gesehen zu werden. Die *phänomengebundene* Aussage, die verrät, daß der Zeuge das beobachtete Geschehen in seinen Zusammenhängen nicht verstanden hat, scheint oft auf den ersten Blick ebenso wie die *inkontinente Schilderung* Homogenitätsmängel aufzuweisen. Tatsächlich kann der Zusammenhang aber *vom Außenstehenden* meist mühelos hergestellt werden, so daß beide Aussageeigenarten nicht gegen das Glaubwürdigkeitsmerkmal der Homogenität sprechen, vielmehr sogar in gewisser Weise unter aussagepsychologischem Aspekt eine *Steigerungsform* desselben darstellen.

Zur Homogenität in diesem Sinne rechnen wir auch, daß das faktische Verhalten, das Zeugen nach Erlebnissen, über die sie Aussagen machen, zeigen, der Beschreibung vorhergehender Geschehnisse entspricht, daß es nur als Reaktion auf diese verstanden werden kann. Das Verhalten darf also nicht etwa in Widerspruch zu dem bekundeten Geschehen stehen. (Das gilt vor allem, wenn es sich um ein Geschehen handelt, dessen *Opfer* der Zeuge geworden ist.) Ein Beispiel für ein solches Verhalten ist gegeben, wenn ein Zeuge sich nach einem Überfall verstört an Passanten wendet, die er trifft, sie um Hilfe bittet und sie ersucht, die Polizei zu benachrichtigen. Ein solches Verhalten kann nur als Reaktion auf das von ihm geschilderte Geschehen verstanden werden und schließt sich mit ihm zu einem homogenen Komplex zusammen. Es wird oft durch Beobachtungen anderer Zeugen bestätigt. Bedenken an der Glaubwürdigkeit der Aussagen eines Zeugen, der Opfer eines Deliktes geworden sein will, muß es dagegen erwecken, wenn der Zeuge beispielsweise nach dem inkriminierten Geschehen noch längere Zeit freiwillig und ohne eine besondere Überführungsabsicht zu haben, mit dem Beschuldigten zusammengeblieben ist. (Eine besondere und andersartige Situation ist allerdings in manchen Fällen bei Vergewaltigungsopfern gegeben – siehe Michaelis 1985.)

Homogenität ist selbstverständlich keineswegs als Glaubwürdigkeitsmerkmal einer Aussage gegeben, wenn *sachliche Widersprüche* in ihr enthalten sind. Sie können vorliegen, wenn beispielsweise Beobachtungen dargestellt werden, die unmöglich gleichzeitig stattgefunden haben können oder wenn ein Zeuge behauptet, in einem Zimmer habe vollständige Dunkelheit geherrscht, und dennoch detaillierte Beobachtungen gemacht haben will, oder wenn ein Zeuge zu Beginn seiner Aussage angibt, eine Person habe wie betrunken gesprochen, um kurz darauf ohne Einschränkung zu behaupten, er habe diese Person nie sprechen hören. Hierher gehören auch handlungstechnische Unstimmigkeiten – etwa die Behauptung eines Zeugen, gefesselt gewesen zu sein, und die Bekundung, gleichzeitig Abwehrbewegungen gemacht zu haben, die damit nicht zu vereinbaren sind, oder die Aussage, ein Täter habe ein Messer in einer Hand gehabt und habe dann mit der anderen Hand etwas getan, was sich aber nicht mit nur einer Hand hätte durchführen lassen.

Die Homogenität von Zeugenaussagen spielt eine große Rolle beim Vergleich von Aussagen der Angehörigen einer *Zeugengruppe* (s. S. 103).

Steigerungsformen der Homogenität, die sie zum Glaubwürdigkeitsmerkmal werden lassen, liegen vor, wenn ein Zeuge eine *umfangreichere* Aussage vorbringt, ein *kompliziertes Geschehen* richtig integriert wiedergibt, speziell, wenn sich Einzelheiten in einen integrierten Zusammenhang bringen lassen, die *verstreut* über die Bekundung vorgebracht werden. Das gilt insbesondere, wenn eine komplizierte *Interaktion,* wobei Handlungen und begleitende Gespräche miteinander verwoben sind, beschrieben wird.

Wenn eine homogene Aussage von einem Zeugen wiedergegeben wird, der nur *geringe Kenntnisse im Sachgebiet* hat, auf das sich seine Aussage bezieht oder wenn er – wie schon erwähnt – in naiver Weise phänomengebunden und inkontinent schildert, sich aber trotzdem eine homogene Gesamtaussage ergibt, so liegt ebenfalls eine Steigerungsform vor. Das gleiche gilt, wenn auch *spätere Ergänzungen* noch mühelos und rasch in den integrierten Zusammenhang mit bisherigen Aussagen gebracht werden (s. Kapitel über Ergänzungen), oder wenn der Zeuge rasch und *unsystematisch befragt* wird und trotzdem einen Aussagekomplex bringt, der sich nachträglich von Außenstehenden wie zu einem homogenen Mosaikbild zusammenfügen läßt.

Mit der Homogenität einer Aussage, wie sie im vorhergehenden beschrieben wurde, überschneidet sich weitgehend das Glaubwürdigkeitsmerkmal, daß eine Aussage ein *Verhaltensmuster,* in Strafsachen einem

Delikttypus entsprechend, zum Inhalt hat. Und zwar kann es sowohl das typische Verhaltensmuster eines Täters wie auch das des betroffenen Opfers sein. (Letzteres als viktimotypisch bezeichnet.) Hier liegt dann gewissermaßen eine Spezialform der homogenen Aussage vor. Da dieses Merkmal bisher aber nur für Aussagen auf dem Gebiet der Sexualdelikte ausgearbeitet worden ist, behandeln wir es im Anhang.

Das hier besprochene Glaubwürdigkeitsmerkmal der Homogenität kann sich dagegen bei Zeugenaussagen über alle Deliktarten wie auch in anderen Sektoren der Justiz als denen der Strafjustiz manifestieren.

IV. Konstanz und Inkonstanz der Zeugenaussage

1. Begriff und diagnostische Möglichkeiten

Die Konstanz in den Details – und im Gesamtbild – einer Aussage, d. h. ihre *Übereinstimmung bei aufeinanderfolgenden Vernehmungen desselben Zeugen,* wird seit langem in richterlichen Urteilsbegründungen als Glaubwürdigkeitsmerkmal angesehen. Die systematische Untersuchung dieses Merkmals hat allerdings zu erheblichen Differenzierungen geführt, die bei der Glaubwürdigkeitsbeurteilung von Zeugenaussagen beachtet werden müssen.

Wir erörtern die Aussageeigenart der Konstanz hier im Hinblick auf solche Details, die schon bei einer ersten Zeugenbefragung vorgebracht werden, sowie auf solche, die – wie im vorigen Kapitel besprochen – als *Ergänzungen* bei späteren Vernehmungen vorgebracht und bei weiteren Befragungen wiederholt werden, und schließlich im Hinblick auf das *Gesamtbild* der Zeugenbekundung, wie wir es im vorhergehenden Kapitel über die Homogenität betrachtet haben. (Trankell verwendet für das Kriterium, das wir hier als Konstanz bezeichnen, seit 1959 die Bezeichnung „Sequenzkriterium".)

Die Bedeutung dieses Merkmals geht darauf zurück, daß Beobachtungen realer Vorgänge und eigene Erlebnisse besser behalten werden als Aussageinhalte, die ein Zeuge sich ausgedacht, auf Bildern und in Filmen gesehen oder von anderen gehört hat – eine Annahme, die wir fast ausnahmslos beim Vergleich realitätsbegründeter Aussagen mit der Wiedererinnerung von Phantasieerzeugnissen und Filmen bestätigt finden konnten. So konnten Zeugen von ihrem Phantasieprodukt *im Durchschnitt* weniger als ein Zehntel wiedergeben, wenn die Wiederholung (ebenso wie die Aussage zu einem vermutlich tatsächlichen Geschehen) etwa zwanzig Wochen später verlangt wurde. Bei Berichten über gesehene Filme, die kürzere Zeit nach der Filmvorführung abgegeben wurden, beschränkten sich Jugendliche auf die gerüstartige Wiedergabe des

Handlungsgeschehens. Eigene Gedanken und Gefühle wurden kaum je erinnert.

Die größte *praktische Bedeutung* hat der Konstanzgrad für die *richterliche* Beweiswürdigung. Für die polizeiliche Glaubwürdigkeitsbeurteilung spielt der Konstanzgrad einer Aussage dagegen im allgemeinen eine geringere Rolle, weil hier entweder keine Vergleichsmöglichkeit mit einer ausführlichen vorhergehenden Befragung besteht oder der Zeitraum zwischen zwei Vernehmungen zu kurz ist, um ergiebige Vergleiche zu erlauben. (Zeiträume von nur wenigen Wochen genügen im allgemeinen nicht zur Entwicklung signifikanter Konstanzphänomene. Manchmal verraten sich Falschaussagen allerdings schon durch Abweichungen innerhalb einer einzigen Vernehmung.)

Durch die Vergleichsmöglichkeiten bei späteren Vernehmungen wird für Richter und evtl. für Glaubwürdigkeitsgutachter in etwa der Nachteil ausgeglichen, der für sie darin liegt, daß sie nicht unmittelbar der ersten Aussage eines Zeugen beiwohnen können. Ihnen liegt stattdessen bereits ein Stück Aussage*entwicklung* als zusätzliche „Dimension" vor. Beweiskraft hat allerdings – wie schon angedeutet – die Aussageeigenart der Konstanz nur, wenn der detaillierte Inhalt von Vernehmungen, die in einigem *Zeitabstand* aufeinanderfolgen, konstant bleibt. Die entsprechende Vergleichsmöglichkeit bietet in Strafverfahren in den meisten Fällen die polizeiliche Vernehmung einerseits und die richterliche Vernehmung in einer Hauptverhandlung andererseits, die zeitlich gewöhnlich Wochen oder Monate auseinanderliegen. Dabei muß berücksichtigt werden, daß die erste Vernehmung – und damit meist die polizeiliche – die schwierigste Befragung darstellt (vergleiche Prüfer 1977) und man deshalb immer mit einzelnen Ungenauigkeiten in der Niederschrift rechnen muß, die beim Vergleich mit zu berücksichtigen sind.

Es bereitet im allgemeinen große Schwierigkeiten, in den Vergleich noch frühere Aussagen eines Zeugen einzubeziehen, die er beispielsweise schon *vor der polizeilichen Vernehmung bei Familienangehörigen, Arbeitskollegen usw. gemacht hat.* Systematische Beobachtungen, die wir unter diesem Aspekt anstellten, ergaben, daß *Personen, die nicht für die Durchführung von Vernehmungen ausgebildet sind, nur unzuverlässig wiedergeben können, was ein Zeuge bei ihnen ausgesagt hat.* Sie ändern diese Aussage oft unbewußt nach ihren eigenen Vorstellungen und unterscheiden vor allem nicht genügend, ob der Zeuge eindeutig etwas als sicheres *Wissen* behauptet oder nur als *Vermutung* geäußert hat. Auch „verbessern" sie häufig die Formulierungen, ohne vorher geprüft zu haben, was der Zeuge selbst mit seinen Worten gemeint hat.

2. Notwendige Differenzierungen

Die Bewertung der Konstanz hat inzwischen – wie schon erwähnt – im Zuge aussagepsychologischer Untersuchungen entscheidende Differenzierungen erfahren. *Man würde es sich zu einfach machen, wollte man den Satz aufstellen, die Konstanz einer Aussage spräche für ihre Glaubwürdigkeit, während die Inkonstanz ihre Unglaubwürdigkeit anzeigen würde. Mehr kommt es, wie wir noch aufzeigen werden, auf die Art der Konstanz und auf die Art der Inkonstanz an.* (Wir sprechen deshalb von relativer Konstanz.) *Wie unsere Untersuchungen zeigten, kann gerade eine bestimmte Art der Inkonstanz sogar ein Glaubwürdigkeitsmerkmal sein.* Damit sind Abweichungen in den Aussagen gemeint, die mit einem natürlichen Erinnerungsverlust zu vereinbaren sind.

Die folgenden Ausführungen stützen sich vorwiegend auf Befunde, die der Verfasser bei Glaubwürdigkeitsbegutachtungen von Zeugenaussagen gewinnen konnte. Und zwar ergaben sie sich speziell aus dem Untersuchungsmaterial, *das in Begutachtungsfällen anfiel, in denen die Zeugenaussage irgendeine Bestätigung von außen erfuhr, nachdem die Aussagen der Belastungszeugen auf ihre Glaubwürdigkeit hin begutachtet worden waren.*

3. Konstanz als Glaubwürdigkeitskriterium

Wir gehen zunächst auf die Konstanz als Kriterium ein:

a) Ist die Zeitspanne zwischen zwei Vernehmungen nicht größer als zwei bis drei Jahre, so darf man bei *glaubhaften*, erlebnisbegründeten Aussagen erwarten, daß sie in folgenden Punkten *übereinstimmen:*

(1.) in der Schilderung von *Handlungen,* die für den Zeugen das *Kerngeschehen* darstellen (z. B. beobachteter Einstieg in eine Wohnung durch ein Fenster, Sicherung einer Baustelle durch Lampen),

(2.) hinsichtlich der Benennung der *Handlungspartner,* die *unmittelbar* beteiligt gewesen sein sollen,

(3.) in der groben Angabe von *Örtlichkeiten,* an denen sich die Handlungen abgespielt haben sollen (z. B. außerhalb oder innerhalb eines Gebäudes),

(4.) in der Angabe, wie man von einem Ort zum anderen gekommen ist (gefahren, gegangen usw.), wenn das Geschehen sich über mehrere Örtlichkeiten erstreckte,

(5.) in der Benennung von *Gegenständen* (z. B. von Einrichtungsgegenständen), *zu denen Handlungen in unmittelbarem Bezug standen* (im Unterschied zu unbeachteten ruhenden Objekten, die in keiner Beziehung zum Geschehen standen),

(6.) in der groben Angabe über *Helligkeit bzw. Dunkelheit* am Ort der Beobachtung,

(7.) in einigen weiteren Angaben, die jedoch gewöhnlich nur auf bestimmte Deliktarten zutreffen: Beispielsweise in der Darstellung der (Gesamt-)*Körperposition* bei der Haupthandlung (Sitzen, Liegen, Stehen), sofern es sich um „körpernahe" Handlungen (z. B. Körperverletzung, Sexualdelikte, Kindesmißhandlungen u. ä.) in einer Position handelte, die einige Zeit gleich blieb.

Glaubhafte Aussagen weichen bei verschiedenen Vernehmungen in diesen Punkten nicht voneinander ab. Unter unseren Bestätigungsfällen war keine Abweichung in *dieser* Hinsicht festzustellen. Die Möglichkeit einzelner Ausnahmen (z. B. bei sehr schwach begabten Zeugen oder Kleinkindern) soll damit natürlich nicht völlig ausgeschlossen werden. *Abweichungen in diesen Punkten* müssen im allgemeinen aber unbedingt *die Vermutung* aufkommen lassen, daß unrichtige Zeugenaussagen gemacht wurden oder daß die Zuverlässigkeit der Aussagen infolge fehlender Zeugentauglichkeit in Frage gestellt werden muß.

b) Zum beweiskräftigen Glaubwürdigkeitsmerkmal wird die Konstanz einer *einfachen* übersichtlichen Aussage selten. (Jedoch kann sie bei intellektuell wenig entwickelten Zeugen ausnahmsweise in Verbindung mit anderen Merkmalen zum Realitätskriterium werden.) Im allgemeinen muß aber bedacht werden, daß die Konstanz einer einfachen Aussage durch Memorieren, durch Notizen, welche die Erinnerung des Zeugen stützten, und durch „Eindrillen" von seiten anderer Personen gefördert und damit manipuliert werden kann. Gerade der falschaussagende Zeuge bemüht sich ja vielfach, seine Aussage für spätere Vernehmungen in Erinnerung zu behalten.

Die Konstanz wird normalerweise erst unter bestimmten Bedingungen in ihrer positiven Ausprägung zum Glaubwürdigkeitsmerkmal – wenn sie nämlich sogenannte Steigerungsformen aufweist, die ihr eine höhere Qualität verleihen. Die Konstanz muß in ihren Steigerungsformen überdies im Zusammenhang eines *Merkmalskomplexes* gewertet werden, damit Fehlerquellen nicht wirksam werden. Beides ist für das Gewicht, das man einer Aussagekonstanz zuweist, außerordentlich bedeutsam.

Fehlerquellen für die Beurteilung der Konstanz als Realitätskriterium können sich aus der Art der Vernehmung ergeben: *Fragen, in denen dem Zeugen der zu erwartende Inhalt der Antwort in der Frage schon vorgegeben wird, also alle Fragen, die nur mit „ja" oder „nein" beantwortet zu werden brauchen, haben für die Untersuchung der Konstanz einer Aussage keinerlei Wert.* Soweit dagegen rein spontane Bekundungen oder Antworten des Zeugen auf suggestionsfreie Fragen erfolgen, bieten diese die Gewißheit, daß sie ohne jede Hilfe erfolgt sind und deshalb zur Prüfung der Übereinstimmung mit früheren Aussagen sicher herangezogen werden dürfen.

Ein Hinweis auf Minderungsfaktoren, die zu ausgesprochenen Fehlerquellen in der Bewertung der Konstanz geworden sein können, ergibt sich, wenn eine Aussage wortwörtlich stereotyp mit einer früheren Bekundung des Zeugen übereinstimmt. Hier liegt der Verdacht nah, daß die Konstanz auf „Eintrichtern" der Aussage zurückgeht oder daß zusätzliche Wiederholungen – evtl. mit äußeren Hilfsmitteln – die Konstanz als Glaubwürdigkeitsmerkmal wertlos machen.

(1.) Sehr eindrücklich und von erhöhter Qualität, so daß wir von einer *Steigerungsform* sprechen, ist die Aussagekonstanz immer dann, wenn sie sich auch auf *nebensächliche* Teile der Zeugenbeobachtungen bezieht. Diese haben vorher meist nur wenig Beachtung gefunden, und ihre trotzdem übereinstimmende Wiederholung hat deshalb besonderes Gewicht. Wenn z. B. von einer zehnjährigen Zeugin (mit mäßigem Gedächtnis für alles, was sie nicht selbst erlebt hat) nach acht Monaten noch erinnert wird, womit zum Zeitpunkt, als ein Bekannter der Familie sich ihr in sexueller Hinsicht im Elternhaus genähert haben soll, jedes Familienmitglied außerhalb des Tatzimmers beschäftigt war, wenn weiterhin dieselbe Zeugin übereinstimmend wiedergibt, worüber sich der Beschuldigte mit ihr unterhalten hat, an welchen Stellen des Zimmers er sich mit ihr in verschiedenen Phasen der Handlungen befunden hat usw., oder wenn ein Zeuge bei der Schilderung einer Diebstahlsbeobachtung auch nach Monaten noch übereinstimmend bis in Einzelheiten angeben kann, welchen Weg die einzelnen Personen vor Ausführung der Tat nahmen und wie, ehe der Einstieg gelang, auf verschiedene Weise ein Eindringen in das Gebäude versucht wurde, so liegt eine gesteigerte Qualität der Konstanz vor, die sie zum Glaubwürdigkeitsmerkmal werden läßt.

(2.) Eine bedeutsame Steigerungsform ist allgemein gegeben, wenn die Aussage sehr umfangreich ist und trotzdem bei einer späteren Vernehmung weitgehend übereinstimmend wiederholt wird. Insbesondere, wenn *vielgestaltige Handlungen, die sich überdies in jeweils unterschiedlichen Situationen zugetragen haben sollen, übereinstimmend beschrieben werden.*

(3.) Das Gewicht des Konstanzmerkmals verstärkt sich weiter, wenn das Tempo bei der Wiederholung einer Aussage, gemessen am sonstigen Tempo des Zeugen in dem er Erinnerungen wiedergibt, zügig ist. (Die Aufrechterhaltung und Abstimmung von lügenhaften Aussagen größeren Umfangs erfordert im ganzen ein vorsichtiges Vorgehen, viel Überlegung und damit eine langsamere Aussageweise.) Das gilt besonders für die Wiederholung solcher Bekundungen, die – wie später noch zu erörtern ist – inkontinent vorgebracht wurden, deshalb sicher jede Wiederholungsplanung ausschließen lassen und später auch inkontinent – und meist auch beiläufig – wiederholt werden.

(4.) Eine Steigerungsform der Konstanz liegt selbstverständlich ebenfalls vor, wenn Aussagen bei *zeitlich sehr weit auseinanderliegenden Befragungen* gleichbleiben – wie an anderer Stelle schon gesagt wurde.

(5.) *Für die psychologische Gutachtertätigkeit* sind noch einige zusätzliche Möglichkeiten gegeben, Steigerungsformen herauszuarbeiten, indem durch bestimmte Explorationsmethoden die Konstanz erschwert wird. Kommt sie unter diesen erschwerenden Umständen doch zustande, so sehen wir eine Steigerungsform als sicher gegeben an. So ist die *Stabilität* einer Aussage eine wichtige Steigerungsform der Konstanz. Damit ist die Konstanz gemeint, die bestehenbleibt, wenn Versuche gemacht werden, die Aussage des Zeugen zu erschüttern.

4. Bewerbung inkonstanter Aussagen

Wir wenden uns nun den speziellen Problemen der Inkonstanz einer Zeugenaussage zu.

a) Berücksichtigung von Gedächtnisgesetzmäßigkeiten

Im allgemeinen gilt zwar der Satz, daß *erhebliche Inkonstanz (in einer Zeugenaussage) erfahrungsgemäß das häufigste Symptom für eine Falschaussage ist* (in unserem Aussagematerial waren ungefähr 75% der erwiesenen Falschaussagen in beträchtlichen Teilen – oft sogar widersprüchlich inkonstant). Besonders gilt dies, wenn innerhalb ein und derselben Vernehmung schon Abweichungen auftreten. Wir haben jedoch schon herausgestellt, daß der Satz, die Konstanz einer Aussage spreche für ihre Glaubwürdigkeit, die Inkonstanz für ihre Unglaubwürdigkeit, eine unzulässige Simplifizierung darstellt. Vielmehr kann sich aus einer bestimmten Art der Inkonstanz ein Glaubwürdigkeitsmerkmal ergeben.

Bei Wiederholung *jeder* Aussage zeigen sich *natürliche Erinnerungsverluste.* Andererseits enthalten spätere Aussagen oft auch *Ergänzungen,* die wir bereits erörtert haben. Bei denselben handelt es sich häufig um „wiederaufgetauchte" Erinnerungen, die dem Zeugen zeitweilig nicht zur Verfügung standen. Solche Aussageänderungen sind es also einmal, die keineswegs gegen die Glaubhaftigkeit zu sprechen brauchen, sondern als *Aussageergänzungen zum Glaubwürdigkeitsmerkmal werden können.*

Inkonstanzerscheinungen in einer Aussage sprechen weiterhin im Zusammenhang mit anderen Glaubwürdigkeitsmerkmalen für die Glaubwürdigkeit, wenn sie in bestimmter Weise Gedächtnisgesetzmäßigkeiten entsprechen, die dem Zeugen nicht bekannt sind: wenn die Aussagen von früheren Vernehmungsergebnissen beispielsweise nur in den Teilen abweichen, in denen Erinnerungsverluste zu erwarten sind, aber in den Teilen mit früheren Angaben übereinstimmen, die nach Befunden der Gedächtnispsychologie zuverlässig behalten werden können.

Da den meisten Zeugen die Gedächtnisgesetze nicht bekannt sind, ist die differenzierte Inkonstanz kaum manipulierbar im Gegensatz zur einfachen Inkonstanz.

Entscheidend für die Frage der Glaubwürdigkeit ist also die Feststellung, ob die Aussageentwicklung psychologischen Gesetzmäßigkeiten entspricht oder Änderungen aufweist, die psychologisch bei Erinnerungen an tatsächliche Erlebnisse nicht zu erwarten sind.

Trotzdem bleibt natürlich bestehen, daß jede Aussageabweichung den Vernehmenden zu verstärkter Aufmerksamkeit veranlassen sollte. Aber schon die Selbstbeobachtung müßte davor schützen, überfordernde Maßstäbe an den Zeugen anzulegen, wie es die rigorose und unspezifizierte Forderung nach fast absoluter Aussagekonstanz tun würde.

Dabei muß auch das *Verhältnis,* in dem die Zahl der abweichenden Angaben zu der der übereinstimmenden steht, beachtet werden. Im *Durchschnitt* fanden wir in glaubhaften Zeugenbekundungen in ungefähr 90% der Aussagedaten Übereinstimmung und in ungefähr 10% der Daten keine Übereinstimmung. Dies galt, wenn der Zeitablauf zwischen den zum Vergleich herangezogenen Vernehmungen (in der Regel zwischen einer polizeilichen Vernehmung und einer psychologischen Exploration) mehrere Monate betrug und die geschilderten Erlebnisse höchstens zwei oder drei Jahre – in der Regel aber ebenfalls nur einige Monate – zurücklagen.

b) Natürliche Erinnerungsverluste

So beruhte nach unseren Untersuchungsergebnissen in den erwähnten Bestätigungsfällen die Inkonstanz folgender Aussagegegebenheiten auf natürlichen Erinnerungsverlusten und braucht deshalb nicht zu Zweifeln an der Glaubhaftigkeit Anlaß zu geben. Ein Zeuge würde vielmehr überfordert werden, wollte man die Übereinstimmung seiner verschiedenen Aussagen auch in allen diesen Aussageteilen erwarten.

(1.) *Aussagen über die Zuordnung von Nebenhandlungen zu einer Handlung, die der Zeuge als Haupthandlung ansieht, wenn mehrere ähnliche Vorfälle zur Erörterung stehen.* So kann es einem Kind, das als strafunmündiger Mittäter Zeuge von Kaufhausdiebstählen war, durchaus entfallen sein, ob ihm bei einem ersten oder zweiten Vorfall ähnlicher Art vom Täter ein Schweigegebot auferlegt worden ist, oder bei welcher Gelegenheit es zu einer Störung gekommen ist – auch wenn das Schweigegebot oder die Störung selbst noch sicher und zuverlässig erinnert werden. Von 100 Aussageabweichungen aus dem Material unserer Bestätigungsfälle bezogen sich 12 auf die Zuordnung von Nebenhandlungen zu Haupthandlungen.

(2.) *Aussagen über die zeitliche Reihenfolge von Phasen eines Vorgangs und über die Reihenfolge verschiedener in sich abgeschlossener Handlungen.* Als Beispiele für ersteres sei aufgeführt: Ein erwachsener Zeuge eines Kaufhausdiebstahls ist unsicher, ob ein beobachteter Mann zuerst eine Lederjacke oder zuerst eine Wolljacke an sich nahm; ein Kind erinnert sich nicht mehr, ob es ein Geschenk *vor* oder *nach* einer fraglichen Handlung erhalten hat. Um auch hier einen Anhaltspunkt hinsichtlich der Häufigkeit zu geben: Von 100 glaubwürdigen Aussagen über die Beobachtung mehrerer in sich abgeschlossener Handlungen enthielten 34 Abweichungen hinsichtlich der Reihenfolge einzelner Phasen beim Vergleich zweier Vernehmungen desselben Zeugen.

(3.) *Aussagen über die Datierung eines Vorgangs* sind meist unzuverlässig und schwankend, wenn der Zeitpunkt nicht besonders beachtet worden ist oder kein anderes Ereignis, dessen Datum festliegt, vom Zeugen zur Tat in Beziehung gesetzt werden kann – wie etwa Urlaubsaufenthalt, Krankheit, Geburtstag, Arbeitsstellenwechsel usw. Das gilt nicht nur für Datierungsangaben in Zahlen (s. Punkt 13), sondern auch für Datenangaben wie „Ostermontag", „Neujahr" u. ä. Auch die Erinnerung an das Jahr, in dem ein Zeuge ein Erlebnis gehabt hat, ist meist unsicher. (Das zeigt sich in vielen Fällen z. B. schon bei der Erörterung der Frage, ob ein Vorfall sich vor zwei oder drei Jahren zugetragen hat.) In zahlreichen Fällen können Zeugen auch nicht angeben, ob ein Vorfall sich am gleichen Tag, an dem ein weiterer stattfand, oder an einem anderen Tag zugetragen hat.

(4.) *Alle Zeugenbekundungen, die auf Schätzung beruhen, werden selten bei späteren Vernehmungen übereinstimmend wiederholt. Dies beruht auf einer ursprünglich schon ungenauen Feststellung durch den Zeugen – wie sie der Begriff der Schätzung zum Ausdruck bringt.*

Je nach Altersstufe und Interessenzuwendung während einer Handlung kann jedoch die *Dauer* derselben verschieden gut eingeschätzt werden. Bei schwachbegabten Zeugen und bei Kindern ist es nicht selten, daß sie eine Zeitspanne von wenigen Minuten als halb- oder ganzstündig bezeichnen. Nach Versuchen von Trankell (1972), die sich auf Geschehnisse bezogen, die wir als „Turbulenzgeschehen" bezeichnen würden, erscheinen „kurze Zeitintervalle, die mit dramatischen Vorgängen angefüllt sind, nachträglich immer bedeutend länger, als sie in Wirklichkeit waren". Einem Geschehen, das eine Minute und 54 Sekunden dauerte, wurde im Durchschnitt eine Dauer von 6½ Minuten zugesprochen. Nach Szewczyk (1953) kommt es allgemein auch bei Übermüdung häufiger zu einer Überschätzung als zu einer Unterschätzung einer Zeitspanne. Derartig ungenaue Einschätzungen werden also bei späteren Vernehmungen selten übereinstimmend wiederholt.

(5.) *Aussagen über die Häufigkeit von einander ähnlichen Vorgängen.* Hier sind die Gedächtnisleistungen von Zeugen so gering, daß es sowohl Jugendlichen wie auch Erwachsenen Schwierigkeiten macht, zuverlässig anzugeben, wie oft sie ähnliche Beobachtungen gemacht haben, wenn dies öfter als etwa dreimal der Fall gewesen ist. Die Angaben schwanken bei verschiedenen Gelegenheiten deshalb schon innerhalb kurzer Vernehmungsabstände.

Jüngere Kinder (Fünf- bis Siebenjährige) konnten sogar in vielen Fällen nicht zuverlässig angeben, ob sie einen Vorgang ein- oder zweimal erlebt hatten. (Im eingangs erwähnten Aussagematerial, in dem *zu diesem Punkt* Angaben von 36 Kindern zum Vergleich zur Verfügung standen, war bei 24 Kindern diese Unsicherheit festzustellen; wir fanden sie in einem Fall auch noch bei einer Zehnjährigen.) Und zwar kommt es fast immer zu einer *„Verschmelzung"* der Vorfälle in der Erinnerung und damit zu einer Schrumpfung in der Häufigkeitsangabe: *zwei* Vorfälle – u. U. auch mehr –, die einander ähnlich waren, verschmelzen in der Erinnerung zu *einem* Vorfall. Zur Verschmelzung kommt es besonders leicht, wenn die ersten Phasen mehrerer beobachteter Vorgänge gleichartig waren. (Etwa anfangs das Hinübergehen einer Person in einen bestimmten Raum beobachtet wurde.) Völlig überfordern würde man Zeugen, wenn man von ihnen genauere und konstante Häufigkeitsangaben über Beobachtungen verlangen wollte, zu denen es vermutlich öfter als zehnmal gekommen ist.

(6.) *Aussagen über Seitenverhältnisse und über die Position einzelner Körperteile bei bestimmten Handlungen.* Mit zeitlichem Abstand nimmt auch die Erinnerungssicherheit bezüglich räumlicher Zuordnung verschiedener Art in sonst zuverlässigen Aussagen deutlich ab. Bei Zeugenaussagen über Körperverletzung, Kindesmißhandlung und Sexualdelikte spielt dieser Punkt häufig eine Rolle. So werden von Kindern in der Erinnerung an erlebte Handlungen in bestimmten Körperpositionen *sehr häufig linke und rechte Seite verwechselt.* (Von 100 glaubwürdigen Zeugenaussagen, die eine Seitenangabe dieser Art enthielten, wichen 31 in dieser Angabe bei einer späteren Vernehmung ab.) Rascher als anderes vergessen Zeugen die Position von Armen und Beinen und auch bestimmte Körperhaltungen, die mitunter wichtig für die Rekonstruktion des Handlungsablaufs von Delikten sind. In vielen glaubhaften Aussagen fällt es auf, daß die Haltung der Hände in verschiedenen Vorgangsphasen sowie Bewegungsfeinheiten bei *eindrucksvollen* körperlichen Handlungsvollzügen – z. B. einer Vergewaltigung – rascher vergessen werden als anderes (s. Michaelis-Arntzen, 1981). Die Annahme, daß manche nur wenige Minuten oder Sekunden dauernden Vorgänge sich *in jeder Einzelheit* dauerhaft einprägen müßten, bestätigte sich also keinesfalls.

(7.) *Aussagen über Begleitpersonen,* die an einer Handlung nicht unmittelbar beteiligt waren. Auffallend häufig zeigte sich in unseren Fällen bei Zeugen Unsicherheit in der Erinnerung an *Personen, die bei den geschilderten Vorkommnissen keine zentrale Rolle* gespielt hatten, sondern nur zeitweilig anwesend waren, oder auch an Personen, die bei einer größeren Reihe von Vorfällen abwechselnd beteiligt waren.

So vergessen Zeugen in Verfahren wegen Gruppendiebstahls leicht, wer außer dem eigentlichen Täter bei Gelegenheiten anwesend war, als Diebstähle ausgeführt wurden.

Von 100 Zeugen, die bei ihrer polizeilichen Vernehmung Angaben über „Begleitpersonen" gemacht hatten, machten 29 bei einer späteren Befragung keine übereinstimmenden Angaben mehr über Anwesenheit und Person der Begleiter, obschon ihre Bekundungen in allen Hauptpunkten als glaubhaft angesehen werden mußten.

(8.) *Aussagen über die Kleidung.* Sehr früh läßt im allgemeinen bei Zeugen die Erinnerung an die *Kleidung eines beobachteten Täters* nach (vgl. Trankell, 1972). Noch häufiger wird die *eigene* Kleidung am Tattage vergessen. Bei sehr jungen Zeugen stellt man nicht selten fest, daß die Kleidung, die die Zeugen am Vernehmungstage tragen, die diesbezügliche Erinnerungsreproduktion beeinflußt – daß jüngere Schulmädchen, die beispielsweise bei der Befragung eine lange Hose tragen, meinen, dieselbe Hose auch am Tattage getragen zu haben, obwohl sich dies objektiv ausschließen läßt.

Besonders rasch verblassen Erinnerungen an die *Farbe* von Kleidungsstücken. (Von 100 Aussageabweichungen aus unserem Geständnismaterial bezüglich der Kleidung des Täters bezogen sich 78 auf die *Farbe* der Kleidung.) Daraus ergeben sich häufig große Schwierigkeiten für die Identifizierung eines Täters.

Auf Ausnahmen weist Szewczyk (1981) hin: Ein an Kleidungsdetails speziell Interessierter zeigt hier bessere Merkleistungen – z. B. ein Modegestalter.

(9.) *Bekundungen der Zeugen über eigene frühere Aussagen.* Aussagepsychologisch in mehrfacher Hinsicht wichtig ist die durch ein großes Aussagematerial gesicherte *Feststellung, daß der Zeuge auch die eigenen früheren Bekundungen über sein Erlebnis relativ bald vergißt. Zeugen können nur in seltenen Fällen nach längerer Zeit noch angeben, wem sie zuerst von einer Beobachtung berichtet und vor allem, was sie einzelnen Personen über ein Vorkommnis mitgeteilt haben und was nicht – auch wenn sie das Erlebnis selbst noch gut erinnern.* (Von 100 glaubwürdigen Zeugen, deren Aussagen unter diesem Gesichtspunkt erfaßt wurden, konnten sich 34 nicht mehr erinnern, *wem* sie zuerst ihr angebliches Erlebnis berichtet hatten.)

Diese Tatsache ist übrigens auch insofern bedeutsam, als häufig die Vermutung vorgebracht wird, ein Zeuge könne sich seine Aussage „selbst eingeredet" haben. Angaben, die er dann bei späteren Vernehmungen mache, würden sich auf die noch sicher erinnerte frühere Aussage stützen. Zur *langfristigen* Verankerung von Inhalten im Gedächtnis ohne besondere Einprägungsbemühungen bedarf es aber offenbar der erlebnismäßigen Erfahrung. Eine nicht erlebnisbegründete Aussage kann aufgrund der festgestellten Gedächtnisgesetzmäßigkeiten kaum je zur tragenden Grundlage einer sicheren Gedächtnisreproduktion über Monate hinweg werden, *wenn* die Aussage größeren Umfang hat. Dazu würde es besonderer Maßnahmen wie schriftlicher Niederlegung und häufigen Wiederholens bedürfen. (Zwei von uns beobachtete Falschaussagen, die mit Erfolg über eine längere Zeitspanne hinweg vorgetragen worden waren, waren von einem Erwachsenen mit Hilfe dieser Methoden „eingetrichtert“ worden.)

(10.) *Aussagen über den Wortlaut sowie über den Sinngehalt von Gesprächen.* In diesen Punkten hängt die Leistungsfähigkeit des Zeugen offenbar von Gedächtnisfähigkeiten ab, die individuell extrem unterschiedlich ausgeprägt sein können. Während die meisten Zeugen wenigstens den *Sinngehalt* von Gesprächen sehr gut erinnern, sind viele Zeugen zu ihrer wortgetreuen Reproduktion nicht fähig. *Das Gedächtnis für den Wortlaut von Gesprächen ist allgemein schlecht.* Zeugen geben deshalb die eigenen Äußerungen sowie die anderer Personen, wenn sie nicht sehr einprägsam waren, bei verschiedenen Befragungen zu ungefähr 25% in abweichender Form und nur dem Sinne nach übereinstimmend wieder – oft in der festen Überzeugung, sie jeweils genau zu reproduzieren. Abweichungen *in der bloßen Formulierung* sind deshalb unbedenklich. Aber auch, wenn der Sinngehalt einzelner Gesprächsteile vergessen worden ist, besteht allein von daher noch kein Anlaß zu Bedenken gegen die Glaubhaftigkeit der Aussagen, weil dieser sehr viel häufiger als eine konkrete Handlung vergessen wird. Der erlebten Handlung haftet weit größere Eindrücklichkeit und Einprägsamkeit an.

(11.) *Aussagen über Motive früherer Handlungen bzw. Unterlassungen.* Aus *abweichenden* Angaben über eigene Motive früherer Handlungen, die wir im erwähnten Aussagematerial bei Zeugen fanden, müssen wir schließen, daß die entsprechenden Angaben selten zuverlässig sind. Zeugen sind in den meisten Fällen überfordert, wenn sie gefragt werden, *warum* sie bestimmte Erlebnisse lange verschwiegen haben, *warum* sie schließlich doch jemandem Mitteilung gemacht haben, *warum* sie als Opfer eines Deliktes nicht um Hilfe gerufen haben – allgemein also: aus welchen Motiven sie dieses oder jenes getan oder unterlassen haben.

Es ist verständlich, daß solche vorübergehenden Vorgänge *psychischer* Art, die sich im Fluß des Erlebens schwer abheben lassen, die zumindest teilweise unbewußt bleiben und bei denen es sich oft um mehrere gleichzeitig wirksame Motive handelt, nicht lange in der Erinnerung haften.

Auch darf die Rolle der Verdrängung in diesem Zusammenhang nicht unterschätzt werden. (In ethischer Hinsicht als weniger wertvoll angesehene oder aus anderen Gründen „peinliche“ Motive werden nicht selten ins Unbewußte verdrängt. Vgl. S. 67.)

(12.) *Aussagen über Schmerzempfindungen.* Erstaunlich ist, daß starke unangenehme Körperempfindungen wie *Schmerzen* von Zeugen vergessen werden, sofern sie nicht lange Zeit angehalten haben. So finden wir in späteren Aussagen von Mädchen, die bei einem Sexualdelikt defloriert worden waren, längst nicht immer Angaben über körperlichen Schmerz, der in früheren Aussagen noch berichtet worden war. Jüngere Kinder verneinen sogar nicht selten mit großer Bestimmtheit Fragen nach empfundenen Schmerzen, über die sie früher berichtet hatten. (Von 100 Kindern, die bei ihrer ersten Vernehmung bekundet hatten, der Beschuldigte habe ihnen Schmerzen zugefügt, wiederholten 18 diese Angaben bei einer späteren Vernehmung nicht mehr, verneinten sogar eine entsprechende Frage.)

(13.) *Angaben über Wetterverhältnisse.* Aus unserem mehrfach erwähnten Zeugenmaterial ergibt sich, daß abweichende Angaben, die Zeugen bei verschiedenen Vernehmungsgelegenheiten über Wetterverhältnisse (Regen, Kälte) zur Tatzeit machen, vielfach durch Erinnerungsschwächen verursacht werden. Man darf sicher annehmen, daß Wetterverhältnisse zum Zeitpunkt des Deliktes selbst nur wenig Beachtung finden und sich deshalb schlecht einprägen – zumal, wenn es sich um wenig konturierte Gegebenheiten handelt, die keine eigentliche Verflechtung mit dem Tatgeschehen aufweisen. Ist letzteres allerdings der Fall, haben z. B. die Lichtverhältnisse entscheidenden Einfluß auf die Möglichkeiten der Beobachtung eines Einbruchs gehabt oder ist beispielsweise bei einem Raubüberfall jemand auf schneebedeckten Boden geworfen worden, so prägen sich natürlich auch derartige Momente überdauernd ein.

(14.) *Aussagen über Zahlen,* z. B. Angaben von Geldbeträgen oder von Kraftfahrzeugnummern, werden über längere Zeit ohne besondere Einprägebemühungen unzulänglich behalten. Ein kurzzeitiges Merken ist diesbezüglich selbstverständlich oft möglich. (Dies zeigt sich z. B. in Fällen, in denen Zeugen unmittelbar im Anschluß an eine Beobachtung eine Kraftfahrzeugnummer notiert haben, die sich später bei anderweitig gesicherter Identifizierung des Täters als richtig erweist.)

c) Individuelle Gedächtnisunterschiede

Keinesfalls bei allen Zeugen sind nun die Gedächtnisschwächen gleichartig ausgeprägt. *Vielmehr finden sich gerade auf dem Gebiet des Erlebnisgedächtnisses erhebliche individuelle Unterschiede in manchen Gegenstandsbereichen.* So können einzelne Zeugen ein sehr gutes Gedächtnis für *Kleidung* haben, während von den meisten Zeugen Kleidung schlecht erinnert wird. Einzelne Personen behalten – wie schon gesagt – *Gespräche* wörtlich über lange Zeit hinweg, während sie sich an Zahlen nur schlecht erinnern können.

Ob Erinnerungsausfälle der individuellen Gedächtniseigenart eines Zeugen entsprechen und deshalb unbedenklich sind, läßt sich häufig dadurch feststellen, daß man die Erinnerungsausfälle des Zeugen in der Schilderung des neutralen Rahmengeschehens, besonders wenn dieses von anderer Seite bestätigt wird, mit den Ausfällen in seinen Bekundungen über das strittige Geschehen vergleicht. Tritt die gleiche Art von Ausfällen in beiden Teilen der Aussage auf, so darf man annehmen, daß sie individuellen Gedächtniseigenarten des Zeugen entsprechen und nicht zur Skepsis auffordern.

Es muß jedoch festgehalten werden, daß man in *jeder* glaubhaften Aussage mit Erinnerungsschwächen und -ausfällen bezüglich einzelner der erwähnten Gegebenheiten rechnen muß – oft sogar mit Ausfällen bezüglich mehrerer dieser Gegebenheiten – ohne daß *allein* deshalb am Erlebnisbezug der Aussage gezweifelt zu werden braucht, während Ausfälle in Gegebenheiten, die zu Eingang dieses Kapitels aufgezählt wurden, unbedingt Bedenken erwecken müssen.

d) Sonstige Ursachen von Reproduktionsunterschieden

Eine Aussage muß aber nicht nur darauf geprüft werden, ob ihre Entwicklung den angeführten Gesetzmäßigkeiten entspricht. Bei der Bewertung der Konstanz oder Inkonstanz müssen auch sonstige, jeweils *akute Faktoren,* die die Erinnerungsreproduktion schwächen, berücksichtigt werden. Die wichtigsten, die hier in Frage kommen, werden im folgenden behandelt, während diejenigen, die allgemein aus der Gedächtnispsychologie bekannt sind, nur kurzer Erwähnung bedürfen: Konzentration und Interesse bei der Einprägung, „die konservierende Macht der Gefühle" (Undeutsch, 1967) sowie die Zeitspanne zwischen Beobachtung und Reproduktion. Szewczyk fand eine frühere Feststellung Sterns bestätigt, wonach ein Affekt die Einprägung einer Beobachtung beeinträchtigt. Auch erhebliche Ermüdung, Abgespanntheit, Niedergeschlagenheit, Ablenkung oder ärgerliche Verstimmung schränken Merkfähigkeit und Erinnerung eines Zeugen ein.

(1.) So wie jede *Schätzung* schlecht behalten werden kann, weil eine *ungenaue Ausgangsbeobachtung* vorlag, ist selbstverständlich jeder Vorgang nur unzulänglich zu behalten, der *unter erschwerenden Bedingungen beobachtet* wurde: beispielsweise ein Geschehen, das wir als „Turbulenzgeschehen" bezeichnet haben, wie es ein Verkehrsunfall oder eine Messerstecherei darstellt. Wir wiederholen noch einmal die wichtigsten Merkmale: das eigentliche Geschehen läuft in kürzester Zeit ab, mehrere Personen sind beteiligt, der Zeuge selbst ist affektiv betroffen und in der Regel dabei unvorbereitet auf den Vorfall. Durch diese Faktoren ist die Einprägung des beobachteten Geschehens so beeinträchtigt, daß auch das Behalten und Reproduzieren der Beobachtung außerordentlich erschwert wird.

(2.) *Treffunsicherheit des Erinnerns:* Bei schwachbegabten Erwachsenen und bei Kleinkindern findet sich oft eine *Erinnerungs-Treffunsicherheit,* die hier schon mehrfach erwähnt wurde. Bei anschneidenden Fragen oder inhaltlichem Vorhalt fallen diesen Zeugen die Geschehnisse, auf welche die Fragen abzielen, *häufig nicht sofort* ein. Selbstverständlich ist das *gelegentlich* auch bei jedem intellektuell normalbegabten Menschen der Fall.

Die Erinnerung von Namen ist davon besonders betroffen. Zunächst verneint der Zeuge die Frage oder behauptet, sich nicht an das Gefragte zu erinnern; später stellt sich dann heraus, daß er sich noch sehr gut an das Gefragte zu erinnern vermag – nur nicht zu jedem gewünschten Zeitpunkt.

Wir bezeichnen das Auftauchen und Versinken von Erinnerungsinhalten, das Phänomen, daß ein Mensch eine Erinnerung nicht gerade zu dem Zeitpunkt zu reproduzieren vermag, zu dem er sie zu reproduzieren wünscht, daß sie ihm zu einem späteren Zeitpunkt aber durchaus wieder zur Verfügung stehen kann, als „Inkadenzphänomen". Erinnerungseinfälle sind – wie schon die Bezeichnung „Einfall" andeutet – nicht völlig steuerbar.

Die Erinnerungstreffunsicherheit kann durch einige Faktoren *verstärkt* werden:

Die *Gehemmtheit* des Zeugen speziell während einer Vernehmung und auch das *Verblassen der Erinnerungsinhalte* verstärken die Erinnerungstreffunsicherheit. Ihre Auswirkungen können dann mitunter frappant sein und den Eindruck einer bis dahin relativ konstanten Aussage weitgehend beeinträchtigen.

Es empfiehlt sich, sofern man beim Zeugen Erinnerungstreffunsicherheit vermutet, wichtige Fragen im Verlauf der Vernehmung mehrfach in gewissem Zeitabstand zu stellen und dabei von verschiedenen Ausgangspunkten an den Gegenstand der Fragen heranzugehen. Manchmal ist es (gerade bei schwachbegabten Zeugen) unerläßlich, eine längere Pause einzulegen, wenn der Ermüdungsgrad der Zeugen eine Verlängerung der Befragung verbietet (s. Arntzen, Vernehmungspsychologie 1989). Danach kann es dem Vernehmenden durchaus gelingen, durch variierte Fragen die Erinnerungsinhalte doch zu „treffen", die der Zeuge auf Anhieb nicht zu reproduzieren vermochte. In der Formulierung der Fragen, die man an treffunsichere Zeugen stellt, ist besonders zu beachten, daß der *niedrigste Abstraktionsgrad* gewählt wird, der unter Vermeidung einer konkreten Vorgabe möglich ist. Auf diese Weise wird sich wenigstens ein Teil der „unechten" Aussagekonstanzbeeinträchtigungen durch Erinnerungstreffunsicherheit vermeiden lassen.

Zu berücksichtigen sind weiter *entwicklungsspezifische* Besonderheiten des Erlebnisgedächtnisses, die teilweise in Beziehung zur Treffunsicherheit zu stehen scheinen. Gemeint sind hier die verstärkten und häufig *unberechenbar* auftretenden *Erinnerungsausfälle bei Kindern etwa bis zum vollendeten siebenten Lebensjahr.* Für sie gelten inhaltlich im ganzen die gleichen Gesetzmäßigkeiten wie für ältere Zeugen; die *Ausfälle* treten jedoch im Verlauf der Aussageentwicklung bei sehr jungen Kindern erheblich *früher und unberechenbar* auf, und die ausfallenden Aussageteile beziehen sich bei ihnen oft auf *größere* Komplexe des Erlebens, die einem älteren Zeugen nicht mehr in solchem Umfang entfallen würden, wenn andere Teile des gleichen Geschehens noch erinnert werden. Auffallend ist vor allem, daß auch große ausfallende Erinnerungskomplexe bei späteren Vernehmungen wieder auftauchen können, selten aber bei Befragungen, die schon kurze Zeit später erfolgen. Es handelt sich gewissermaßen um weitreichende Erinnerungsschwankungen bezüglich eines abgrenzbaren größeren Erlebnisteils.

(3.) *Verdrängungen:* Weiterhin kann das Bild einer Aussageentwicklung in Einzelfällen in atypischer Weise durch Erinnerungs*verdrängungen* verändert werden, die wir schon an anderer Stelle kurz erwähnt haben.

Langjährige Beobachtungen von Zeugenaussagen überzeugen so sehr von der Wirksamkeit der Verdrängung von Erlebniserinnerungen, daß man sie in einer systematischen Darstellung der Aussagepsychologie nicht übergehen kann.

Wir können in der Aussagepsychologie die Möglichkeit einer Verdrängung eigentlich nur daraus erschließen, daß Erlebnisteile vom Zeugen nicht reproduziert werden, die ihrer Art nach normalerweise *nicht* vergessen werden, wie man aus zahlreichen Zeugenbefragungen weiß. Entsprechend den Beobachtungen, die seit langem in der psychotherapeutischen Literatur berichtet werden, sind es fast immer Aussageteile, die *peinlich* für die Befragten *selbst* sind. Die Mimik und das sonstige Ausdrucksgeschehen bei einer Befragung scheinen überzeugend darzutun, daß die Erinnerung wirklich nicht greifbar ist.

Verdrängt werden aus den gleichen Gründen offenbar auch *Details* einer Situation oder Handlung, die die *Mitwirkung* des Zeugen bei einer Delikthandlung erkennen lassen. Kinder erinnern im Zusammenhang mit Sexualdelikten beispielsweise von ihnen erwiderte Zärtlichkeiten nicht; freundliche Gefühle für den Täter, die nach Aussagen Dritter (sowie dem gesamten äußeren Verhalten nach) bei einer geschädigten Zeugin bestanden haben müssen, werden aus offenbar innerer Überzeugung bestritten. Auf dieser Basis kann es nicht nur zu Erinnerungsausfällen, sondern auch zu Erinnerungs*verfälschungen* kommen.

Dabei sei allerdings noch die wichtige Tatsache erwähnt, daß wir echt wirkende „Verdrängungen" im Gegenstandsbereich üblicher Zeugenaussagen, die einem Erinnerungsverlust gleichkommen, im allgemeinen nur bei Kindern bis zum Alter von 6 Jahren feststellen konnten – bei älteren Kindern und bei Jugendlichen war das zunächst so sicher „vergessen" wirkende Erlebnisdetail nach entsprechender Enthemmung und bei Anwendung psychologischer Explorationsmethoden meist doch noch zu reproduzieren. Wir nehmen aufgrund unseres großen Materials an Aussagen über sexuelle Handlungen an, daß vollständige Erinnerungsverdrängungen bei Personen, die dem Kleinkindalter entwachsen sind, viel seltener sind, als in der Literatur angenommen wird. Liegen sie vor, so beziehen sie sich vorwiegend auf Beobachtungen von kurzer Dauer.

(4.) *Bewußte Zurückhaltung:* Nicht zu verwechseln mit den negativen Auswirkungen von Verdrängungsvorgängen auf die Aussagekonstanz sind die Folgen der *bewußten Zurückhaltung,* die ebenfalls auf verschiedene Weise zu Unstimmigkeiten zwischen mehreren zu verschiedenen Zeitpunkten gemachten Aussagen führen kann.

Die Aussagezurückhaltung resultiert zwar ebenfalls häufig aus Schuldgefühlen und dem Wunsch, jede eigene Beteiligung an den zur Frage stehenden Handlungen zu verbergen oder den Schuldanteil nahestehender Personen zu vermindern. Hier lassen die Zeugen aber *bewußt* Einzelfakten in einer Erlebnisschilderung aus, während es ihnen bei Verdrängungen mehr oder weniger unbewußt bleibt. Da Zeugen derartige willkürliche Aussagemanipulationen aber entsprechend den Gesetzen der Gedächtnispsychologie nicht genügend sicher behalten, machen sie bei Aussagen zu späteren Zeitpunkten anderslautende Angaben: Es werden dann Erlebnisteile, die bereits (oft kurz vorher) zur Sprache gebracht wurden, nicht mehr angegeben (bestritten) – oder auch umgekehrt. (Vgl. S. 77)

Skepsis empfiehlt Szewczyk (1982) dann, wenn Teile vermutlicher Beobachtungen in der Erinnerung eines Zeugen „lochförmig ausgestanzt" sind und keinerlei Bruchstücke als „Erinnerungsinseln" vorgebracht werden.

Häufig kann man mehrere merkwürdige „Erinnerungsausfälle" in einer Aussage „auf einen Nenner bringen": Beispielsweise fallen alle Aussageteile aus, die eine aktive Mitwirkung des Zeugen verrieten, oder es fehlen in einer Aussage über Brandstiftung, die den Verwandten eines jugendlichen Zeugen zur Last gelegt wird, bei der zweiten Vernehmung alle Details, die auf eine ursächliche Beteiligung der Verwandten an dem Geschehen hinweisen (gewisse vorbereitende Andeutungen, auffallende Gelassenheit bei Ausbruch des Feuers, unzweckmäßige Verhaltensweisen usw.). Bei Darstellung einer Vergewaltigung sind in einer zweiten Vernehmung Einzelheiten der Vorgeschichte „vergessen", die etwa darauf schließen lassen könnten, daß das Opfer die Absichten des Täters schon lange vorher hätte erkennen und vereiteln können.

Eine allgemeine Aussageschrumpfung entsteht oft dadurch, daß Zeugen Peinliches bewußt weglassen, *nachdem* sie es zunächst schon angegeben hatten – und zwar besonders, nachdem Angehörige oder Arbeitskameraden als Empfänger der Erstaussage den Zeugen auf vermeintliche ungünstige Folgen für ihn selbst hingewiesen haben. Wir finden sie auch, wenn die polizeiliche Vernehmung nicht frei von moralischer Wertung gehalten wurde. Beides wirkt sich sehr nachteilig auf die allgemeine Aussagebereitschaft bei der *nächsten* Vernehmung aus. (Vgl. Kapitel C VIII über die Objektivität der Zeugenaussage!).

(5.) *Scheinbare Aussageabweichungen infolge Schilderungsschwierigkeiten*

Scheinbare Aussageabweichungen können in Aussagen von Zeugen aufgrund von *Schilderungsschwierigkeiten* besonders dann auftreten, wenn es sich um Kinder oder schwachbegabte Erwachsene handelt. Viele Zeugen sind unfähig, entsprechend der zeitlichen Abfolge des beschriebenen Geschehens Schritt für Schritt („diskursiv") zu berichten, ohne verbindende Zwischenteile auszulassen. Sie springen vielmehr in der Darstellung von einem Vorfall zum anderen, berichten bei Wiederholungen nicht in der gleichen Reihenfolge, verzichten in einzelnen Vernehmungen auf die ihnen sehr schwerfallende Beschreibung von Details und komplizierteren Geschehensinhalten (wie z. B. von Bewegungsabläufen). Ihre Aussagen erwecken durch den ungeordneten Ablauf und die wechselnden Auslassungen aus Bequemlichkeit und Unvermögen sehr leicht den Eindruck der Unglaubwürdigkeit. Nur durch sehr geduldige Befragung ergibt sich oft, daß der Inhalt der Aussagen doch gleichgeblieben ist. Der Vergleich wird noch dadurch erschwert, daß sich bei solcher Art der Schilderung leicht Fehler in die ersten Vernehmungsniederschriften einschleichen, wie schon zu Eingang dieses Kapitels erwähnt wurde. Es wird z. B. vom Vernehmenden nicht bemerkt, daß der Zeuge plötzlich von einem anderen Vorfall als kurz vorher spricht; Teile der Aussage werden dadurch in der Niederschrift falsch zueinander in Beziehung gesetzt. Oder der Vernommene flicht plötzlich etwas bloß Vermutetes oder von Dritten Gehörtes ein, ohne diesen Unsicherheitsfaktor zu kennzeichnen – so daß es in der Niederschrift als eigenes Erleben erscheint. Oder er spricht unvermittelt von einer *anderen* Person, ohne diesen Übergang zu kennzeichnen, wodurch in der Niederschrift das Verhalten zweier verschiedener Personen einer einzigen zugeschrieben wird.

e) Probleme bei experimentellen Untersuchungen

Aus dem Inhalt dieses Kapitels dürfte sich eindeutig ergeben, weshalb ältere und neuere *Experimente* der forensischen Realität nicht gerecht werden konnten: die Experimente konnten die Realität nicht so rekonstruieren, wie sie der weitaus größten Anzahl von Zeugenbeobachtungen zugrundeliegt. In älteren Experimenten wurden sog. Turbulenzgeschehnisse dargeboten, die der Zeugenbeobachtung und damit auch der Erinnerung von vornherein große Schwierigkeiten bieten; in einigen neueren Experimenten wurden den Versuchspersonen Geschehnisse nur in *Filmen* vorgeführt, so daß viele Faktoren fehlten, welche die Beobachtung in der Realität „lebensvoller" machen (vgl. S. 9). Man muß hier unterstreichen, was Köhnken und Wegener (1981) ihrer Darstellung von Experimenten zur Konstanz von Zeugenaussagen über Filminhalte nach einem Zeitablauf von drei Wochen anfügen (Hier ergab sich kein Glaubwürdigkeitsmerkmal, weil diese Aussagen nach drei Wochen ähnlich gut wiedergegeben wurden wie eine Phantasieerzählung): „In Verbindung mit situativen und persönlichkeitsspezifischen Bedingungen könnte eine *andere* Bewertung erforderlich werden." ... „Aus naheliegenden Gründen konnten wir die Zeugensituation als Opfer einer Straftat *nicht realistisch* simulieren" ... „Darüber hinaus hätte die Berücksichtigung inhaltlicher Besonderheiten einen entsprechenden Filminhalt vorausgesetzt, der nicht ohne weiteres zu erstellen war." (Bei Auswertung dieser Experimente konnten auch die sehr entscheidenden „Steigerungsformen" der Konstanz nicht berücksichtigt werden und die Forderung, daß der Konstanz nur im Zusammenhang mit etwa zwei anderen Glaubwürdigkeitsmerkmalen Beweiswert zugesprochen werden sollte, nicht erfüllt werden.)

f) Abwägung im Zusammenhang

Abschließend sei noch einmal deutlich betont, daß man immer Konstanz und Inkonstanz im Zusammenhang, möglichst gleichzeitig ins Auge fassen und sie dabei gegeneinander abwägen sollte, daß man Steigerungsformen, also eine höhere Qualität der Konstanz fordern und sie im Zusammenhang mit anderen Realitätskriterien sehen muß, wenn man diesen Aussageeigenarten Beweiswert in der Beurteilung der Glaubwürdigkeit einer Aussage zusprechen will. Die einfache Konstanz hat – wie schon gesagt – selten Bedeutung für die Glaubwürdigkeitsbeurteilung.

Alles in diesem Kapitel Besprochene gilt sowohl für die Aussagen von Kindern und Jugendlichen wie auch für die Bekundungen von erwachsenen Zeugen (soweit nicht einige wenige entwicklungsbedingte Besonderheiten gegeben sind).

In den vorstehenden Kapiteln über (anfängliche) Detaillierung, Ergänzbarkeit und Konstanz der Zeugenbekundung wurde in etwa die Geschichte, die *Entwicklung* der Zeugenaussage, betrachtet – die bei ersten Vernehmungen vorgebrachten Details, spätere Ergänzungen, das zustande gekommene Gesamtbild der Aussage und ihre relative Konstanz bei verschiedenen Befragungen in zeitlichem Abstand. In den nächstfolgenden Kapiteln verliert dieser Aspekt an Gewicht. Wir betrachten die jeweils vorliegende Aussage im Hinblick auf die Art und Weise, in der sie vorgebracht wird.

V. Gefühlsbeteiligung des Zeugen bei seiner Aussage

von E. Michaelis-Arntzen

Ob eine Aussage dem tatsächlichen Erleben des Aussagenden entspricht, verrät in manchen Fällen die in Erscheinung tretende *Gefühlsbeteiligung* des Zeugen, wenn er seine Aussagen zur Sache macht. *Eine gesteigerte Ausprägung dieser ‚nonverbalen' Aussageeigenart sehen wir als gegeben an, wenn bei der Reproduktion des Erlebens beim Zeugen ein gefühlsmäßiges Nacherleben wach wird, das dem geschilderten Geschehensablauf mit den dabei aufgetretenen wechselnden Gefühlen entspricht.* Wir sprechen deshalb kurz von „ablaufentsprechender Gefühlsbeteiligung" – erst in ihr sehen wir eine höhere Qualität dieser Aussageeigenart, in unserer Terminologie also eine Steigerungsform, die sich vor allem *in der größeren Anzahl* der erkennbaren Gefühle äußert und die Gefühlsbegleitung zum Glaubwürdigkeitsmerkmal werden läßt. (Dieses Glaubwürdigkeitsmerkmal wird zuerst – 1941 – von Leonhard genannt.)

Es ist dabei weniger die Intensität des Ausdrucks als die eben erwähnte *Ablauffolge* der *qualitativ* verschiedenen zum Ausdruck kommenden Gefühle, welche die Erlebnisbasis des Berichtes erkennen läßt. So kann z. B. bei der Schilderung einer Vergewaltigung eine Kette von Begleitgefühlen eines verletzenden Erlebnisses zum Ausdruck kommen: von Überraschung, verständnisloser Hilflosigkeit, panischem Schrecken, Entrüstung bis zu Verzweiflung und Bitterkeit. Bei der Schilderung eines Verführungserlebnisses einer zwölfjährigen Zeugin waren es in einem unserer Fälle Neugier, Befremden, dann Verweilen in einigen offenbar angenehmen Erinnerungen und schließlich Enttäuschung und Empörung über die dem Mädchen unverständliche Haltung des Beschuldigten, der es nach einer gemeinsam verbrachten Nacht anonym bei einem Jugendamt ablieferte. Hier wird also ein ausgesprochener *Gefühlsumschlag* geschildert und nacherlebt. Ähnlich bringt das Aussageverhalten mancher Zeugen einen Gefühlskomplex zum Ausdruck, der deutlich dem Ablauf eines *Konflikterlebens* entspricht, das mit dem geschilderten Vorfall verbunden war – zum Beispiel des Konfliktes, in dem das Opfer einer Inzestbeziehung steht, bei dem der Erlebnisdruck zur Mitteilung drängt, Ansätze in dieser Richtung aber immer wieder von Hemmungen und Ängsten aufgefangen werden, bis in einer bestimmten Situation die Erregung so ansteigt, daß alle Widerstände, die der Offenbarung im Wege stehen, hinweggespült werden. In diesem Fall werden also *zwiespältige* Gefühle geschildert, die sich auch im mimischen Ausdruck des Zeugen widerspiegeln.

Der bei Falschaussagen hin und wieder zu beobachtende *„künstlich" übersteigerte Gefühlsausdruck* läßt dagegen infolge des „Überschwemmungs"- und Massierungsmomentes keine Differenzierung der dargestellten Gefühle aufkommen.

Eine Gefühlsbeteiligung, die während einer längeren Vernehmung *eintönig* gleichbleibt (beispielsweise anhaltende *Entrüstung*) und nicht *verschiedenartige* Gefühlsqualitäten erkennen läßt, besagt nichts über eine echte Erlebnisgrundlage der Aussage. *Vor allem die Äußerungen von Angst, Scham und Peinlichkeit können allein nicht als Glaubwürdigkeitshinweise gewertet werden, weil sie – ebenso wie die Gefühlsübertreibung – oft auch die lügenhafte Aussage begleiten. Diese Gefühlsregungen sind nicht eindeutig genug zuzuordnen.* Ängstlich sind häufig auch Zeugen, die bei einer Lüge aufzufallen fürchten und deshalb ihrer Sache nicht sicher sind, sich jedoch in eine Situation hineinmanövriert haben, in der sie glauben, ihre Aussagen nicht mehr zurücknehmen zu können und sich nun bei jeder Frage neuen Schwierigkeiten ausgesetzt sehen. Scham kann (besonders vor einem größeren Forum oder bei detaillierten Nachfragen) auch den Zeugen überkommen, der zunächst ungehemmt eine allgemeingehaltene Falschbeschuldigung in sexueller Richtung ausgesprochen hat und nun konkrete Angaben machen soll.

Als Voraussetzung für die richtige Bewertung der gezeigten Begleitgefühle hat man allerdings bei eingehenden Glaubwürdigkeitsüberprüfungen das *Ausdrucksnaturell des Zeugen zu berücksichtigen.* So trifft man immer wieder auf Zeugen, die eine nahezu unbewegte Mimik aufweisen, so daß Begleitgefühle zu Aussagen kaum erkennbar sind.

So wird in *Begutachtungsfällen,* in denen die Glaubwürdigkeit besonders schwierig zu beurteilen ist, u. a. die Gefühlsbeteiligung bei der Darstellung von Eigen- und Fremderlebnissen einerseits und bei Phantasieprodukten andererseits verglichen werden. Das „schauspielerische" Talent findet dabei besondere Beachtung. Zur Erkundung dieses Talentes werden in die Phantasieprüfung bei aussagepsychologischen Begutachtungen Jugendlicher spezielle „psychodramatische" Phasen eingeschoben. Bei der Überlegung, ob ein Zeuge imstande ist und evtl. dazu neigt, auch differenziertere Gefühlszustände vorzutäuschen, ist dann außer dem Ausdrucksnaturell die *Gesamtpersönlichkeitsartung* zu berücksichtigen: das Verhältnis von Antrieb und Steuerung, die Aufrichtigkeit und „Geradheit" des Verhaltensstiles, der Bewußtheitsgrad, das psychologische Einfühlungsvermögen, die Differenzierung im Gefühlsbereich, schließlich der psychische Entwicklungsstand – der evtl. eine Verstellung von vornherein unmöglich macht. Auf dem Hintergrund der Persönlichkeit läßt sich die Echtheit zum Ausdruck kommender differenzierter Gefühlsabläufe aber durchaus eindeutig beurteilen. Das gilt nicht nur beim differenzierten Zeugen mit entsprechend unterschiedlichen Gefühlsregungen und -abläufen, sondern bei guter Kenntnis der Ausdruckspsychologie und der Persönlichkeitseigenart lassen sich auch aus dem einfacheren gefühlsmäßigen Begleitgeschehen von Aussagen schlichter Zeugenpersönlichkeiten Hinweise auf die Erlebnisbasis des Berichtes gewinnen, läßt sich feststellen, ob man hier echte Erlebnisnachklänge und -reaktionen vor sich hat.

Selbstverständlich hängen Auftreten und Ausprägung der Gefühlsbeteiligung aber nicht nur von der Artung der Persönlichkeit ab, sondern auch von der Art und Intensität des zu vermutenden Erlebnisses des Zeugen.

Die Beobachtung eines leichten, einmaligen Deliktes, wie z. B. des Diebstahls einer Kleinigkeit, wird in einer stumpfen oder sehr nüchternen Zeugenpersönlichkeit sicher keine tiefe gefühlsmäßige Resonanz wachrufen und keine nachhaltige Beeindruckung hinterlassen. Dagegen wird ein emotional ansprechbarer Zeuge nicht unbewegt und unberührt über ein Erpressungsdelikt berichten, das ihn selbst betroffen hat.

Hierbei muß aber ausdrücklich auf Ausnahmen hingewiesen werden: Es gibt Zeugen, die über eine erschütternde Beobachtung und selbst über ein traumatisierendes eigenes Erlebnis, das sie als Zeuge bekunden, gefühlsmäßig völlig unberührt berichten – es scheint eine „Abkoppelung" der Gefühle bei der Schilderung des Erlebnisses stattzufinden. Wir haben diese Erscheinung beispielsweise bei Zeugen von Tötungsdelikten angetroffen.

In der Regel lassen auch der zeitliche Abstand und die wiederholte Besprechung in Vernehmungen die emotionale Nachwirkung von Erlebnissen verflachen, so daß bei späteren Vernehmungen schon von daher seltener eine ausgeprägte Gefühlsbeteiligung zu beobachten ist. Die aufschlußreichsten Beobachtungen können deswegen die Personen machen, denen der Zeuge seine Wahrnehmungen zuerst mitgeteilt hat bzw. – in Strafsachen – die unmittelbar bei Anzeigeerstattung vernehmenden Polizeibeamten.

Keinesfalls darf man also generell eine merkbare Gefühlsbeteiligung bei *jeder* glaubhaften Aussage voraussetzen, wie es in gewisser Weise für das Glaubwürdigkeitsmerkmal der Detailliertheit gelten muß. Wir haben das Merkmal der Gefühlsbeteiligung bei der psychologischen Exploration von Zeugen nur in etwa einem von zehn Fällen gefunden. In Gerichtsverhandlungen wird man noch seltener Gelegenheit haben, eine dem Geschehensablauf entsprechende Gefühlsbeteiligung bei der Aussage zu beobachten, weil Hemmungen hier die Äußerungsbereitschaft herabsetzen.

Das hier beschriebene Glaubwürdigkeitsmerkmal gilt bei jugendlichen wie bei erwachsenen Zeugen in gleichem Maße. Es kann generell auftreten bei Zeugenbekundungen zu Vorfällen, die Gegenstand eines Gerichtsverfahrens werden können. Unterschiede in verschiedenen Sparten der Justiz konnten bisher nicht festgestellt werden.

VI. Ungesteuerte Aussageweise

Der Mangel an Steuerung einer Aussage durch den Zeugen ist ebenso wie die bei einer Aussage zum Ausdruck kommende Gefühlsbeteiligung ein Kriterium für die Glaubwürdigkeitsbeurteilung, das schwierig beschreibbar und der Operationalisierung weniger als andere Aussageeigenarten zugänglich ist. Wir bemühen uns deshalb im folgenden um eine differenziertere verbale Charakterisierung der Qualitäten dieser Aussageeigenart, die sie im Zusammenhang mit anderen Glaubwürdigkeitskriterien zum Glaubwürdigkeitsmerkmal werden lassen. Die Bedeutung dieses Kriteriums darf trotz des geringen Umfangs, den seine Darstellung infolge der genannten Schwierigkeiten einnimmt, nicht unterschätzt werden.

1. Der ungesteuert aussagende Zeuge

Der ungesteuert aussagende Zeuge gibt sich bei der Befragung natürlich und überläßt sich seinen Impulsen, etwas mitzuteilen. Objektiv ist am leichtesten das *Tempo* seiner Antworten zu erfassen – der Zeuge äußert sich *unmittelbar* ohne längere Überlegungspausen zwischen Fragen und Antworten. Die Antworten kommen mit einer seinem individuellen psychomotorischen Tempo entsprechenden Promptheit, aber nicht voreilig. Er stellt sich dabei gelockert, unbekümmert und *ungezwungen* auf die Fragen seines Gesprächspartners ein. Er versucht nicht, das Gespräch an sich zu reißen und nach seinem Plan zu lenken, es „in der Hand zu behalten", Akzente herauszuarbeiten und die Aufmerksamkeit von bestimmten Punkten abzulenken.

Ausdrucksmäßig wahrt der ungesteuert Aussagende, wenn er frei von Hemmungen ist, einen ungezwungenen Blickkontakt; Stimmführung und Mimik sind verschiedengradig – je nach Naturell des Aussagenden – gelöst, gelassen oder lebhaft-impulsiv, emphatisch, „mitschwingend". Es bietet sich kein starres, verkrampftes, stereotypes Ausdrucksgeschehen.

Bei impulsiven, antriebsstarken Zeugen zeigt sich ein ungesteuertes Aussageverhalten auf einem besonders weiten Ausdrucksfeld, wodurch jede Verstellung erschwert wird. Der Mangel an Steuerung führt nicht nur zu regen *mimischen,* sondern auch zu *pantomimischen Ausdruckserscheinungen* – vor allem zum unwillkürlichen *Demonstrieren* von Abläufen, noch ehe die verbale Beschreibung gelingt. Das heißt: eine Bewegung, eine räumliche Lage, die der Zeuge beschreiben will, wird früher in Gesten wiedergegeben als in Worten geschildert. Der innere Abstand vom Gesprächspartner ist dabei sehr gering oder fehlt sogar so weitgehend, daß der Zeuge manchmal distanzlos wirkt.

Bender (1981) weist darauf hin, daß die natürliche Mimik und Gestik des Zeugen besonders dann aufschlußreich ist, wenn sie beim Übergang zwischen unverfänglichen Themen und relevanten Fragen unverändert bleibt.

Manche Zeugen drücken sich sprachlich ungehemmt und ungewählt aus – wir treffen Slangausdrücke an, so daß wir von *drastischer Schilderung* sprechen können. (Die ungehemmte Aussagehaltung kann sich allerdings mitunter auch als eine Art Disziplinlosigkeit erschwerend auf die Vernehmung auswirken; die Vorzüge dieser Aussageweise für die Aussagebewertung überwiegen aber bei weitem.)

Auch der „äußerlich-*assoziativ*" *bestimmte Ablauf der Erinnerungsreproduktion* ist typisch für ein vom Zeugen nicht gesteuertes Aussageverhalten: Der Zeuge überläßt sich einzelnen Erinnerungseinfällen, die bei ihm ausgelöst werden, wenn im Gespräch Begriffe fallen, die den Bezeichnungen für die zu erörternden Sachverhalte nur ähnlich sind, oder wenn ihm äußere Begleitumstände vorgehalten oder auch abstrakt gehaltene Anstoßfragen gestellt werden. Der Zeuge berichtet, was ihm „gerade einfällt", ohne chronologisch oder nach irgendwelchen anderen übergeordneten Gesichtspunkten vorzugehen. (Das Glaubwürdigkeitsmerkmal „Inkontinenz", das im folgenden Kapitel besprochen wird, und die inverse Verlaufsstruktur eines Aussageinhaltes (s. S. 79) sind zu einem Teil Auswirkungen dieses Phänomens.)

2. Aussagepsychologischer Beweiswert

Der aussagepsychologische Beweiswert der ungesteuerten Aussageweise ist darin begründet, daß zu einem solchen Aussageverhalten eine innere Vorbehaltlosigkeit gehört, die nicht zuläßt, daß der Zeuge eine Auswahl zwischen den Erlebnisinhalten, die zur Sprache kommen, und solchen, die zurückgehalten oder irgendwie „frisiert" werden sollen, trifft. Bei dieser Aussagehaltung, die den Aufbau einer „Fassade" nicht zuläßt, kann der Zeuge auch innere Zuständlichkeiten nicht abschirmen. Er verzichtet auf die Zwischenschaltung einer Kontrolle seines eigenen Verhaltens. Der ungesteuert Aussagende reflektiert nicht über die Wirkung und Bedeutung dessen, was vorgebracht wird. Er stimmt seine Äußerungen nicht auf ein Gesamtbild oder einen Effekt ab. Er greift vielmehr unmittelbar auf erlebnisfundierte Erinnerungen zurück und gibt sich Erlebnisnachklängen hin, die dabei wach werden.

Von dieser psychologischen Ableitung des Beweiswertes her ist es ohne weiteres verständlich, daß es besonders überzeugen muß, wenn Zeugen auch dann ungesteuert aussagen, wenn sie *komplizierte* Sachverhalte darstellen und *schwierige,* nicht vorhersehbare nachgreifende Fragen rasch beantworten. Hier liegen weitere *Steigerungsformen* der ungesteuerten Aussageweise, die ihre Qualität als Glaubwürdigkeitsmerkmal noch erhöhen. Die Beschreibung solcher Sachverhalte und die Beantwortung solcher Fragen würde ja, wenn der Zeuge sich dabei *nicht* auf Erlebnisse stützen könnte, besonders angestrengter Überlegung oder der merkbaren, verzögernden Überwindung von Hemmungen bedürfen. Diese müßten sich in einem angespannten Ausdrucksverhalten widerspiegeln oder könnten nur durch betonte Selbstkontrolle verborgen werden, die aber – von ihrem Wesen her – den Eindruck der Ungesteuertheit nicht erwecken würde. Die Vortäuschung einer unbekümmerten Haltung ist ohnehin ein sehr schwieriges Unterfangen, das in einer längeren Vernehmung oder Exploration kaum unbemerkt bleiben könnte.

3. Mögliche Fehlerquellen

Bei der *Bewertung* des ungesteuerten Aussageverhaltens müssen aber noch einige Umstände beachtet werden, die zu *Fehlerquellen* in der Beurteilung der hier besprochenen Aussageeigenart werden können.

Zunächst muß selbstverständlich die Situation, in der die Befragung stattfindet, berücksichtigt werden. In einer *Gerichtsverhandlung* ist ein „ungesteuertes Aussageverhalten" viel seltener als bei der oft in gelokkerter Atmosphäre durchgeführten polizeilichen Vernehmung, bei der nur zwei Personen anwesend sind, oder bei der häufig im vertrauten Milieu des Zeugen stattfindenden *psychologischen Exploration*. Jede Gerichtssituation bringt für den Zeugen hemmende Faktoren mit sich – vor allem durch die größere Zahl der Anwesenden, so daß eine „verhaltene", kontrollierte Aussageweise dort keineswegs immer negativ beurteilt werden muß.

4. Zu berücksichtigende Persönlichkeitseigenarten

Es gibt auch Persönlichkeitseigenarten, die ein ungesteuertes Aussageverhalten selbst bei glaubwürdigen Zeugenbekundungen nicht zulassen. Zum Beispiel führt die *Übergewissenhaftigkeit* bei „Aussageskrupulanten" zu einer Art von Aussagesteuerung. Diese ist in ihrem Wesen grundverschieden von der planmäßigen Steuerung einer Falschaussage. Der übergewissenhafte Zeuge bemüht sich, seine Erinnerungsfähigkeit zu kontrollieren, verbirgt diese Bemühung aber nicht nach außen, wahrt den Kontakt, zeigt wohl Anspannung, aber nicht Stereotypie im Ausdruck. Jedoch spiegelt das äußere Bild den Unterschied zur unaufrichtig-gesteuerten Aussage nicht entsprechend markant wider.

Es lassen sich gerade bei einigen sehr zuverlässigen, überdurchschnittlich intelligenten und kritischen Zeugen in Gerichtsverhandlungen unter dem Eindruck richterlicher Ermahnungen große Hemmungen, eine sachlich unbegründete Unsicherheit der eigenen Aussage gegenüber und ein zaghaftes Zweifeln an der Richtigkeit der eigenen Erinnerung beobachten bzw. erschließen. Manche dieser Zeugen bringen keine einzige Erinnerung impulsiv und rasch vor.

Auch allgemein erheblich kontrollierte Zeugen werden immer betont bedachtsam, überlegt und vorsichtig aussagen, ohne daß hinter ihrer Aussage Verdeckungstendenzen und unsachliche Aussagesteuerungsabsichten stehen müssen.

Sehr schüchterne Zeugen sagen ängstlich-verhalten aus, auch wenn sie *nicht* lügen, schwerfällig-stumpfe Zeugen verharren mitunter reglos und äußern sich wortkarg, mit langen Pausen. Sie können dadurch den Eindruck der Undurchdringlichkeit und beim vorschnell schließenden Vernehmenden, der den Grad der Primitivität nicht erkennt, den der Berechnung erwecken, während nur Unfähigkeit zu bewegterer Reaktion und differenzierter Äußerung vorliegt.

5. „Schwatzhaftimpulsive" Aussageweise

Als Glaubwürdigkeitshinweis gilt selbstverständlich nicht die Ungesteuertheit einer Aussageweise, die in vorschnelle Äußerungen, in hemmungslose Geschwätzigkeit und unüberlegtes „Drauflosreden" ausartet, wobei eigene Beobachtungen, Mitteilungen anderer und bloße Schlußfolgerungen nicht mehr unterschieden werden. Die Häufigkeit, mit der man auf diese Aussageweise trifft, hängt von dem Delikt ab, zu dem Zeugen Bekundungen machen.

6. Altersabhängige Häufigkeit des Auftretens

Bei Kleinkindern ist die ungesteuerte Aussageweise die Regel. In der Altersgruppe der sieben- bis zehnjährigen Zeugen wird die Ungesteuertheit der Aussageweise in unseren Begutachtungsfällen in etwa 35% der Fälle als deutlich ausgeprägtes Glaubwürdigkeitsmerkmal hervorgehoben. (Ein allgemein recht „unmittelbares" Verhalten dieser jungen Zeugenpersönlichkeiten, das mit in den positiven Glaubwürdigkeitseindruck eingeht bzw. die Glaubwürdigkeitsdiagnose erleichtert, findet sich allerdings noch bei mindestens doppelt so vielen Zeugen dieses Alters s. Michaelis, 1977).

In der Pubertät tritt dieses Aussagemerkmal zurück; doch sagt auch der Jugendliche und sogar der Heranwachsende noch bei weitem häufiger ungesteuert aus als der Erwachsene.

Trotz dieses Unterschiedes kann man das Glaubwürdigkeitsmerkmal der ungesteuerten Aussageweise sowohl bei jugendlichen wie bei erwachsenen Zeugen und in allen Sparten der Justiz heranziehen. Steigerungsformen wurden in der vorliegenden Darstellung schon erwähnt.

7. Zurückhaltende Aussageweise

Grenzfälle aufrichtig-unaufrichtiger Aussagehaltung mit ausgesprochen gesteuertem Aussageverhalten stellen die Aussagen mit *allgemeiner Zurückhaltungstendenz* dar. Hier ist das Aussageverhalten ebenso „gebremst" und verhalten wie die Aussagebereitschaft. Beides rührt durchweg aus dem Bemühen her, zwar nicht grundsätzlich die Unwahrheit zu sagen, aber doch gewisse Sachverhalte (z. B. die eigene Mitwirkung bei einem kompromittierenden Geschehen und die Einstellung zum Täter) zu verschweigen oder zu beschönigen. Aus diesem Bemühen resultieren dann eine durchgehende angespannte Wachsamkeit und Vorsicht gegenüber der Befragung *auch bei den Angaben, die der Wahrheit entsprechen.* Hier liegt mit ein Grund für die große Schwierigkeit, sich ein Urteil über Zeugen zu bilden, die zurückhaltend aussagen. (Vgl. S. 67.) Eine gewisse Aussagebereitschaft ist immer Voraussetzung für die Herausarbeitung von Glaubwürdigkeitsmerkmalen.

Experimentelle Anordnungen schienen, wenn die Beurteiler sich bei wahrheitsgemäßen und nichtwahrheitsgemäßen Aussagen vom Aussageverhalten (speziell der Mimik) des Aussagenden leiten ließen, zu ergeben, daß dasselbe weniger hinweisträchtig sei als inhaltliche Merkmale. Dies gilt aber unseres Erachtens nicht im Bereich der forensischen Psychologie. Für den geübten Vernehmenden, der Zeugen im Ernstfall anhören muß, haben gewisse Ausprägungen des Aussageverhaltens im Zusammenhang mit dem Entwicklungsstand und Ausdrucksnaturell des Aussagenden, mit Situation und Aussagegegenstand, vor allem aber in Verbindung mit anderen Glaubwürdigkeitskriterien erhebliche Bedeutung. So wurde das Merkmal der Ungesteuertheit in 100 bestätigten Aussagen bei uns 28 mal, in 74 als falsch erwiesenen Aussagen nur 3 mal angetroffen.

VII. Inkontinenz der Aussage

Äußerlich ähnlich ist der ungesteuerten Aussageweise die unzusammenhängende, ungeordnete Darstellungsweise, bei der sich die Einzelheiten der Aussage *für den Vernehmenden* aber im weiteren Verlauf einer Vernehmung zu einem geschlossenen Bild zusammenfügen. Wir wollen sie als inkontinente Aussageweise bezeichnen. Sie tritt im Kindesalter von Zeugen, aber auch bei bestimmten intellektuellen Eigenarten von Erwachsenen besonders häufig auf.

Wir führen die Inkontinenz vorwiegend auf intellektuelle Faktoren zurück, während wir die Ungesteuertheit auf Antriebsfaktoren und fehlende Steuerung derselben zurückführen. Es handelt sich um eine Ablaufeigentümlichkeit in der inhaltlichen Produktion oder Reproduktion der Aussage. Hieraus ergibt sich der Unterschied zwischen diesen beiden Glaubwürdigkeitsmerkmalen.

Im folgenden beschreiben wir *Erscheinungsweise,* Auftreten und psychologische *Bedingungen* dieses Glaubwürdigkeitsmerkmals, leiten seinen aussagepsychologischen Beweiswert ab und geben einige methodische Hinweise zu seiner Erfassung.

1. Das Phänomen der inkontinenten Aussageweise und der inversen Verlaufsstruktur

Charakteristisch für die inkontinente Aussageweise, die bei einigermaßen differenzierten Aussagen zum Glaubwürdigkeitsmerkmal wird, ist, daß Aussagen unzusammenhängend, sprunghaft vorgebracht werden, daß „Fetzen“, Bruchstücke eines Sachverhaltes über das Vernehmungsgespräch verstreut sind oder in der Schilderung völlig ungeordnet erscheinen, daß zeitliche Rückgriffe erfolgen, überhaupt zeitlich Aufeinanderfolgendes nicht in chronologischer Reihenfolge berichtet wird, daß Teile des Geschehens häufig zunächst nur gestreift werden und dadurch in der Aussage manches zunächst unverständlich bleibt. Für den Außenstehenden ergibt sich schließlich aber (oft aufgrund nachgreifender Fragen) doch ein geschlossenes Bild, das frei von Unstimmigkeiten ist – für ihn fügen sich die Einzelteile sozusagen zu einem homogenen Mosaikbild zusammen.

Man findet diese Inkontinenz in folgender Kinderaussage über ein Sexualdelikt. (Dabei muß man allerdings berücksichtigen, daß eine Aussage schon durch die schriftliche Niederlegung überschaubarer wird, als sie bei ihrem mündlichen Vorbringen war. Auch fehlen im folgenden Beispiel die Gesprächsteile, die nichts mit der Sache zu tun hatten): „Zu mir sagte er immer bloß ‚Helga‘. Er sagte: ‚Du kriegst wieder Pudding und Apfelsinenstücke‘, und die wollte ich gern haben. Er hat auch gesagt: ‚Du darfst das nicht weitersagen!‘ Wenn Tante Tinnemann kam, dann sagte er immer: ‚Geh‘ schnell runter!‘ Er sagte: ‚Ist das schön?‘, wenn er so etwas machte. Er machte das immer, wenn Mutter nicht da war. Ich saß dann auf dem Sofa. Das tat toll weh vom Wackeln. Er legte sich so drauf. Er hat sich auf mich geschmissen. Er lag so rüber zum Fenster, wo es flach war. Er faßte mit den Fingern an meinen Vorderschinken. Meine Hose hat er runtergezogen. Er wackelte immer so. Ich mußte immer auf dem Rücken liegen. Er atmete tüchtig. Frau Tinnemann hat an die Wand geklopft, er sollte Tee trinken kommen. Er hat mir auch Küßchen gegeben. Er hat oft gesagt: ‚Kommst du mit mir einkaufen?‘ Dann kam ich zu ihm in die Wohnung, und er machte so was. Er hat mich gefragt, ob ich weiß, was Küssen ist.“ Ein anderes Beispiel aus der Beschreibung eines Inzestdeliktes: „Der Papa hat mir gesagt, er will mit mir abhauen, wenn ich sechzehn bin. Meine Mutter hat nie Lust auf Geschlechtsverkehr. Er hat mit der Platzpatronenpistole rumgefuchtelt. Er will lügen, er will nichts mehr sagen. Er sagt, ich komme damit sowieso nicht weit. Er hat meine Geschwister immer einkaufen geschickt. Aber die sagen ja nichts. Er sucht sich einen Anwalt. Er sagt, wenn ich mich nicht ausziehe, knallt er mir eine. Als ich es mal meiner Mutter sagen wollte, konnte ich es nicht aussprechen. Da kam er mit dem Pantoffel, hat mir paar hinten drauf gehauen. Da habe ich mich nicht getraut. Mal sagt er, ich bin schön und liebes Mädchen, abends sagt er wieder, ich bin doof. Ich habe gesagt, ich will das nicht mehr. Er sagt: ‚Das wird weiter gemacht.' Ich sagte: ‚Sag lieber die Wahrheit!', als ich ihn im Januar mal getroffen habe. Da war er am Grinsen. Er sagt, daß meine Mutter dabei nicht so gut wäre ...". (Hier bringt die Zeugin Details aus Beobachtungen inkriminierten Geschehens mit Beobachtungen zu Geschehnissen nach der Anzeigeerstattung durcheinander.)

Je größer die Zahl der zunächst unverbundenen ‚Aussagefetzen' ist, die sich später zu einem geschlossenen Bild zusammenfügen, je umfangreicher die gesamte Zeugenaussage ist, umso höher ist die Qualität dieser Aussageeigenart, so daß wir dann von einer besonderen Steigerungsform sprechen, die sie zum Glaubwürdigkeitsmerkmal werden läßt.

Eine besonders ausgeprägte Steigerungsform der Inkontinenz der Aussage ist auch die rasch auf einen Anstoß hin vorgebrachte Bekundung eines Zeugen, deren Inhalt eine inverse Verlaufstruktur, wie wir sie genannt haben, aufweist. Sie ist häufig auch bei erwachsenen Zeugen zu beobachten und hat besonderes Gewicht als Glaubwürdigkeitsmerkmal, weil der zutreffende Ablauf des vom Zeugen beobachteten Geschehens sich gewöhnlich erst aus ergänzenden Aussagen ergibt. Die ‚Unordnung' besteht darin, daß eine spätere Phase eines beobachteten Geschehens vor der vorhergegangenen beschrieben wird, die Struktur des tatsächlichen Verlaufs also in der Schilderung geändert wird. Und zwar entspricht die Schilderung des Zeugen seinem Erinnerungsablauf, nicht aber dem Geschehensablauf, den er beobachtet hat, und damit oft nicht einer Schilderungsfolge, die dem Vernehmenden verständlich wäre. Der Zeuge berichtet aus einer späteren Phase der Beobachtung etwas, was ein Geschehen als selbstverständlich voraussetzt, das noch gar nicht in seiner Schilderung aufgetreten ist. (Wir haben dieses Aussagephänomen S. 75 schon unter einem anderen Aspekt erwähnt.) Die „Abwicklung" des Geschehens wird also vom Schlußglied her vorgenommen, weil dieses dem Zeugen infolge irgendeiner „Assoziation" als erstes wieder in Erinnerung gekommen ist. Diese Bekundung erfolgt dabei in einem so kurzen zeitlichen Abstand zur anschneidenden Frage, daß ein Durchdenken der gesamten Schilderung vorher nicht erfolgt sein kann. Folgendes Beispiel möge diese Art der Aussageinkontinenz verdeutlichen:

Eine achtjährige Zeugin, die angeblich in Abwesenheit der Eltern häufig von einem Bekannten ihrer Eltern in der Wohnung besucht und zu sexuellen Handlungen mißbraucht wurde, gab bei der psychologischen Exploration an, daß der Bekannte nach den jeweils vorgenommenen sexuellen Handlungen nicht immer mit ihr gespielt habe, wie er es ihr zuvor versprochen habe. Sie äußerte: „Der Bus konnte doch nicht immer Verspätung haben!“ Dieser zunächst unverständlichen Äußerung folgte bei Nachfrage die Erklärung: Wenn der Mann die Zeugin besuchte, befand er sich auf dem Heimweg von der Arbeitsstätte. Spielte er mit dem Kind nach den fraglichen Handlungen noch, dann kam er später nach Hause, als seine Ehefrau ihn erwartete. Als Erklärung für sein spätes Heimkommen habe er seiner Frau gesagt, der Bus hätte Verspätung gehabt. Diese Entschuldigung ließ sich aber nicht allzuoft gebrauchen, und deshalb mußte öfter auf ein längeres Zusammensein verzichtet werden.

Es wird ohne weiteres einleuchten, daß die junge Zeugin das Endglied dieses mehrgliedrigen, folgerichtigen Komplexes keinesfalls als freie Improvisation *vorwegnehmend sofort* im Anschluß an eine Frage hätte erfinden und dann noch hätte erklären können. Sie mußte sich bei solch einer Äußerung auf real Erlebtes stützen.

Ein anderes Beispiel: Eine Zeugin wird in einem Verfahren wegen Inzestverdacht gefragt: „Hat der Großvater gesagt, er bekäme auch eine Strafe?“ Ihre Antwort: „Nein, er hat gesagt, er käme nicht ins Gefängnis.“ „Wieso?“ „Wir würden mit dem richtigen Verkehr warten, bis ich 16 Jahre alt wäre. Wenn wir dann etwas täten und ich würde sagen, ich wäre einverstanden gewesen, könnte er nicht ins Gefängnis kommen.“

Auch ein ungewöhnlich hochbegabter Zeuge könnte auf Phantasiebasis derartige Verbindungen in umgekehrter Reihenfolge nicht herstellen, wenn ihm kaum ein bis zwei Sekunden an Überlegungszeit zwischen Aussageanstoß und Aussage zur Verfügung stehen. Dies ließ sich durch entsprechende Versuche bestätigen, in denen wir die Versuchsperson aufforderten, das möglichst originelle letzte Glied einer „Phantasiegeschichte“ anzugeben und dann das vorhergehende Geschehen zu berichten – wobei fünfmal soviel Zeit zum Überlegen zur Verfügung stand wie durchschnittlich zwischen einer Frage und einer ergänzenden Antwort mit Schilderung einer inversen Verlaufsstruktur innerhalb der üblichen Exploration zur Sache.

Die Inkontinenz des Aussageanfalls ist ein entscheidender Faktor, der allerdings die *Unklarheit* einer Aussage (eine Folgeeigenart, die somit keineswegs immer ein Symptom für Unglaubwürdigkeit zu sein braucht) bedingen kann. Es ist aber charakteristisch, daß bei nachträglicher chronologischer Ordnung der Aussagen die Unklarheit verschwindet.

2. Erklärungsansatz

Begründet ist die inkontinente Aussageweise in Persönlichkeitseigenarten des Aussagenden.

In der Regel finden wir bei Zeugen, die sehr inkontinent aussagen, eine erhebliche Ausprägung des sogenannten *Inkadenzphänomens,* d.h. der

Zeuge zeigt beim Einsatz der Gedächtnisfunktionen ein *unberechenbares* Auftreten von Erinnerungseinfällen. Die Gedächtnistätigkeit ist offenbar wenig steuerbar. Viele inkontinent aussagende Zeugen sind auch unfähig oder nicht geneigt, sich in Ablösung vom eigenen Standpunkt in die Sicht des Uneingeweihten hineinzudenken. Ihnen macht das geordnete, diskursive, Schritt für Schritt fortschreitende Denken Schwierigkeiten. Auch in der Beantwortung einzelner Fragen kann sich diese Eigenart des Denkablaufes schon widerspiegeln: Die Antwort findet den Anschluß an eine Frage nicht bzw. erst auf nachgreifende Fragen hin. (Hier sind allerdings meist noch spezielle Mängel der Auffassung und Logik im Spiel, beispielsweise fehlt die Fähigkeit zur Unterscheidung von jeweils Wesentlichem und Unwesentlichem. Vgl. Arntzen, Begabungspsychologie 1976.)

Die inkontinente Darstellungsweise zeigt sich, wenn sie (wie es fast immer der Fall ist) durch relativ überdauernde Persönlichkeitseigenarten bedingt ist, auch bei anderen Erlebnisschilderungen des Zeugen. Bis zu einem gewissen Grade kann die Inkontinenz der Schilderung allerdings verstärkt werden durch situativ bedingte Momente: durch Erregung, Verwirrung, besonderen Aussageeifer des Aussagenden. Andererseits gibt es auch Faktoren, die der Disposition des Zeugen zur inkontinenten Aussage entgegenwirken – wie z. B. eine Schritt für Schritt vorgehende Befragung.

Das Inkontinenzmerkmal tritt seiner Natur gemäß in erster Linie in frühen Vernehmungsphasen in Erscheinung, seltener in späteren Stadien der Aussageentwicklung. In späteren Vernehmungsphasen ist die Aussagespontaneität meist eingeschränkt; der Zeuge hat sich infolge der vorhergehenden Befragungen schon auf eine einigermaßen geordnete Darstellung eingestellt.

3. Aussagepsychologischer Beweiswert

Daß die Inkontinenz einer längeren Aussage bei gegebener Homogenität des Aussageganzen ein Glaubwürdigkeitsmerkmal ist, (Fehlende Inkontinenz deutet dagegen nicht auf Unglaubwürdigkeit hin, wie Bender – 1981 – richtig bemerkt.) leitet sich aus folgenden Überlegungen ab, die hier teilweise schon vorweggenommen wurden:

In jedem Falle verrät die inkontinente Schilderungsweise, daß der Zeuge keinen Überblick über die eigene Darstellung hat. Dies stellt ein entscheidendes Hindernis für eine Aussagegestaltung (wie eine Falschaussage sie erfordert) durch den Zeugen dar. Ein sprunghaft, unzusammenhängend aussagender Zeuge kann nicht in überlegter, kontrollierter Weise seine Aussagen auf ein bestimmtes Ziel hin abstimmen und alle in Frage kommenden Gesichtspunkte im Auge behalten. Wenn die inkontinent vorgebrachte Aussage eines Zeugen sich im ganzen als frei von Unstimmigkeiten erweist, wenn sich alle einzelnen Momente schließlich mosaikartig zueinanderfügen, so lückenhaft und widersprüchlich die Schilderung zeitweise auch zu sein schien, so gibt es dafür nur eine Erklärung: Daß die Aussage in einer *tatsächlichen* Beobachtung begründet ist. Es passen dann nämlich alle unsystematisch vorgebrachten Einzelteile der Aussage deshalb zueinander, weil sie sämtlich von einem in sich geschlossenen, realen, tatsächlichen Beobachtungskomplex hergeleitet sind. Der sich auf die Realität beziehende Zeuge kann jeweils *die* Punkte seiner Darstellung betonen, von denen seine Aufmerksamkeit gerade angezogen wird, *ohne* daß er sich dadurch in nicht auflösbare Widersprüche verstrickt oder daß *„Lücken"* in seiner Darstellung entstehen, die er später nicht stimmig aufzufüllen weiß: Jedes Teilgeschehen, das er berichtet, steht in Zusammenhang mit einem vorhergehenden Geschehen, ob der Zeuge dies nun bedenkt oder nicht. Auch eine ungeordnete Darstellung wird bei gegebener Erlebnisbasis deshalb nicht fehlerhaft und in sich widersprüchlich werden.

Beim Falschaussagenden liegen die Gegebenheiten anders.

Auch wenn der *falschaussagende* Zeuge von Natur aus zum unvollständigen, inkontinenten Berichten neigen sollte, diszipliniert das Bemühen, andere zu überzeugen, die Aussageweise und läßt es überwiegend nicht zu einer so ungeordneten Darstellung kommen, wie wir sie bei Erlebnisberichten finden. In der Regel werden die willkürlich erfundenen Aussagen kontinent vorgebracht: Sie sind geschlossener, schwerpunktmäßiger (häufig aufdringlich) durchstrukturiert als die realitätsbegründeten (obwohl letztere ja keinesfalls *immer* inkontinent vorgetragen werden). Es liegt ihnen ein gedankliches Ordnungssystem zugrunde. So werden u. a. in einem erdachten Handlungskomplex Ursache und Wirkung berücksichtigt und demzufolge in Verbindung miteinander gebracht. Der Falschaussagende mag dabei auch einmal Ungereimtes und Unklares vorbringen, aber dieses fügt sich nachträglich nicht zu einem geschlossenen Bild, seine Aussage weist als Ganzes inhaltlich nicht die natürliche „Stimmigkeit" auf – eben weil der Überblick nicht gewahrt werden konnte. Es kommt zu Brüchen und Widersprüchen in der Aussage. Der Zusammenhang zwischen Einzelteilen seiner Schilderung ist auch nachträglich nicht herzustellen. Der Zeuge hat sich auch den zeitlichen Ablauf der erdachten Handlung – die normale Reihenfolge von Handlungsphasen – zurechtgelegt und wird denselben unwillkürlich in seiner Aussage herausarbeiten, um nicht den „Faden zu verlieren".

Die geplante und vorher bewußt durchstrukturierte *Falschaussage* weist also das Inkontinenzmerkmal nicht in signifikanter Ausprägung auf, wie sich in allen unseren nachweisbar falschen Zeugenaussagen zeigte.

Wir haben eine inkontinente Darstellung bisher auch nicht in Phantasieprodukten gefunden, die Zeugen im Rahmen einer psychologischen

Glaubwürdigkeitsbegutachtung abverlangt werden und einer Zeugenaussage vor der Polizei in der Struktur sehr ähnlich sind, auch nicht, wenn die gleichen Zeugen ihre Aussage zur Sache inkontinent gemacht hatten.

4. Vernehmungsmethodische Hinweise

In *methodischer* Hinsicht sei hier noch folgendes hervorgehoben: Die Erfassung dieses Glaubwürdigkeitsmerkmals erfordert ein *genaues* Verfolgen des Aussage*ablaufes*. Im Hinblick auf die Eruierung der inkontinenten Aussageweise gilt besonders, daß man jedem Zeugen, ehe man eine *systematische* Befragung beginnt, *genügend Gelegenheit geben sollte, spontan zu berichten,* damit sein individueller Berichtstil auch im *Verlauf* einer spontanen Schilderung erkennbar wird. Man lasse, auch wenn der Zeuge bei einer systematischen Befragung in ein Schildern ohne Berücksichtigung der Fragen gerät, ihn eine Zeitlang selbständig weiterberichten, eben damit der individuelle Aussageablaufstil erkennbar wird (vgl. Arntzen, Vernehmungspsychologie, 1989). Ein Zeuge, der nur systematisch gestellte Fragen beantwortet – sie mögen noch so vorbildlich zusammengestellt sein –, kann nämlich seinen individuellen Stil des Aussageablaufes nicht entwickeln, und man verzichtet, wenn man denselben nicht beobachtet, möglicherweise auf ein bedeutsames Mittel der Glaubwürdigkeitsüberprüfung. Selbstverständlich spielt im weiteren Verlauf der Befragung die sorgfältige und geduldige Nachfrage, in der alle Suggestivfragen vermieden werden, eine große Rolle. Ebenso ist es wichtig, den Zeugen vor einer Vernehmung und vor der Exploration zu enthemmen; nur der einigermaßen aufgelockerte Zeuge sagt spontan aus. Im Rahmen von Glaubwürdigkeitsbegutachtungen leistet man der Inkontinenz einer Aussage Vorschub, indem man zu einigen Phasen des Geschehens, das der Zeuge beobachtet hat, unsystematisch-ungeordnet nachgreifende Fragen stellt.

5. Minderungsfaktoren

Ein Komplex an Glaubwürdigkeitsmerkmalen, der die Inkontinenz einer Aussage mitumfaßt, sollte stets auch die Homogenität der Aussage (s. S. 50) enthalten, da deren Mangel die Inkontinenz entwerten könnte. (Wirre Bekundungen oder Einzelangaben des Zeugen, die sich nicht auf einen Nenner bringen lassen – z. B. widersprüchliche Bekundungen – sind selbstverständlich ein Minderungsfaktor für die Inkontinenz als Glaubwürdigkeitsmerkmal.)

Trotz der äußeren Ähnlichkeit besteht kein enger Zusammenhang zwischen Inkontinenz und ungesteuerter Aussageweise, wie wir schon im Kapitel über Merkmalskomplexe ausführten und wie sich besonders aus den unterschiedlichen Ursachen ergibt. Inkontinenz tritt fast ebenso oft gleichzeitig mit ungesteuerter Aussageweise auf wie ohne diese.

VIII. Objektivität der Zeugenaussage – Aussagemotivation

1. Begriff der Objektivität einer Aussage

Mit den Merkmalen der Gefühlsbeteiligung und der Ungesteuertheit als Eigenart einer Aussage haben wir bereits den intellektuellen Persönlichkeitsbereich verlassen, aus dem eine Aussageeigenart erwachsen und zum Glaubwürdigkeitsmerkmal werden kann. Zu diesen Aussageeigenarten gehört auch die Objektivität einer Aussage.

Wir bezeichnen eine Aussage als objektiv, wenn sie ihrem Inhalt nach sachgebunden und nicht an persönliche Interessen des Zeugen gebunden ist, sie vielmehr aus uneigennützigen Motiven des Zeugen erwachsen ist, die nur auf eine zutreffende Schilderung der Zeugenbeobachtung ausgerichtet waren.

2. Erschließbarkeit der Objektivität

Im Unterschied zu anderen Glaubwürdigkeitskriterien ist die Objektivität im allgemeinen nicht allzu häufig aus Besonderheiten der Aussage selbst zu erkennen, vielmehr muß sie in der Mehrzahl der Fälle aus ihrer Beziehung zu vorübergehenden oder überdauernden Interessen und der jeweiligen Situation des Zeugen *erschlossen* werden. Hieraus ergibt sich schon, daß die Objektivität einer Aussage vorwiegend zu erkennen ist, wenn man die Interessen, Einstellungen und die Situation eines Zeugen kennt, aus denen Motive für seine Aussage erwachsen können.

Wir gehen hier – mit Heckhausen (1965) – davon aus, daß die Motivation als ein Wirkungsgefüge vieler Faktoren eines gegebenen Person-Umwelt-Bezuges aufzufassen ist, welches das Erleben und Verhalten auf Ziele richtet und steuert – *wobei man zwischen überdauernden und situativen Anregungsbedingungen unterscheidet,* derer die überdauernde Motivation bedarf, um sich zu aktualisieren.

Dem *Motivationsstudium* hat die ältere Aussagepsychologie besonders große Bedeutung beigemessen. Grundsätzlich erscheint auch beim heutigen Stand der Aussagepsychologie *die Frage noch wichtig, welche Interessen, Wünsche, Strebungen, Absichten bei einem Zeugen vorlagen und ihn evtl. zu einer Aussage bewogen haben – ob Regungen vorhanden waren, die normalerweise zu einer glaubwürdigen Aussage führen oder ob solche wirksam waren, die in einer bestimmten Situation leicht zu einer Falschaussage führen.* Wir können aber dem Motivationsstudium für die Aussagebeurteilung keinen so uneingeschränkten Wert mehr zusprechen, wie es früher geschehen ist. Mehrere Gründe sind dafür verantwortlich, auf die wir im folgenden eingehen wollen.

3. Erschwerungen des Motivstudiums

Die Feststellung der Motive für eine spezielle Aussage und damit der konkreten *Beziehung* zwischen einem Antriebsmoment und einer Aussage ist in einigen Fällen unmöglich oder nur unvollständig möglich. Man kann in manchen Situationen keinen *direkten* Einblick in Motive gewinnen, und *der Zeuge selbst kann nur wenig Verbindliches über seine Motive sagen*. Die Gründe hierfür sind bekannt: *Motive allgemein und damit auch solche, die im Zusammenhang mit einer Aussage stehen, sind selten einzeln wirksam, wirken vielmehr als Motivkomplex und sind bekanntlich zu einem erheblichen Teil mehr oder weniger unbewußt*. Die Begründung, die ein Zeuge für die Aussageerstattung angibt, kann durchaus aufrichtig gemeint sein, ohne daß doch die eigene Motivlage richtig und voll von ihm erfaßt wird. Mitverantwortlich dafür ist die Tatsache, daß *das Gedächtnis gerade für psychische Gegebenheiten und damit auch für Beweggründe, Absichten, innere Zuständlichkeiten allgemein sehr unzulänglich ist*, wie unsere Untersuchungen zur Konstanz der Aussage eindeutig ergaben (s. S. 59). Diese psychischen Vorgänge werden wohl deshalb unzureichend behalten, weil sie – wie eben gesagt – häufig nicht bewußt erlebt werden und weil sie auch aus anderen Gründen zu wenig „greifbaren" Charakter haben. Täuschungen bezüglich der Motive unterlaufen deshalb leicht – besonders bei nachträglichen Versuchen der Klärung, wie sie im Verlauf eines Gerichtsverfahrens vorgenommen werden müssen.

Außerdem muß man noch die *bewußt* unaufrichtigen Angaben über die Beweggründe für eine Aussage in Rechnung stellen.

4. Erkundung akuter, aussagebestimmender Motive

Eine Befragung des Zeugen selbst über seine Aussagemotive ist somit sehr oft unergiebig. Es ist vielmehr erforderlich, die Motivation eines Zeugen nicht aus seinen eigenen *Angaben* über seine Beweggründe, sondern aus anderen Befunden abzuleiten – zumindest aber, die diesbezüglichen Angaben des Aussagenden von anderen Befunden her zu überprüfen und zu ergänzen. Bewährt hat sich folgendes Vorgehen: Man forscht zunächst nach feststellbaren Gegebenheiten, die bestimmte Aussagemotive *denkbar* sein lassen. Sodann betrachtet man die denkbaren Motive unter dem Aspekt, ob sie im Hinblick auf eine richtige oder falsche Bekundung in der infrage kommenden Situation *wirksam* geworden sein könnten. Bei einem solchen Motivstudium unter aussagepsychologischen Gesichtspunkten werden vorwiegend folgende Gegebenheiten erkundet, aus denen sich die möglichen Motive für die Zeugenbekundung und ihre Wirksamkeit in vielen Fällen ableiten lassen und die nach der folgenden kurzen Aufzählung anschließend noch einzeln besprochen werden:

a) Emotional-affektive Einstellungen des Zeugen und seiner Umgebung zu den von der Aussage betroffenen Personen.
b) Sonstige zwischenmenschliche Bezüge des Zeugen.
c) Situation des erstmaligen Vorbringens der Zeugenaussage.
d) Aussageweise.
e) Aussageinhalt.
f) Vom Zeugen voraussehbare Folgen der Aussage.
g) Verhalten des Zeugen nach bezeugten Vorgängen.

Wir wollen uns nun den angeführten Gegebenheiten, die für das Motivstudium eine Rolle spielen, im einzelnen zuwenden. Kurz erwähnt sei vorher noch, daß *überdauernde* Persönlichkeitseigenarten von gewisser, wenn auch nicht großer Bedeutung für das Aussagemotivstudium sind, die beim Zeugen Grundlage für eine aktuelle Motivlage sein können. Der Zeuge, der sich vielfach schwatzhaft-redselig und geltungsstrebig zeigt, kommt leichter zu einer übertreibenden Darstellung als ein Zeuge, bei dem sachliche Nüchternheit erkennbar ist. Ein Zeuge, der in vielen Situationen polemisch-aggressiv reagiert, wird bedenkenloser eine Falschbezichtigung aussprechen als jener, der sich in entsprechenden Situationen als gutmütig, verträglich erweist. Im forensischen Raum treten die genannten Eigenarten bei extremer Ausprägung in manchen Fällen deutlich erkennbar auf, in der Mehrzahl der Fälle entziehen sie sich aber allen Feststellungsmöglichkeiten – vor allem hinsichtlich des Bereichs und der Häufigkeit ihrer Auswirkung – weshalb wir sie hier nur am Rande erwähnen.

a) Emotional-affektive Einstellungen des Zeugen und seiner Umgebung zu den von der Aussage betroffenen Personen

Leichter zu gewinnende Aufschlüsse über die Aussagemotivation und damit über die Objektivität einer Aussage gibt, sofern der Zeuge den von seiner Aussage Betroffenen kannte, seine vor der Erstaussage bestehende emotional-affektive *Einstellung* zu ihm, wenn sie sich über längere Zeit gleichbleibend manifestierte. Bestand ein wohlwollendes Nachbarschaftsverhältnis mit gegenseitigen Hilfeleistungen und Gefälligkeitserweisen oder zumindest „wohlwollende Neutralität“, so ist eine Falschbezichtigung nahezu ausgeschlossen. (Diese Neutralität manifestiert sich bei Zeugen, die gleichzeitig Opfer eines Deliktes sind, gelegentlich in der Äußerung, keine Bestrafung des Täters zu wünschen.) Durchaus ist eine Falschbezichtigung aber denkbar, wenn Ablehnung, Mißtrauen oder ein gespanntes Verhältnis herrschten.

Dabei muß man unter diesen Umständen nicht nur die Einstellung des Zeugen zum Betroffenen selbst, sondern auch – sofern sie ihm bekannt war – zu dessen Familie berücksichtigen.

Eine positive *emotionale Einstellung,* ein fundiertes Interessse an einer guten Beziehung zum Betroffenen – mit diesem Terminus ist im folgenden sowohl ein Beschuldigter in Strafverfahren wie auch eine Partei in zivilrechtlichen und ähnlichen Verfahren gemeint – läßt den Wunsch, diesen zu schädigen und etwas Nachteiliges über ihn zu sagen, besonders dann nicht aufkommen und wirksam werden, wenn die positive Einstellung offenkundig bis zum Zeitpunkt der fraglichen Zeugenbeobachtung bestand. Wichtig ist also die Frage: Was hat es *in dieser Phase* an Berührungspunkten zwischen Zeugen und Betroffenen gegeben, welche die Art der Einstellung erkennen lassen?

Ein Beispiel für eine Aussagesituation, in der ein Falschaussagemotiv faktisch nicht aufkommen kann, lieferte in einer Strafsache eine Siebenjährige, die einen Nachbarn aufsuchte, der ihr versprochen hatte, ein Spielzeug zu reparieren, welches das Kind sehr schätzte. Der Nachbar hatte bereits in Gegenwart des Kindes mit der Reparatur begonnen. Das Mädchen verließ ihn schon kurze Zeit später, um seinen Eltern eine Mitteilung zu machen, aus der diese eine mehrmalige sexuelle Berührung erschließen mußten. Es ist normalerweise nicht vorstellbar, daß das Kind in dieser zu Dank verpflichtenden Situation den vertrauensvoll aufgesuchten „Wohltäter" (bei dem es seinerseits subjektiv Wohlwollen voraussetzt, wie seine Bitte um die Reparatur zeigt) falsch belasten sollte. Ein anderes Kind hatte kurze Zeit, bevor es seine belastende Aussage aussprach, den Beschuldigten aufgesucht, um ihm Obst zu schenken. In solchen Situationen kommt eine Beziehung des Wohlwollens unmittelbar zum Ausdruck. Sie reicht zeitlich bis an die Phase des inkriminierten Geschehens und der unmittelbar darauffolgenden Aussage heran und läßt deshalb keinen Platz für die Entwicklung einer völlig anderen Einstellung, die notwendig wäre, um eine Falschbelastung zustande kommen zu lassen.

Man zieht weiterhin in Betracht, ob *zur Zeit der Vernehmung* oder Begutachtung möglich erscheinende Falschbelastungsmotive tatsächlich schon gegeben waren, als der Zeuge seine Aussage *erstmalig* vorbrachte. (Hat z. B. ein Streit zwischen den Familien des Betroffenen und des Zeugen, der in der späteren Aussagegeschichte großen Raum einnimmt, damals schon bestanden, oder brach er erst *infolge* der ausgesprochenen Belastungen – gleichzeitig oder später – aus?)

Beim Zeugen darf auch die Einstellung seiner eigenen Umgebung zu denjenigen, die von seiner Aussage betroffen sind, nicht unbeachtet bleiben. Die Umgebung hat oft entscheidenden Einfluß auf die Einstellung des Zeugen, wenn sie dieselbe nicht überhaupt ausschießlich bestimmt. Unselbständig denkende Zeugen übernehmen häufig unkritisch und unbewußt von ihrer nächsten Umgebung eine feindselige, verdachtgeneigte Haltung gegenüber Nachbarn, Verwandten, Vermietern, Mietern, Arbeitgebern, Arbeitnehmern, Mitarbeitern usw. und steigern sich von daher in Ablehnung und Zorn gegenüber bestimmten Personen hinein. Allerdings bedarf es immer konkreter Anhaltspunkte dafür, daß beim Zeugen selbst der Einfluß der Umgebung tatsächlich *wirksam* war – nicht selten besteht nur eine oberflächliche, leicht durchschaubare Übernahme der Umwelthaltung mit abweichender Bewertung durch den Zeugen oder sogar eine relative Unkenntnis von der Haltung seiner Umwelt beim Zeugen.

Mindestens ebenso günstig ist es allerdings für die Entstehung einer objektiven Aussage, wenn nachweislich jede Beziehung zwischen Zeugen und Betroffenem und dessen Angehörigen fehlt, wenn Zeuge und Betroffener sich kaum kennen oder sich sogar bei dem fraglichen Anlaß zum ersten Mal gesehen haben.

Ein Motiv für eine Falschbezichtigung kann dann fast immer ausgeschlossen werden. Es ist schwer vorstellbar, daß ein Zeuge ein Motiv haben sollte, jemanden bewußt zu schädigen, den er so gut wie gar nicht kennt oder den er überhaupt zum ersten Mal gesehen hat – wie es z. B. bei der Beobachtung von Eigentumsdelikten sowie von Exhibitionshandlungen, aber auch von Verkehrsunfällen sehr oft der Fall ist. Hier sind nur die seltenen Motive für eine Falschaussage denkbar, die mit der Person des *Betroffenen* nichts zu tun haben: Etwa Erwartungshaltung aus übersteigertem „Jagdeifer“, Geltungs- und Sensationsbedürfnis. (Außerdem sind natürlich Mißdeutungen von Handlungen und Fehlidentifizierungen möglich, die aber den Motivbereich meist wenig berühren.) Bei Kindern kann es zu Aussagen kommen, die sozusagen spielerisch vorgebracht werden, ohne daß mögliche Folgen bedacht werden.

b) Sonstige zwischenmenschliche Bezüge des Zeugen

An weiterer Stelle *ist die nach außen dokumentierte zwischenmenschliche Situation des Zeugen zu nennen,* aus der sich Motive für die Gestaltung seiner Aussage ergeben können. Z. B. wird eine heranwachsende Zeugin, die verlobt ist, dazu neigen, eine auch nur zeitweilige Duldung inkriminierter Sexualhandlungen in ihren Aussagen nicht erkennen zu lassen, weil sie Vorwürfe ihres Verlobten fürchtet. Zeugen, die gemeinsam mit anderen beispielsweise ein Drogendelikt begangen haben, selbst aber keiner weiteren Strafverfolgung ausgesetzt sind, fürchten Racheakte früherer Komplizen und tendieren aus diesem Furchtmotiv zu Aussageverfälschungen.

Motive für eine Falschaussage können sich im Beziehungsgefüge einer Familie aus unerträglichen Situationen ergeben, die nach Auffassung der Familienangehörigen nur durch die Entfernung eines Familienmitgliedes aus der Familie beendet werden können. Hier kann es z. B. für einen Zeugen naheliegen, durch eine Beschuldigung eines gefürchteten tyrannischen Vaters dessen Inhaftierung zu bewirken, die Ehescheidung der Eltern zu erleichtern oder den Umgang mit dem nicht-sorgeberechtigten geschiedenen Elternteil zu vermeiden. Auf die besondere Problematik der Beschuldigungen naher Familienangehöriger wird noch eingegangen.

c) Situation des erstmaligen Vorbringens der Zeugenaussage

Am ursprünglichsten tritt die Motivlage gewöhnlich in der *Erstaussage* und ihren äußeren Umständen hervor. Wenn die Möglichkeit besteht, wird man daher nicht versäumen, den *Empfänger dieser ersten Aussage zu hören*. Man läßt sich von ihm nicht nur den Inhalt der entscheidenden Mitteilung rekonstruieren, sondern auch Angaben über die *psychische Verfassung* des Berichtenden, über Art und Weise der Äußerung, über sein Verhalten, seine Reaktionen usw. machen. War der Aussagende haßerfüllt und aufgeregt, war eine Neigung zu erkennen, jemanden möglichst stark zu belasten? Wurde die Belastung wohlüberlegt und mit Genugtuung angebracht? Oder standen Betroffenheit und Fassungslosigkeit, vielleicht auch Erstaunen über das angebliche Vorkommnis so im Vordergrund, daß ein Interesse an einer gesteuerten Darstellung daneben gar keinen Raum hatte?

Wurden Mißverständnisse, die zu Lasten eines Betroffenen entstanden waren, sofort ausgeräumt? Wurde sogar ein Interesse an der Unterdrükkung der Aussage und ein Interesse an einer Belastungsreduzierung erkennbar?

Einige Aufschlüsse kann gelegentlich auch die von Geisler (1959) empfohlene *Reproduktion der Erstaussageentstehung* durch den Zeugen *selbst* geben. Die Motive, die zu dieser ersten Aussage führten, lassen sich hierdurch u. U. erkennen und werfen manchmal ein bezeichnendes Licht auf den Hintergrund der Aussage. *Leider haben die Zeugen selbst aber selten sichere Erinnerungen an Einzelheiten der Erstaussagesituation – weil sich in ihrer Erinnerung das Erlebnis und der Bericht darüber kaum trennbar überdekken* – wir sprechen von einem „Überlagerungseffekt".

Auch zur wichtigen Frage nach dem Anlaß einer Erstaussage kann der Empfänger derselben in manchen Fällen Auskunft geben.

Motive, die zu einer Falschaussage führen, sind erfahrungsgemäß dann auszuschließen, wenn die Erstaussage nur auf einen erkennbar äußerlich-assoziativ herbeigeführten Anlaß zurückgeht, wie es sehr häufig bei Kindern und intellektuell einfach strukturierten Erwachsenen der Fall ist. Als Beispiel: Eine Fünfjährige, die von ihrer Mutter einen Gutenacht-Kuß erhielt, erinnerte sich plötzlich eines andersartigen Kusses, den sie von einem Nachbarn erhalten hatte, und berichtete der Mutter davon sowie von anschließenden sexuellen Handlungen des Beschuldigten. – Ein anderes Kind verglich das kleine Genitale seines neugeborenen Brüderchens, das es beim Baden betrachtete, unerwartet mit dem Genitale eines Exhibitionisten, dessen Beobachtung es bisher nie erwähnt hatte. Die Ungesteuertheit derartiger „Einfälle" und ihrer Mitteilung spricht sehr eindeutig gegen eine dahinterstehende Absicht und Planung. Auch Erwachsenen kann eine erste Äußerung über ein erlebtes Verbrechen mehr oder weniger ungewollt „entschlüpfen". So kann das Betrachten von Kriminalserien im Fernsehen Erinnerungen an beobachtete Verhaltensweisen (z. B. an Betrugsfälle) wachrufen und zu deren Mitteilung führen, obwohl ursprünglich nicht die Absicht bestand, darüber zu sprechen, weil man die Tatsache, getäuscht worden zu sein, als beschämend ansah.

Eine Erstaussagesituation, die sich mit der hier aufgezeigten überschneidet, ist die Situation, in der eine Zeugenbekundung erstmalig in *beiläufiger* Weise, d. h. im äußeren Zusammenhang mit einem *völlig anders ausgerichteten* Gespräch vorgebracht wird – ohne durch Fragen angeregt worden zu sein.

Im Zusammenhang mit der Erstaussage muß auch der *zeitliche Abstand zwischen der angeblichen Beobachtung und der Erstaussage* eines Zeugen berücksichtigt und auf Motivhinweise untersucht werden. Es läßt sich allerdings keinerlei Regel darüber aufstellen, welcher Abstand zwischen den fraglichen Zeugenbeobachtungen und der Erstaussage für objektive Aussagen spricht. Vielmehr muß jeweils erkundet werden, ob in der individuellen Situation des Zeugen baldige oder erst spätere, durch bestimmte äußere Umstände ausgelöste Mitteilungen die natürliche Reaktion auf die berichteten Beobachtungen darstellen (vgl. Michaelis, 1981, zum Anzeigezeitpunkt bei Vergewaltigungsdelikten).

Es gehört zu den häufig anzutreffenden Vorurteilen, daß eine Aussage beispielsweise im Bereich der Sexualdelikte deshalb zu Bedenken Anlaß geben müsse, weil sie nicht unmittelbar im Anschluß an das fragliche sexuelle Erlebnis des Zeugen entstanden ist. Müller-Luckmann (1959) stellt sehr richtig fest, daß in solchen Fällen die Erwartung einer spontanen Sofortaussage bei den Eltern unrealistisch ist. (Spontane, unmittelbare Mitteilungen über Erlebnisse aus der Intimsphäre machen den Eltern nach Untersuchungen von Duhm – 1962 – eigentlich nur sehr junge Kinder, vor allem Kleinkinder.)

Zu erheblichem Zeitabstand zwischen erster Zeugenaussage und beobachtetem Geschehen kommt es besonders dann, wenn der Zeuge selbst keinen Schaden durch dieses Geschehen erlitten hat.

Sicher ist aber, daß auf der anderen Seite die unmittelbar nach einer Beobachtung oder einer Begegnung erfolgende Aussage weitgehend ausschließt, daß sich unsachliche Motivationen auf sie auswirken.

Irritierend ist es, wenn ein Zeuge seine Aussage aus wechselnden Motiven mehrfach *ändert*. Dazu kann es kommen, wenn seine Interessen wechseln und damit verschiedenen Einfluß auf die Objektivität der jeweiligen Aussage nehmen. So macht z. B. ein Zeuge zunächst eine zutreffende Aussage, weil er empört über das ist, was er beobachtet hat. Kurze Zeit später sind Angehörige des Betroffenen an ihn herangetreten, haben sein Mitleid erweckt, und er steckt seine frühere Aussage weitgehend zurück, indem er unsichere Erinnerungen behauptet. Macht er dann einige Zeit später eine ähnliche Beobachtung wie vorher, so kann sein Interesse geweckt sein, dieses häufige Geschehen sich nicht wiederholen zu lassen, und er macht erneut – diesmal wieder zutreffende – Angaben. (Wechselnde Motive bilden sich oft aus Vergeltungsstreben, Mitleid, Unabhängigkeitsstreben, Schuldgefühlen, Rücksichtnahme und Hilfsbereitschaft.) Besonders häufig geht ein *fälschlicher Widerruf* früherer Zeugenaussagen auf wechselnde Motive zurück – z. B. auf Angst vor Angeklagten bei Prostitutionsdelikten auf seiten der belastenden Zeuginnen oder unter familiärem Einfluß in Haftsachen nach einer Inzestanzeige.

Die verschiedenen Motive können auch ungefähr gleichzeitig auftreten. Sind sie gegensätzlich, so kommt es bei den Zeugen zum Zeitpunkt der Erstaussage (und oft auch später noch) zu einem *Motivkonflikt* – beispielsweise zwischen dem Bestreben, die Wahrheit zu sagen (etwa um Wiederholungen des Geschehens vorzubeugen) und dem Wunsch, jemanden, den man durch seine Aussage belastet hatte, zu schonen. In solchen Fällen ist es oft sehr schwierig, festzustellen, welches Motiv wirksam geworden ist, wenn man überhaupt den Motivkonflikt bemerken kann.

d) Aussageweise

Erst *Aussageweise* und Aussageinhalt können in manchen Fällen sichere Hinweise darauf geben, *ob die in einem Fall denkbaren Falschaussagemotive sich tatsächlich auf die Aussage ausgewirkt haben.*

Objektivität zeigt sich in der Aussageweise hauptsächlich darin, daß unbefangene Zeugen Momente, die einen Betroffenen nicht belasten, ebenso betont berichten wie belastende Umstände bzw. Belastendes ebenso wenig betonen wie Entlastendes. Sie berichten beides mit gleichem „Akzent“.

e) Aussageinhalt

Sehr eindeutig auf Aussageobjektivität und damit auf sachliche Aussageweise weist die in vielen Aussagen mitenthaltene Selbstbelastung hin, wenn der Aussagende sich des selbstkompromittierenden Charakters seines eigenen Verhaltens bewußt ist. Hier kann die Objektivität ähnlich unmittelbar hervortreten wie in der Aussageweise.

In Strafverfahren kommen Berichte über solche Handlungen in Frage, die in der Mehrzahl der Fälle eine gewisse Mitwirkung oder passive Duldung auf seiten der geschädigten Opfer und Zeugen als Folge einer geschickten Verführung voraussetzen – beispielsweise bei Kaufhausdiebstählen, bei denen Kinder als Helfer Erwachsener fungieren oder bei

Drogendelikten Erwachsener. Die Zeugen empfinden die Angabe der eigenen Mitwirkung oder Duldung zunehmend als Selbstbelastung. Es kann in Begleitung deutlicher Peinlichkeitssymptome ein graduelles Eingeständnis der eigenen Mitschuld oder ein indirektes Zugeben derselben erfolgen. In Verfahren wegen Körperverletzung beziehen sich die selbstbelastenden Aussagen oft auf vorhergehende Gespräche, durch die der geschädigte Zeuge den Täter gereizt hat. In einem Verfahren wegen dieses Deliktes gab der Zeuge zu, dem Beschuldigten selbst den Ort angegeben zu haben, wo er das spätere Opfer der Verletzung habe antreffen können. Solche Zeugen belasten zwar jemanden eindeutig, jedoch ohne sich selbst zu schonen, d. h. sie unterdrücken oder beschönigen die Vorgänge, die für sie selbst, wenn nicht belastend, so doch unangenehm und prestigebeeinträchtigend sind, nicht – im Gegensatz zu anderen Zeugen, die eine „Schwarz-Weiß-Zeichnung" zu Lasten eines anderen und zugunsten ihrer selbst bringen.

Auf eine unbefangene, sachlich-unvoreingenommene Aussagehaltung schließen darf man auch, wenn Zeugen im Inhalt ihre Aussage erkennen lassen, daß sie sich des belastenden Charakters, den ihre Aussagen über das Verhalten einer anderen Person haben, nicht bewußt sind. Besonders ausgeprägt finden wir diese Unbefangenheit infolge Unkenntnis naturgemäß bei jungen Zeugen, die noch kein Verständnis für die rechtliche Bedeutung der von ihnen beobachteten Vorkommnisse haben. Zumindest einzelne Tatumstände sind aber auch reiferen Zeugen (besonders bei einfachem Bildungsstand und naiver Mentalität) in ihrer strafrechtlichen Bedeutung nicht bekannt. Die Unkenntnis der Aussagenden läßt sich durch eine spezielle, gesteuerte Befragung feststellen. Sie wird aber auch deutlich in spontanen Äußerungen wie „Ich habe mir nichts dabei gedacht", sowie im achtlosen Auslassen von rechtlich bedeutsamen Angaben, die später dann doch bereitwillig gemacht werden. Unbefangene Zeugen nennen z. B. bei näherem Befragen später noch eine Reihe vorausgehender Vorfälle, die rechtlich durchaus bedeutsam sind, ohne daß dem Zeugen dieser Charakter bewußt war.

Eine wohlwoliend-neutrale Einstellung dem Betroffenen gegenüber verrät sich beispielsweise in Einschränkungen und Berichtigungen, die der Zeuge zugunsten des Betroffenen macht, wenn er über seine Beobachtungen berichtet sowie in Stellungnahmen nach Art folgender Äußerung: „Den will ich nicht anzeigen, sonst habe ich nur Schwierigkeiten. Der war auch nicht so schlimm. Was der gemacht hat, das macht nichts. Das kann ja mal vorkommen. Der war ja auch in Verlegenheit." Oder: (aus einem Ehescheidungsverfahren) „Mich hat er oft geschlagen, aber die Kinder hat er gut versorgt." Wir finden bei Kindern dann Äußerungen wie: „*Immer* hat er es aber nicht getan ... Ich glaube nicht, daß er meine Schwester *nur* deshalb weggeschickt hat, damit er das mit mir machen konnte. *So* schlimm hat er es ja nicht gemacht."

Eine 13jährige äußerte: „Der Mann ist prima ... der hat mir immer Geld gegeben, und immer war er nett zu mir und auch zu anderen Kindern ... der soll nicht bestraft werden, ich kann nicht haben, daß der wegen sowas bestraft wird ...".

Glaubwürdige Korrekturen zugunsten von Beschuldigten bestanden beispielsweise in Zeugenaussagen zu Sexualdelikten in Äußerungen, daß man Geld angenommen habe, das einem geboten worden sei, nachdem der Zeuge vorher gesagt hatte, er habe es abgewiesen – daß man wiederholt zu jemandem hingegangen sei, während man vorher gesagt hatte, man habe ihn nur einmal aufgesucht – daß jemand einen nicht in ein Auto hineingezerrt habe, sondern daß man freiwillig als Anhalter gebeten habe, mitgenommen zu werden – daß ein Schlüssel nicht versteckt worden sei, sondern daß mit dem Einverständnis des Zeugen abgeschlossen wurde, weil man nicht entdeckt werden wollte – daß es nicht zum Erbrechen gekommen sei, sondern daß man nur das Empfinden gehabt habe, man müsse erbrechen.

Typisch für den Zeugen, der in unsachlicher Weise auf Mehrbelastung eines anderen eingestellt ist, sind dagegen *Übertreibungen und Verallgemeinerungen:* Der Zeuge bezieht beispielsweise jedes auch neutrale Verhalten des Beschuldigten in den Kreis der Straftaten ein (indem er etwa eine Zufallsanwesenheit des Beschuldigten bei einer bestimmten Gelegenheit ohne Einschränkung als kriminell wertet: „Damals hat er ‚das' bestimmt auch gewollt.") Er trägt beflissen alles Belastende heran und neigt zunächst zu mehr und „massiveren" Angaben, als er bei nachgreifender Befragung aufrechterhalten kann. Bei manchen Zeugen kann man dann von einer *Dramatisierungstendenz* sprechen, die sich auch in einem lebhaften mimischen Geschehen kundtut.

f) Vom Zeugen voraussehbare Folgen der Aussage

Zu *heuristischen* Zwecken kann man sich zum Abschluß einer Motivuntersuchung fragen: Was hat ein Zeuge faktisch mit einer bestimmten Aussage erreicht? Hat er dadurch seine persönliche Situation verschlechtert oder verbessert? Konnte er diese oder jene Folgen voraussehen? Häufig ergibt sich bei dieser Betrachtungsweise ein aufschlußreiches Moment: *In einem Teil der Fälle haben Zeugen, die andere Personen durch ihre Aussagen belasten, dadurch auch selbst gewisse von ihnen voraussehbare Nachteile, während sie keine Vorteile durch ihre Bekundungen haben.* Streitigkeiten mit Nachbarn und Bekannten sind oft die voraussehbaren Folgen einer Anzeige. In kleinen Ortschaften nimmt mitunter ein großer Personenkreis Anteil und Partei – und zwar sehr oft in unkritischer Weise gegen den Zeugen, der eine solche Entwicklung häufig schon vorher fürchtet und deshalb lange mit einer Anzeige zögert. Daß unter diesen Umständen ein Wunsch nach Falschbezichtigung bestanden hat, ist in vielen Fällen kaum denkbar. Ähnlich ist es, wenn eine gewisse Abhängigkeit vom Betroffenen oder eine Verpflichtung ihm gegenüber besteht.

In Strafsachen werden dem Zeugen Nachteile oft spätestens nach der polizeilichen Anzeige bewußt – die Sachbezogenheit der Aussagehaltung zeigt sich dann besonders, wenn er bei späteren Vernehmungen trotzdem noch Präzisierungen zu seinen Aussagen vorbringt.

Bei dieser Gelegenheit sei erwähnt, daß „spontane Verbesserungen einer Aussage" (Undeutsch 1967) dann als Glaubwürdigkeitsmerkmale anzusehen sind, wenn ihre Objektivität zu erkennen ist – wenn beispielsweise die Verbesserungen dem eigenen Interesse weniger entsprechen als die verbesserten Bekundungen. Andernfalls kann es sich um nachgeschobene falsche Aussagen handeln, die nur den Glaubwürdigkeitseindruck verbessern sollen, weil der Zeuge seine Aussage nicht für genügend überzeugend hält.

Mitunter werden durch Aussagen in Gerichtsverfahren Verbesserungen in der Situation des Zeugen erreicht. Waren sie vorhersehbar, so können sich daraus durchaus Motive für Falschaussagen entwickelt haben. (Solche Verbesserungen sind besonders in der zwischenmenschlichen Situation denkbar, weshalb dieser Abschnitt noch einmal einige zu Beginn des Motivkapitels gebrachte Punkte unter etwas anderem Aspekt bringt.) Wir denken hier an die schon erwähnten *Ehescheidungssituationen* und an unhaltbare familiäre Zustände, denen durch die Anzeige eines angeblichen Deliktes, durch die dadurch vielleicht erreichte Inhaftierung und Verurteilung eines Familienmitgliedes eine entscheidende Wendung gegeben wird. Auch der Übergang eines jugendlichen Zeugen vom Haushalt eines geschiedenen Elternteils in den des anderen infolge einer *Neuregelung des Sorgerechts* kann die von ihm begrüßte Folge einer belastenden Aussage sein (z. B. belastete eine Vierzehnjährige ihren Stiefbruder, mit dem sie im Haushalt des geschiedenen Vaters und dessen strenger Ehefrau zusammenlebte, fälschlich, schon längere Zeit Sexualhandlungen mit ihr begangen zu haben. Das Mädchen erreichte mit seiner Aussage, daß es wenigstens vorläufig bei seiner leiblichen Mutter untergebracht wurde, zu der es strebte, der aber das Sorgerecht entzogen worden war).

Weiter sind anzuführen *Ausbildungsverhältnisse,* die von den Zeugen als *untragbar* empfunden wurden, aber auf Wunsch der Eltern von den Jugendlichen bis zur Anzeige eines angeblichen Deliktes durchgehalten werden mußten. Ähnliches gilt von Internatsaufenthalten oder Schulbesuchen, die einem Schüler unerträglich erscheinen. (Vgl. die in Kapitel D angeführten Beispiele für Falschaussage-Motive!)

Auch die Vorteile, die etwa für einen nahestehenden *Angehörigen* durch eine Aussage erreicht wurden, sind zu bedenken. *Am schwersten fällt es Zeugen, im Hinblick auf Verwandte objektiv auszusagen.*

Zusammenfassend:

Stellt man fest, daß ein Zeuge durch seine Aussage eine Verbesserung seiner Situation erreicht hat oder erreichen kann, so hat man also besonders zu prüfen, ob diese Verbesserung der Situation nicht mit falschen Aussagen angestrebt wurde, der Wunsch nach einer Situationsänderung also zum Motiv wurde, nicht objektiv auszusagen.

Mitunter kann die offenkundige *Enttäuschung* des Zeugen über die geringen äußeren Auswirkungen einer belastenden Aussage verraten, welche Erwartungen mit derselben für ihn verbunden waren. Eine derartige Haltung bei sonstiger Gefühlsunbewegtheit und Gleichgültigkeit des aussagenden Zeugen findet man bei manchen zweckbestimmten Falschaussagen.

g) Verhalten des Zeugen nach bezeugten Vorgängen

Das faktische Verhalten des Zeugen, das er vor allem unmittelbar nach seiner Beobachtung eines bekundeten Geschehens manifestiert, kann die Möglichkeit bieten, unsachliche Motive, die seine Objektivität beeinträchtigen würden, auszuschließen. Wir brachten hierfür schon früher, als wir die Homogenität einer Aussage besprachen, das Beispiel vom Überfallenen, der sich unmittelbar nach dem Geschehen an Passanten wendet, damit die Polizei alarmiert wird. Hierzu gehört auch das Verhalten eines vergewaltigten Mädchens, das unter Zurücklassung eines Schuhs und einiger Kleidungsstücke flieht. In solchen Situationen ist kein Raum für die Entwicklung von Falschaussagemotiven. *Es liegt ein Verhalten vor, daß nur als Reaktion auf ein tatsächliches Erleben, wie es der Zeuge schildert, verstanden werden kann – die Objektivität der Schilderung in entscheidenden Teilen ist damit gesichert.* (Die schon behandelte sofortige Erstaussage fällt wie ersichtlich auch unter dieses Verhalten.)

Ein weiteres Objektivitätskriterium, das jedoch nur beim Vergleich von zwei aussagenden Personen herauszuarbeiten ist, ist ein Kriterium, das wir als *bilaterales Motivationskriterium* bezeichnen. Wir besprechen es an anderer Stelle – nämlich im Zusammenhang mit den Gruppenaussagen (s. S. 103).

5. Häufige Motive für Falschaussagen

Abschließend sollen noch einige der häufigsten Falschaussagemotive sowie Möglichkeiten zu ihrer Erkundung einzeln besprochen werden.

a) Geltungsbedürfnis

Oft wird – besonders bei Jugendlichen als Zeugen – vermutet, ihre Aussage beruhe auf *Geltungsbedürfnis* (z. B. hat Bach – 1957 – in seiner Untersuchung solcher Falschaussagen dem Geltungsbedürfnis große Bedeutung beigemessen). Tatsächlich kommt Geltungsbedürfnis als Falschaussagemotiv durchaus nicht selten vor. (Es ist nicht immer eine völlig unbegründete Belastung, die aufgrund von Geltungsbedürfnis ausgesprochen wird, aber gerade das *Übertreiben* und Aggravieren von Beschuldigungen hat hier seinen Grund.) Zu rechnen hat man mit dieser Möglichkeit beispielsweise, wenn die Aussage über angebliche Erlebnisse in „animierender" Gesellschaft bei Gesprächen entsprechenden Inhaltes entstanden ist. Nicht selten hängen sich auch einzelne Zeugen aus Geltungsbedürfnis an die Aussagen einer Gruppe von Zeugen an, um hinsichtlich „interessanter" Erlebnisse nicht hinter diesen zurückstehen zu müssen. (Die Bitte um Stillschweigen nach einer derartigen Mitteilung kann übrigens Freunden gegenüber ein Mittel zur Steigerung der Sensation und der persönlichen Geltung sein, wobei das erteilte Schweigegebot gleichzeitig Schutz vor nachteiligen Folgen solchen leichtfertigen Prahlens zu bieten scheint.)

Hat der Zeuge seine Aussage aber zuerst in einer Situation gemacht, in der ihr Vorbringen Überwindung kostete und berichtet er zudem noch Vorfälle, die ihm offensichtlich peinlich sind, weil sie ein schlechtes Licht auf ihn werfen können, so erscheint eine Falschbezichtigung aus Geltungsbedürfnis recht unwahrscheinlich.

Das Geltungsbedürfnis eines Zeugen kann andererseits aber auch durch das Vorbringen einer *wahrheitsentsprechenden* Aussage stark angesprochen werden: er kann sich mit Befriedigung im Mittelpunkt sehen, weil er wirklich etwas beobachtet hat, was andere nicht beobachtet haben. Durch genaues, nachgreifendes Fragen und Vergleichen der Aussagen, die der Zeuge bei verschiedenen Gelegenheiten gemacht hat, läßt sich im allgemeinen feststellen, ob Geltungsbedürfnis die Realitätsdarstellung – evtl. auch nur in einzelnen Teilen der Aussage – verfälscht hat oder nicht.

b) Rachebedürfnis

Erörtert werden muß hier auch das von jeher von Beschuldigten dem Zeugen zugeschriebene *Rachebedürfnis* als Falschaussagemotiv (vgl. Schumacher 1960).

Es kommt ohne Frage keineswegs selten vor, daß jemand aus Rachetendenzen heraus nach „schwachen Punkten" seines Gegners forscht und vagen Verdächtigungen den Charakter handfester Beschuldigungen verleiht. (Hat jemand beispielsweise seinen Nachbarn wegen einer Straftat angezeigt, so versucht dieser, dem Anzeigenden auch „etwas anzuhängen".) Häufiger als frei erfundene Belastungen sind aber auch hier übertreibende Anschuldigungen, wie man sie in großer Anzahl beispielsweise in Sorgerechtsverfahren bei beiden Parteien findet.

Falschbezichtigungen aus Rache speziell in Form von Übertreibungen kommen schon bei jugendlichen Zeugen vor. In seltenen Fällen müssen jugendliche Zeugen Erwachsenen als Werkzeug dienen. In einem uns bekannten Fall, in dem eine jugendliche Zeugin in einem Strafverfahren eine völlig falsche Belastung aussprach, war ihr Stiefvater Urheber der Falschaussage gewesen, zu der er seine Stieftochter unter Anwendung stärkster Druckmittel gebracht hatte. Es ging *um seine* Rache an einem von ihm gehaßten Dritten. Die Stieftochter war nur sein Werkzeug, wie in einem Wiederaufnahmeverfahren geklärt werden konnte.

Häufiger wird allerdings zu *Unrecht* ein Rachemotiv vermutet. *Es kommt nämlich gar nicht selten bei Anlässen zur Erstaussage und Anzeigeerstattung, die bei oberflächlicher Betrachtung durchaus ein Rachemotiv für eine Falschaussage vermuten lassen können,* das tatsächlich aber nicht gegeben ist: Bei Auseinandersetzungen unter Nachbarn oder Familienangehörigen werfen Beteiligte plötzlich dem Gegner Delikte vor, von denen vorher nie die Rede gewesen ist, deren Strafverfolgung zumindest außer Diskussion stand. Ein Streit gibt aber vielfach nur den *letzten Anstoß* zur Mitteilung von Vorgängen, die schon längst hätten ausgesprochen werden sollen, wenn nicht aus irgendeinem Grunde wohlwollende Zurückhaltungstendenzen und damit Hemmungen bestanden hätten. *Strafanzeigen innerhalb einer Verwandtschaft, denen Tatsachen zugrundeliegen, werden fast immer erst in einer Streitsituation erstattet.* Diese „bringt das Faß zum Überlaufen"; erst die Streitsituation hebt die natürlichen Hemmungen auf, einen Verwandten zur Anzeige zu bringen. Klassische Beispiele dafür bieten viele glaubwürdige Aussagen bei Inzestverdacht. Ebenso ist es häufig auch in anderen Fällen, in denen ein Autoritätsverhältnis zwischen Zeugen (Geschädigten) und Täter besteht, z. B. das schon früher erwähnte Ausbildungsverhältnis, das den Zeugen lange Zeit von der Aussage zurückhält.

Man erkennt die wirklichen Gründe der Aussage in solchen Fällen manchmal an dem *Mißverhältnis* zwischen der vorgebrachten Beschuldigung und dem äußeren Anlaß: eine kleine Entzweiung oder Verstimmung kann sehr schwerwiegende Beschuldigungen zutage fördern. Auch differenzierte Berichte des Zeugen und seiner Familienangehörigen über die *Aussageentstehung* lassen die wirklichen Verhältnisse oft erkennen.

c) Sexuelles Wunschdenken

Ehe man annehmen darf, daß Kinder und Jugendliche aus *sexuellem Wunschdenken* heraus Aussagen über angebliche Sexualdelikte machen, muß u. a. geprüft werden, ob die Aussagen ihrem Inhalt nach in der Richtung der entsprechenden Wunschvorstellungen liegen, die dieser Altersstufe und dem Zeugen selbst angemessen sind. Z. B ist es unwahrscheinlich, daß Kleinkinder Wunschvorstellungen hegen, die exhibierendes Verhalten zum Inhalt haben. *Oral-koitale* Sexualhandlungen werden im allgemeinen von Kindern und jungen Mädchen nicht gewünscht, sondern nur widerwillig geduldet. (Mit Ausnahmen muß man allerdings rechnen!) Auch die sexuelle Beziehung zu einem an der Grenze der Senilität stehenden Partner entspricht keinesfalls den Wunschträumen pubertierender Mädchen. Selbst der Einfluß stark geschlechtsbetonter Bild- und sonstiger Kommunikationsinhalte steigert nach Müller-Luckmann (1963) und anderen Autoren die sexuelle Wunsch- und Erwartungshaltung bei jungen Mädchen nur in diffuser, die Zeugeneignung nicht wesentlich berührender Weise. (Auch unsere systematischen Beobachtungen zur Auswirkung der in neuerer Zeit weitverbreiteten Pornomedien brachten Ergebnisse in dieser Richtung.) Bedeutung hat die gesteigerte Erwartungshaltung jedoch für die Bewertung von Aussagen, die über *Grenzfälle* sexueller Belästigungen berichten: z. B. über körperliche Berührungen, die möglicherweise nur Zufallscharakter hatten, aber von den Betroffenen als sexuelle Annäherung gewertet worden sind.

Eine Art von Sexualisierungstendenz finden wir mitunter auch bei Kindern aus ungünstigem Milieu oder bei frühreifen Kindern, die mancherlei sexuellen Eindrücken ausgesetzt sind und deren Aufmerksamkeit früh und einseitig auf alle Phänomene dieses Lebensbereiches gerichtet ist. Gerade hier werden beispielsweise Zufallsberührungen im Sinne sexueller Delikte falsch interpretiert.

Ebenso können verstärkte *Warnungen* der Eltern vor Sexualdelikten zu Erwartungsvorstellungen bei den Kindern führen, die sie neutrale Vorgänge sexuell gefärbt erleben lassen. (Wir beobachteten diese Auswirkung einer „Sexualisierungstendenz" mehrfach bei Zeugen in Verfahren, in denen der Verdacht exhibierenden Verhaltens entstanden war.)

d) Not und Verlegenheit

Viele Falschaussagen in Strafsachen gehen darauf zurück, daß aus *Not* oder *Verlegenheit* fälschlich etwas abgestritten wird, was tatsächlich vom Zeugen beobachtet worden ist. Zeuginnen jugendlichen Alters beispielsweise, denen eine Heimeinweisung droht, machen, um diese zu vermeiden, falsche Angaben; Zeugen, welche die Verurteilung eines ihnen nahestehenden Verwandten befürchten, widerrufen ihre früheren belastenden Aussagen. Manche Zeugen schwächen unberechtigt ihre früheren belastenden Aussagen ab, weil sie für sich selbst Schwierigkeiten mit Nachbarn, Arbeitskollegen usw. befürchten oder auch nur, weil sie die Beschwerlichkeit der Teilnahme an einer Gerichtsverhandlung befürchten.

Für Jugendliche, die sich häufiger als Erwachsene in Abhängigkeit bezüglich des außerberuflichen Lebens fühlen, ergeben sich Falschaussagemotive aus dem Bestreben, eigenes Verschulden und unkorrektes Handeln abzuschwächen, wobei es zur unberechtigten Mehrbelastung anderer Personen kommen kann.

e) Hilfsbereitschaft

Ein häufiges Motiv, das vor allem in *Gruppen* von Zeugenfalschaussagen auftritt, ist die *Hilfsbereitschaft,* die sich aus kameradschaftlichem Zusammenhalt entwickelt. Peters (1970) zitiert eine Untersuchung von Teichmann, in der festgestellt wurde, daß von 38 Meineiden in Strafsachen 27 der Entlastung des Täters dienten. Hier werden meistens Wahrnehmungen fälschlich bestritten. Es wird diesbezüglich Vergeßlichkeit vorgeschoben.

f) Nicht nur eigene Motive

Nicht nur eigene Motive können zur unglaubwürdigen Aussage eines Zeugen führen, sondern auch der Einfluß anderer Personen, die jemanden, der beispielsweise von ihnen abhängig ist, zu einer Falschaussage veranlassen. Der Inhalt der Aussage wird dem Zeugen dann in vielen Fällen in mehr oder minder ausgeprägter Weise „eingeredet". Hier liegt aber eine schwierige Aufgabe für den „Suggestor", die – wenn es sich nicht um sehr kurze Bekundungen handelt – selten so gelingt, daß die Unglaubwürdigkeit nicht erkennbar wird. Die vermittelten Formulierungen entsprechen oft nicht der Mentalität des Zeugen. In der Regel schließt sich das Zustandekommen einer guten Aussagekonstanz durch Eindrillen schon deshalb aus, weil die meisten Zeugen ein schwaches Gedächtnis für verbal Übermitteltes haben. Sehr häufig spricht auch die besondere Art der Umwelt des Zeugen gegen den Erfolg eines solchen Vorhabens, denn in ihr müßten sich unsachlich am Verfahrensausgang interessierte, skrupellos aktive und didaktisch geschickte „Suggestoren" befinden, die für ein „Eindrillen" in Frage kämen. Tatsächlich wird von Personen, die in Vernehmungen nicht geübt sind, gewöhnlich nur ein sehr dürres Gerüst der fraglichen Aussage erörtert, und selbst, wenn eine frühere Aussage vor der Vernehmung aufgefrischt werden soll, denkt der „Auffrischende" in der Regel nicht an die zahlreichen Gegebenheiten, nach denen in einer fachgerechten Vernehmung gefragt wird.

Es werden immer Fälle übrig bleiben, in denen beim Zeugen keine eindeutigen Zuordnungen von Aussagen und Interessen o. ä. zu gewinnen sind, die Objektivität der Aussage also nicht eindeutig aus dem Motivstudium zu klären ist. In diesen Fällen kann die Aussagepsychologie dann, wenn die Aussagen für eine Begutachtung zur Verfügung stehen, eine Zuordnung zu den *Fähigkeiten* und zum Kenntnisstand des Zeugen vornehmen, die über lange Zeit gleichmäßiger ausgeprägt bleiben als Interessen und als andere nichtintellektuelle Eigenarten. Dadurch lassen sich dann andere Glaubwürdigkeitsmerkmale herausarbeiten. Dies geschieht in Strafverfahren im Rahmen psychologischer Glaubwürdigkeitsüberprüfungen beispielsweise, wenn Zeugen Opfer eines Deliktes geworden sein wollen und die Erstaussage in einer Streitsituation entstanden ist, so daß eine besonders ungünstige Motivkonstellation denkbar ist. In solchen Fällen lautet die Frage – wie wir schon an anderer Stelle mehrfach angeführt haben –: Wäre der Zeuge seinen *Fähigkeiten* und Kenntnissen nach in der Lage, die vorliegende Aussage als Falschaussage vorzubringen, oder muß er sich in jedem Fall auf ein tatsächliches Erlebnis stützen?

Die Objektivität einer Aussage ist bei Kindern leichter zu erfassen als bei Erwachsenen, die sich im allgemeinen weniger unbefangen äußern. *In jedem Fall kann auch die Objektivität einer Aussage nur im Zusammenhang mit anderen Glaubwürdigkeitsmerkmalen ihren vollen Beweiswert erhalten.* Fehldeutungen der Motivation, die dadurch ausgeglichen werden können, sind zwar selten, wenn man sich auf die hier ausgeführten Erkundungsmöglichkeiten beschränkt – man wird sie aber nicht völlig ausschließen können. In erster Linie wird man Realitätskriterien aus dem Aussage*inhalt* zusätzlich zum Glaubwürdigkeitsmerkmal der Objektivität heranziehen.

D. Die Glaubwürdigkeit der Aussagen von Zeugengruppen

Wenn mehrere Zeugen, die wegen gleichzeitiger Beobachtung eines Geschehens und vielleicht zusätzlich wegen ihrer Ausbildung, ihrer Berufstätigkeit, ihrer Verwandtschaft oder infolge anderer Gemeinsamkeiten zu einer Gruppe gehören, Aussagen machen, so können sich Glaubwürdigkeitsmerkmale manifestieren, die beim einzelnen Zeugen nicht auftreten.

1. Wechselseitige Verzahnung

An erster Stelle sind die verschiedenen Arten der *Verzahnung von Zeugenbekundungen* zu nennen, die hier die entscheidenden Aussageeigenarten bilden. *Gemeint ist damit, daß Aussagen eines Mitgliedes der Zeugengruppe durch Aussagen eines anderen ergänzt werden,* die beispielsweise auf Beobachtungen von einem anderen Standpunkt aus zurückgehen (Trankell – 1972 – spricht deshalb von „perspektivischer Verfugung"), oder sie können auf Beobachtungen in verschiedenen Phasen des Geschehens oder auf verschiedene Auffassungsfähigkeiten der Zeugen zurückgehen. Die Aussagen dieser Zeugen greifen also ineinander.

Steigerungsformen der Verzahnung, die sie zum Glaubwürdigkeitsmerkmal werden lassen, liegen vor, wenn die Aussagen in einer größeren Anzahl von Bekundungen verzahnt sind und dann, wenn die Zeugen vor der Befragung keinerlei kommunikative Verbindung miteinander gehabt haben. Die Verzahnung als Aussageeigenart gewinnt vor allem auch die Qualität eines Glaubwürdigkeitsmerkmals, wenn die *wechselseitige Verzahnung der Aussagen* bei Vernehmungen von *mehreren* Zeugen zum gleichen Vorgang *graduell* vor sich geht und die Zeugen die betreffenden Angaben vorher nie vorgebracht haben. Man hat sich diesen Vorgang beispielsweise folgendermaßen vorzustellen: Zwei Zeugen werden getrennt zum gleichen gemeinsam erlebten Vorgang befragt. Einer von ihnen macht lückenhafte Aussagen, die er (vielleicht aufgrund von Beobachtungs- oder Erinnerungsmängeln) nicht ohne weiteres vervollständigen kann. Der Vernehmende bringt beim zweiten Zeugen die betreffenden Punkte zur Sprache, und dieser kann die Angaben des ersten Zeugen dort ergänzen, wo sie unvollständig sind. Seine Angaben wiederum werden in denselben Punkten fortschreitend von weiteren Präzisierungen des ersten Zeugen ergänzt usw. Diese graduelle Ergänzung in gegenseitiger Verzahnung ist, besonders, wenn sie sich jeweils sicher und prompt ergibt, ein besonders beweiskräftiges Glaubwürdigkeitsmerkmal der Aussage. Der erst nach und nach von zwei Aussagepartnern, die zwischendurch keine Kommunikationsmöglichkeit hatten, erfolgende Ausbau des Aussagematerials macht nämlich die Abstimmung von Aussagestellen unmöglich. Da die Aussageteile beider zueinander passen, ist nur infolge der gemeinsamen echten Erlebnisgrundlage der Aussagen möglich.

2. Multilaterales Motivationskriterium

Zu den Glaubwürdigkeitsmerkmalen einer Gruppenaussage rechnen wir auch das *„bilaterale"* oder *„multilaterale Motivationskriterium"*, wie wir es bezeichnen wollen (nicht zu verwechseln mit dem „bilateralen Emotionskriterium" nach Trankell – 1972). *Wir schreiben dieses Merkmal einer Aussage zu, die übereinstimmend von mehreren Personen mit völlig verschiedener Motivation gemacht wird* – in Strafverfahren beispielsweise von einem Zeugen, der den Beschuldigten schützen will, und gleichzeitig von einem Zeugen, der dem Gericht bei Aufklärung einer Angelegenheit helfen will (selbstverständlich auch von einem Angeklagten und einem Belastungszeugen) – oder in zivilrechtlichen Verfahren von Prozeßparteien, die entgegengesetzte Interessen haben. Je stärker und gegensätzlicher die Interessen der aussagenden Personen sind, die übereinstimmende Aussagen machen, eine umso höhere Qualität als Glaubwürdigkeitsmerkmal erhält die hier aufgezeigte Aussageeigenart.

3. Gruppenaussagen gegen Lehrer und Heimerzieher

Einige *Besonderheiten der Gruppenaussagen* von Zeugen konnten in *Strafverfahren gegen Lehrer und Heimerzieher* geradezu modellmäßig herausgearbeitet werden. Wir wollen sie hier deshalb ausführlicher darstellen; eine Anzahl ihrer Besonderheiten gilt auch für andere Zeugengruppen. Die Besprechung dieser Gruppenaussagen gibt uns gleichzeitig Gelegenheit, auf die Situation des Zeugen einzugehen, der als Mitglied einer Gruppen von Zeugen Aussagen gegen jemand macht, von dem er in gewisser Beziehung *abhängig* ist.

Wir stützen uns hier auf das ausgewertete Material, das sich in 189 Strafverfahren gegen Lehrer bot, in denen das Bochumer Institut für Gerichtspsychologie Schülerinnen und Schüler zu begutachten hatte. (Den Beschuldigten wurden fast ausschließlich Sexualdelikte vorgeworfen. Einige wenige Fälle von Körperverletzung waren Gegenstand der übrigen Verfahren. Es wurden Hausbesuche in der elterlichen Wohnung aller Schüler gemacht, um die Milieueinflüsse mitzuerfassen, die Schüler selbst wurden exploriert und in vielen Fällen auch Auskünfte der Schulleitung einbezogen.)

Es war zunächst beabsichtigt, noch weitere Fälle heranzuziehen, in denen keine Begutachtung durch Mitglieder des Institutes erfolgt war und nur die *Akten* nach abgeschlossenem Verfahren zur Verfügung standen. Die Verwertung dieses Materials erwies sich aber als unmöglich, denn gerade von den Besonderheiten, die sich bei Aussagen von Schülern gegen Lehrer ergeben, erscheint nur ein kleiner Teil in den Akten – selbst wenn darin psychologische Gutachten enthalten sind. Für die wissenschaftliche Seite der Glaubwürdigkeitsbeurteilung genügt der Inhalt der Akten keineswegs. So wurde auf bloßes Aktenstudium als Grundlage für die Erforschung von Schüleraussagen gegen Lehrer verzichtet.

a) Zuverlässigkeit der Aussagen von Gruppen junger Zeugen

Insgesamt ergab sich aufgrund unseres Materials, daß hier *der Prozentsatz derjenigen Aussagen, die vom aussagepsychologischen Standpunkt aus als „nicht genügend zuverlässig" bezeichnet werden müssen, um ungefähr 10% höher als in anderen Fällen bei Zeugen der gleichen Altersstufe ist* – dementsprechend ist die Zahl der eindeutig glaubhaften Aussagen geringer. Der Anteil der eindeutig unglaubwürdigen Aussagen ist dagegen ebenso groß wie in anderen Verfahren, in denen Kinder und Jugendliche als Zeugen auf die Glaubwürdigkeit ihrer Aussagen begutachtet werden.

Aussagen, die von einer Gruppe von mehr als drei Zeugen gemacht wurden, waren zwar nie völlig unfundiert, aber mehrfach fand sich in der Gruppe ein Zeuge, der sich mit einer falschen Aussage „angehängt", also keine eigenen Erlebnisse der von ihm bekundeten Art gehabt hatte.

Eine völlig andere Situation kann bei *Erwachsenen* gegeben sein, worauf Bender (1981) mit Recht hinweist: Dort kommt es nicht selten zu Aussagen einer Gruppe von Zeugen, von denen kein einziger eine wahrheitsgemäße Bekundung macht – beispielsweise, wenn es um Alibiaussagen zugunsten eines Beschuldigten geht.

Dagegen haben wir auch bei Gruppen von Mädchen, die sich in der *Pubertät* befanden, nicht feststellen können, daß *alle* Zeuginnen falsche Aussagen gemacht hatten. (Wohl aber machten in vier von unseren Fällen alle Angehörigen einer *Zweier- oder Dreiergruppe* „nicht genügend zuverlässige" Aussagen.)

Man darf bei aller Vorsicht daraus schließen, daß ein Falschaussagekomplott einer größeren Gruppe jüngerer Zeugen gegen einen Erzieher zumindest sehr selten ist – daß es völlig ausgeschlossen ist, darf man in Anbetracht des bisherigen Zahlenmaterials noch nicht zu sagen wagen. Aber selbst wenn die *Bereitschaft* zu einem Komplott da wäre, würde es einer größeren Gruppe wohl an den *Fähigkeiten* fehlen, ein verabredetes Aussagekomplott auch im Rahmen einer Begutachtung noch erfolgreich zu organisieren.

Für die oft vermutete „Massensuggestion", bei der ein Schüler mehrere Mitschüler beeinflußt oder mehrere Schüler sich durch gegenseitige Beeinflussung in falsche Angaben hineinsteigern, ohne daß ihnen die Unrichtigkeit ihrer Angaben bewußt ist („Gruppeninfektion"), fanden wir keine Anhaltspunkte. In fast allen Fällen zeigte sich überdies, daß die Schüler als Mitglieder einer größeren Gruppe kaum etwas Genaueres von den Aussagen der anderen Gruppenangehörigen wußten. Da es sich hauptsächlich um Aussagen bei Verdacht auf Sexualdelikte handelte, mögen schambedingte Hemmungen dafür verantwortlich gewesen sein.

b) Motive, die in Schülergruppen zu Falschaussagen führen

Falschaussagen gegen Lehrer werden aus Situationen motiviert, in denen zum Teil gruppenpsychologisch bedeutende Momente eine Rolle spielen. In unserem eingangs erwähnten Material treten folgende Motivationen auf:

Aus *Geltungsbedürfnis* hingen sich Schülerinnen mit einer falschen Aussage an die glaubwürdigen Aussagen von Mitschülerinnen an, wie schon an anderer Stelle erwähnt. Sie wollten offenbar nicht die einzigen sein, die nichts von der Art erlebt hatten, wie es die anderen berichteten. In einem Fall wollte eine Schülerin zum mindesten ein derartiges Erlebnis einer Mitschülerin *beobachtet* haben. Sie berichtete, durch das Schlüsselloch des Schulbüros beobachtet zu haben, wie ihr Klassenlehrer unter das Kleid einer Mitschülerin gefaßt und das Mädchen geküßt habe. Bei einer psychologischen Exploration mußte sie zugeben, den fraglichen Vorgang nur von einem anderen Mädchen geschildert bekommen zu haben. Eine andere Schülerin hatte von zwei Schulfreundinnen gehört, daß der Klassenlehrer im Lehrerzimmer ihr Geschlechtsteil berührt habe. Sie berichtete danach das gleiche von sich selbst, verlegte den Vorfall aber in ein Kartenzimmer. Auch sie nahm einen Widerruf vor, der glaubwürdig wirkte. („Ich dachte nicht, daß das zur Polizei käme. Und dann mochte ich nicht gleich sagen, daß ich geschwindelt hatte.")

Eine Schülerin war von ihrem Sportlehrer beim Turnen hochgehoben worden und beschrieb in diesem Zusammenhang eine sexuelle Berührung – fälschlich, wie sie später zugab. Sie hatte ihre Aussage gemacht, nachdem drei Mitschülerinnen in Gesprächen auf dem Schulhof berichtet hatten, der Lehrer habe bei ihnen in die Turnhose gefaßt und ihr Geschlechtsteil berührt.

Offenbar ebenfalls aus Geltungsbedürfnis behauptete eine Schülerin, mehrmals in sexueller Weise vom Lehrer während des Musikunterrichts berührt worden zu sein. Zwei ihrer Klassenkameradinnen hatten berichtet, daß sie derartiges erlebt hätten – wie der beschuldigte Lehrer in seinem Geständnis auch zugab. Nachdem die Zeugin bei der psychologischen Exploration in ihrer Aussage recht unsicher geworden war, berichtigte sie sich mit der Erklärung: „Ich hatte gedacht, er *würde* das bei mir *auch* tun."

Hier liegt nach unseren Feststellungen einer der wenigen gruppenpsychologisch *bedeutsamen* Vorgänge in der Entstehung einer falschen Zeugenaussage: *Ein Mitglied einer Gruppe schließt sich aus Geltungsbedürfnis anderen Mitgliedern derselben Gruppe, die glaubwürdige Aussagen über ein Geschehen machen, mit einer Falschaussage an, um nicht hinter ihnen zurückzustehen.*

Eine *direkte* und ausgesprochene Beeinflussung durch Gruppenmitglieder, die *glaubwürdige* Aussagen machen, erfolgte dagegen nach unseren bisherigen Feststellungen nicht – ist also wohl sehr selten.

Eine weitere Motivsituation konnten wir in zwei Fällen feststellen: Schülerinnen hatten von sexuellen Erlebnissen gehört, die Mitschülerinnen mit einem Lehrer gehabt haben wollten. Sie vermuteten aus eigenen Beobachtungen heraus, daß noch weitere Mädchen daran beteiligt waren. Aus *Neugier* machten sie sich nun an diese heran und erzählten ihnen das von anderen Gehörte als eigenes Erlebnis, um damit aus diesen Mädchen herauszulocken, ob sie auch ähnliche Erlebnisse mit dem Lehrer gehabt hätten. Diese Bemühungen waren erfolglos, aber die Mädchen, denen auf diese Weise interessante Mitteilungen entlockt werden sollten, berichteten ihrerseits ihren Eltern, was die (aushorchenden) Mädchen ihnen als eigenes Erlebnis geschildert hatten. Die Eltern erstatteten daraufhin entsprechende Anzeigen. Bei der polizeilichen Vernehmung sahen sich die Mädchen, die mit bestimmter Absicht Erlebnisse vorgetäuscht hatten, nun bereits in solchem Maße auf ihre Aussage festgelegt, daß sie nicht den Mut hatten, davon abzurücken – dazu waren sie erst in einer späteren Phase des Verfahrens bereit, als sie im Rahmen einer Glaubwürdigkeitsbegutachtung exploriert wurden.

c) Elterneinflüsse und Kommunikationsauswirkungen

Nachdem wir festgestellt haben, daß die Zahl der eindeutig unglaubwürdigen Zeugenaussagen in Verfahren gegen Lehrer offenbar ebenso groß ist wie in anderen Verfahren, in denen Kinder als Zeugen auftreten (also auch nicht größer!) und dargelegt haben, welche Motive für Falschbezichtigungen bisher hauptsächlich festgestellt werden konnten, wollen wir uns der Frage zuwenden: Worin ist es begründet, daß die Zahl der Zeugenaussagen, die „nicht genügend zuverlässig", also forensisch nicht brauchbar sind, in solchen Verfahren größer ist als in anderen Strafverfahren?

Wir müssen diese Erscheinung auf die unsachliche Auswirkung von *Parteibildungen* zurückführen, zu denen es *nach* der Erstaussage eines Schülers gegen einen Lehrer sehr häufig kommt. Wir haben allerdings immer nur Parteienbildungen *zugunsten* des Lehrers feststellen können – eine Parteibildung gegen den Lehrer soll damit nicht für ausgeschlossen erklärt werden, sie scheint aber zum mindesten sehr selten zu sein. (Eine Auswirkung von Parteienbildung liegt auch bei Erwachsenen häufig vor – daß sie sich auch gegen jemanden, der belastet wird, richtet, muß hier aber häufiger angenommen werden.)

Eltern sind im ersten Augenblick zwar entrüstet über einen Lehrer, den ihr Kind belastet. Nach einiger Überlegung ändern viele Eltern aber ihre Einstellung und ergreifen – zum mindesten äußerlich – die Partei des Lehrers. Hinter dieser Haltung steckt ein Bündel von Motiven. Die Eltern mögen einmal mehr oder weniger bewußt wünschen, daß ihr Kind den Lehrer nicht verliert. Die beschuldigten Lehrer sind meist besonders geschätzte Pädagogen. (Das erotische Moment, das Mitursache jeder wiederholten sexuellen Betätigung mit Kindern sein dürfte, führt vermutlich dazu, daß von dem betroffenen Lehrer beträchtliche Energie und erhebliches Interesse für den pädagogischen Bereich aufgebracht werden. Mitunter werden in jüngerer Zeit, wie Wegener (1978) berichtet, die inkriminierten Berührungen sogar vom Beschuldigten als Teil einer „Streichelpädagogik" verstanden, die ausdrücklich auf das psychische Wohl der Kinder abzielen soll, gleichwohl aber nach den Überlegungen des obengenannten Autors als schädlich anzusehen ist.) Sexuelles Fehlverhalten tritt im äußeren Verhaltensbild oft auch völlig isoliert auf und geht selten mit anderem „Fehlverhalten" einher. Man traut einem Lehrer deshalb die geschilderten Handlungen nicht zu. Die Eltern mögen an zahlreiche Lügen des eigenen Kindes denken und an seiner Zuverlässigkeit zweifeln. Das Kind selbst aber wagt den affektgefärbt und voreingenommen fragenden Eltern später oft nichts mehr von den Belastungen zu sagen und bestärkt sie dadurch in der Meinung, es sei nichts Strafbares geschehen. Die Eltern mögen auch an die Zeugnisnoten denken und fürchten weiterhin, sich auch bei anderen Lehrern und evtl. bei der Schulleitung unbeliebt zu machen. (Die Abhängigkeit vom Beschuldigten ist ein besonderes gruppenpsychologisches Moment, das in Aussagen erwachsener Zeugen ebenfalls eine Rolle spielt.) Zudem fühlen sie sich mit einer Aussage gegen einen Lehrer stärker ins Scheinwerferlicht der Öffentlichkeit gestellt. Sie sehen die Empörung all der Schüler, Eltern, ja in kleinen Ortschaften großer Bevölkerungsteile voraus, welche die vom Kind ausgesprochene Beschuldigung für eine „unerhörte Falschbelastung" halten. In kleineren Orten kommt es nicht selten dazu, daß Zeugen, die gegen den Lehrer aussagen, und Erwachsene, welche die Anzeige erstattet haben, von der Mehrzahl der Informierten eine viel schärfere Ablehnung erfahren als der Beschuldigte – selbst dann, wenn die Beschuldigungen für berechtigt gehalten werden.

Andererseits mag das Prestige der Familie vor Augen stehen, dessen Beeinträchtigung sie fürchten, wenn geglaubt wird, daß ihr Kind „etwas mit dem Lehrer gehabt" habe. Hinzukommen in manchen Fällen parteipolitische und konfessionelle Überlegungen, wenn vom Lehrer eine entsprechende Aktivität bekannt ist und die Eltern mit derselben sympathisieren. *Insgesamt scheint für Eltern durch eine von ihrem Kind ausgesprochene Belastung des Lehrers eine ungewöhnlich „heikle" Situation heraufbeschworen zu werden, die sie am liebsten irgendwie aus der Welt schaffen möchten.*

Es kommt jedenfalls zu vielfältiger Einwirkung auf die Aussage des Schülers – und zwar in den geschilderten Situationen im Sinne eines Widerrufs, eines Zurücksteckens oder einer Umdeutung der Aussage. Bei weiteren Befragungen zur Sache kann der Zeuge das neue Konzept seiner Aussage aber oft nicht durchhalten, es kommt zu Unklarheiten und offensichtlichen Widersprüchen. Die Aussage bleibt auch in der neuen, reduzierten Form oder in dem ausgesprochenen Widerruf der Belastung nicht konstant – als Auswirkung von Konflikten, in die der Zeuge kommt, da er bei der Vernehmung ja zur Wahrheit ermahnt wird.

Schon durch die sich ergebenden Schwankungen und Unklarheiten wird die Aussage in vielen Fällen für forensische Zwecke unbrauchbar. Das gilt besonders dann, wenn sie sich von vornherein nur auf wenig profiliertes, wenig „dramatisches" Geschehen, auf Vorgänge von kurzer Dauer und stereotyper Ablauffolge bezog. Dies ist, wie schon gesagt, bei derartigen Aussagen (Vorwürfen gegen Lehrer) meist der Fall, da die Beschränkungen der Schulräume, der körperliche Entwicklungsstand der Partnerinnen und wohl auch eigene ethische „Verhaltensbremsen" im allgemeinen einen Lehrer nicht leicht zu intensiven sexuellen Handlungen an Schülern kommen lassen.

Schließlich werden Aussagen, die Kinder gegen Lehrer machen, mehr zum „Ortsgespräch" als andere Aussagen, die nicht die Schule als öffentliche Einrichtung betreffen. Die Kinder werden von zahlreichen Personen gesprächsweise befragt und bekommen verschiedene Meinungen dazu zu hören. Es ist selbstverständlich, daß dadurch die Ursprünglichkeit und Unabhängigkeit der Aussage gefährdet werden.

Damit dürfte genügend erklärt sein, warum sich in Strafverfahren gegen Lehrer und andere Erzieher in späteren Verfahrensphasen weniger brauchbare, d. h. weniger *nachweisbar* glaubwürdige Aussagen ergeben als in anderen vergleichbaren Verfahren. Auch ursprünglich eindeutig glaubwürdige Aussagen verlieren im Verlauf des Verfahrens nicht selten ihren Beweiswert.

Weniger gravierend schienen uns in der Regel die Auswirkungen der *Aussagekommunikation der Zeugen untereinander,* obwohl man annehmen könnte, daß von dieser die größten Erschwerungen ausgehen würden. Tatsächlich besteht auch fast in allen Fällen eine solche Aussagekommunikation, und es ist darum notwendig, die Unabhängigkeit der Aussage untereinander in jedem Fall zu prüfen. Man ist jedoch erstaunt, in wie vielen Fällen sich die Unabhängigkeit der einzelnen Aussagen (erkennbar u. a. an Form und Inhalt der Aussage) sichern läßt. Wie schon erwähnt, wissen die Kinder trotz ihres Kontaktes untereinander und trotz allgemeiner Gespräche über die dem Lehrer gemachten Vorwürfe und das Verfahren meist nicht voneinander, was der andere jeweils konkret erlebt hat, und wenn ein solches Wissen besteht, so nimmt es relativ selten Einfluß auf die eigene Aussage. Ausnahmen bestätigen jedoch die Regel – wir wiesen bereits hin auf die „Anhänger" aus Geltungsstreben.

Die hier geschilderten Besonderheiten von Zeugengruppen, die gegen einen Lehrer aussagen, gelten auch für Aussagen, die jugendliche Zeugen über inkriminierte Handlungen von Heimerziehern machen.

(Über Gruppenaussagen aus Kindergärten gegen Erzieher liegen noch *keine* ausreichenden Erfahrungen vor, um einigermaßen Gesichertes sagen zu können. Dieses Problem ist erst in den letzten Jahren aufgetaucht.)

Aus vorstehenden Darlegungen geht hervor, daß sich bei Aussagen von Zeugengruppen einerseits mehr Fehlerquellen als bei Bekundungen vom Einzelzeugen ergeben können, daß sich andererseits aber zusätzliche Glaubwürdigkeitsmerkmale herausarbeiten lassen, die der Auswirkung von Fehlerquellen entgegenwirken.

E. Die unglaubwürdige Zeugenaussage

Wir haben in früheren Kapiteln, in denen die einzelnen Glaubwürdigkeitsmerkmale besprochen wurden, schon häufig die ihnen entgegenstehenden Eigenarten unglaubwürdiger Aussagen erwähnt. Im Interesse einer systematischen Darstellung erscheint es aber angebracht, das Erscheinungsbild unglaubwürdiger Aussagen an dieser Stelle kurz im Zusammenhang zu betrachten.

1. Fehlender Komplex von Glaubwürdigkeitsmerkmalen

Die Unglaubwürdigkeit einer Aussage manifestiert sich in erster Linie darin, daß der Zeugenaussage mehrere der besprochenen Glaubwürdigkeitsmerkmale fehlen.

In systematischen Untersuchungen von *gesichert* falschen Aussagen ergab sich eindeutig, daß *vor allem das Fehlen eines Komplexes, eines „Gefüges" bestimmter Glaubwürdigkeitsmerkmale charakteristisch* für eine unglaubwürdige Aussage ist. Je mehr Mangelerscheinungen der Detaillierung, der Präzisierbarkeit, der Homogenität und der Objektivität und je mehr bestimmte Konstanzmängel gleichzeitig festzustellen sind, umso sicherer ist eine Aussage unglaubwürdig.

In unglaubwürdigen Aussageteilen fanden wir nie drei Aussageeigenarten von der Qualifizierungsstufe (Steigerungsformen), die wir als erforderlich ansehen, um die Aussageeigenart als Glaubwürdigkeitsmerkmal ansehen zu können (s. Michaelis-Arntzen 1987).

Vielmehr weist die unglaubwürdige Aussage, wenn sie umfangreicher ist, ein spezielles Gepräge auf, das durch das gleichzeitige *Fehlen* mehrerer Glaubwürdigkeitsmerkmale charakterisiert ist. In *verschiedener* Zusammenstellung (nie treten alle Mängel gleichzeitig auf!) können folgende Mängel, die zusammenfassend noch einmal wiederholt seien, auftreten:

Die Aussage ist pauschal, allgemein gehalten und bleibt vage und verschwommen. Es fehlen Details, insbesondere fehlt eine Detaillierung, die bis in geringfügige Einzelheiten geht, es mangelt an Besonderheiten. Die Präzisierbarkeit ist sehr beschränkt, Ergänzungen gelingen nur in geringem Umfang, sie erfolgen erst nach längeren Überlegungspausen (der Zeuge fürchtet, sich in Widersprüche zu verwickeln), und fügen sich nicht homogen in bisherige Aussagen ein. Im ganzen hält der Falschaussagende seine Aussage möglichst kurz. Teile der Aussage sind inkonstant im Vergleich zu früheren Befragungen, *ohne* daß die Abweichungen und Ausfälle Gedächtnisgesetzmäßigkeiten entsprechen würden. Ist die Inkonstanz so erheblich, daß zahlreiche wesentliche Teile der Aussagen von früheren Angaben abweichen und sogar offenkundige *Widersprüche* festzustellen sind, dann ist die Aussage im Zusammenhang mit weiteren Mangelerscheinungen keineswegs zuverlässig. Gesteigerte Bedeutung hat die Inkonstanz, wenn sie sich in einer Aussage manifestiert, die nur geringen Umfang hat.

Die Inkonstanz ist besonders schwerwiegend, wenn eine Aussage *graduell,* nach und nach, modifiziert wird, nachdem der Zeuge aus skeptischen Fragen des Vernehmenden oder Einwänden einer belasteten Person erkannt hat, daß seine Aussage nicht überzeugend wirkt. Nicht selten wird die Aussage dann durch immer neue Ergänzungen geglättet, bis nach Auffassung des Zeugen keine Widersprüche mehr bestehen.

Häufig ist die Aussage nicht homogen, sie weist sachliche und psychologische Unstimmigkeiten auf. Selten werden Gespräche, die zu erwarten gewesen wären, angeführt. Bender (1981) weist auf eine typische Situation in zivilrechtlichen Verfahren hin: „Immer dort, wo auf eine (für den Gegner) rechtsverkürzende Antwort hin lediglich dessen kommentarlose abstrakte Einwilligung behauptet wird, und dort, wo auf eine rechtsrelevante Mitteilung hin die kommentarlose Entgegennahme behauptet wird, besteht der Verdacht, daß es sich um eine Lüge handelt."

Für unglaubwürdige Aussagen im forensischen Bereich ist eine extrem unfreie und verhaltene, gespannte Aussageweise häufiges Symptom, vor allem, wenn sich Wortkargheit, Gedrücktheit, Unbewegtheit im *Vergleich* zu Gesprächen zeigt, die sich auf neutrale Gegenstände beziehen, und bei denen dieses Verhalten nicht zu beobachten war.

Die fehlende *Objektivität* kommt beim falschaussagenden Zeugen besonders darin zum Ausdruck, daß er seine Akzente der Ent- oder Belastung einheitlich setzt – d. h. in Strafverfahren bei Belastung eine Schwarz-Weiß-Zeichnung zuungunsten des Beschuldigten vorbringt, bei Entlastung im Interesse des Beschuldigten einheitlich fast alles abstreitet, was über dessen Handeln vorgebracht wird, auch Einzelheiten, die ihn gar nicht belasten würden.

Um einen Eindruck von der „Häufigkeitshierarchie" der defizienten Merkmale einer Falschaussage zu geben, seien folgende Zahlen genannt, die Gutachter bei falschen Zeugenaussagen neben anderen Unzulänglichkeiten herausarbeiteten: Von 74 erwiesenen Falschaussagen zeigten 54 gravierende Konstanzmängel, 54 schwerwiegende Detaillierungsmängel und 65 unzulängliche Präzisierbarkeit. Neunzehnmal fanden sich Widersprüche zu den anderen Aussagen oder Fakten, 21mal handlungstechnische Unstimmigkeiten, 25mal psychologische Unstimmigkeiten (die Schilderung unsinnigen Verhaltens, Reagierens oder Sich-Äußerns der beteiligten Personen), 14mal sprachen faktische Reaktionen des angeblich betroffenen Zeugen im Anschluß an das angebliche Erlebnis gegen die Richtigkeit der Aussage – man könnte hier von einem extremen Mangel innerer und äußerer Homogenität sprechen – (s. Michaelis 1987).

2. Zum Problem direkter Symptome von Falschaussagen

Darüber hinaus direkte, „nicht defiziente" Symptome der Unglaubwürdigkeit zu nennen – also Aussageeigenarten, die nicht einfach Mängel der genannten Art darstellen –, macht bisher so große Schwierigkeiten, daß wir uns nicht in der Lage sehen, auch nur einige eindeutige „Lügensymptome" solcher Art darzustellen.

Es gibt zwar eine Reihe von „Lügensymptomen", die gelegentlich in der Literatur erwähnt werden. Es zeigte sich aber bei psychologischen Explorationsgesprächen, daß viele dieser Symptome keinerlei Bedeutung für die Klärung der Glaubwürdigkeitsfrage haben, weil sie sowohl bei Aussagen glaubwürdiger wie auch unglaubwürdiger Art auftreten. Hierzu gehören beispielsweise körperliche Phänomene: Nervöses Fingerspiel, Transpirieren und Erröten. Diese Phänomene treten auch bei glaubwürdigen Zeugen auf – beispielsweise wenn diese Verlegenheitsgefühle empfinden und gehemmt sind.

Auch andere Äußerungsweisen eines Zeugen, die gelegentlich als Symptome der Unglaubwürdigkeit angeführt werden, lassen keinen eindeutigen Bezug auf Glaubwürdigkeit oder Unglaubwürdigkeit seiner Aussagen zu. Beispielsweise kann die *Unklarheit* einer Aussage dafür sprechen, daß der Zeuge die Unwahrheit sagt (vgl. S. 68). Auf die Mehrdeutigkeit dieser Äußerungsweise weist aber schon Bender (1981) hin, der sie anführt und der sich mit dem Problem der „Lügensignale" befaßt hat, indem er betont, daß „unklare Ausdrucksweise und unklare Handlungsvorgänge mitunter auf mangelhafte Sprachkenntnisse" zurückzuführen sind.

Die *Verarmung* einer Aussage an Details im Laufe einer Befragung kann den Verdacht auf Lügen erwecken, kann aber auch auf die Ängstlichkeit eines Zeugen zurückgehen, aus der heraus dieser vermeiden will, mehr zu sagen, um sich nicht einer kritischen Erörterung auszusetzen, der er sich nicht gewachsen fühlt. Wir beobachteten sie manchmal, wenn Zeugen unberechtigte Skepsis entgegengebracht wurde. Erfolgt sie allerdings erst auf Vorhalt von Unmöglichkeiten, Widersprüchen, Unvereinbarkeit mit Feststellungen und Tatsachen usw. und bringt sie eine weitere *ersatzlose* Einschränkung der Aussage mit sich, dann darf man darin mit Bender (1981) wohl ein „Lügensignal" sehen.

Daß ein Zeuge immer wieder auf Nebenpunkte übergeht (*„Fluchttendenz"* nach Bender – 1981), kann ebenso auf das letztgenannte Motiv zurückgehen, aber auch auf intellektuelle Unfähigkeit, Wesentliches und Unwesentliches innerhalb einer Erörterung, die wenig Überlegungspausen läßt, zu unterscheiden. Ebenso kann der Zeuge dieses Verhalten zeigen, wenn ihm die Angelegenheit, über die er berichten soll, persönlich peinlich ist.

Gleichfalls spricht die *Bestimmtheit,* mit der eine Aussage vorgebracht wird, weder für Glaubwürdigkeit noch für Unglaubwürdigkeit der Aussage, wie wir schon an anderer Stelle sagten. Aus Strafverfahren ist bekannt, daß Zeugen oft mit großer Bestimmtheit etwas verneinen, was sie einige Zeit später bejahen. Andererseits kann sich aber auch der Zeuge, der sich der Richtigkeit seiner Aussage gewiß ist, mit großer Bestimmtheit äußern.

3. Motive für Falschaussagen

Motive für Falschaussagen entwickeln sich – worauf wir schon früher eingegangen sind – aus einem Zusammenwirken besonderer Situationen und allgemein-menschlicher Antriebe. Diese Antriebe brauchen bei dem betreffenden Zeugen nicht erheblich stärker als durchschnittlich ausgeprägt zu sein. Weniger als auf überdauernde *Persönlichkeitszüge* kommt es bei der Motivation zu Falschaussagen offenbar auf die jeweils bestehende *Situation* an, die von Fall zu Fall verschieden sein kann (Geltungsbedürfnis, Eifersucht, Angst, aber auch Hilfsbereitschaft kommen als Motive *in bestimmten Situationen* in Frage – worauf wir bei Erörterung der Objektivität einer Aussage und der Aussage von Zeugengruppen in den Kapiteln C VIII und D schon eingegangen sind).

Die Phantasie von Zeugen wirkt sich auf Falschaussagen aus: In unseren Untersuchungen verfügten ungefähr 60% der Zeugen, die eine umfangreichere Falschaussage vorbrachten, über Phantasiebegabungen, die wir als überdurchschnittlich einstuften. Die übrigen Zeugen übernahmen den Stoff ihrer Aussage aus anderen eigenen Erlebnissen, wechselten die Täterpersönlichkeit aus oder bejahten bei der polizeilichen Vernehmung viele inhaltliche Vorgabefragen. *Kurze* Falschaussagen wurden überwiegend von Zeugen mit weniger lebhafter Phantasie vorgebracht.

4. Zum Problem einzelner Lügen in Zeugenaussagen zur Sache

Welche Schlüsse kann man daraus ziehen, daß einem Zeugen eine einzelne Lüge in seiner Bekundung nachgewiesen wird?

Würde man das Sprichwort „Wer einmal lügt, dem glaubt man nicht" in der Aussagepsychologie anwenden, so würde man sehr vielen Zeugenaussagen die Zuverlässigkeit absprechen müssen. *Im allgemeinen zwingt zwar eine massive Lüge in der Sache selbst, die zur Erörterung steht, zu großer Skepsis gegenüber den übrigen Aussagen. Eine grundsätzliche Verallgemeinerung, daß auch in den übrigen Punkten gelogen wird, verbietet sich aber besonders dann, wenn die Lüge aus einer Not- oder Verlegenheitssituation entstanden ist und von daher psychologisch verständlich ist,* besonders wenn sie als sog. „Reflexlüge" (Geisler 1959) ohne Überlegen vorschnell ausgesprochen wird – etwa auch in Form „leerer Redensarten" oder der einfachen Verneinung von Gegebenheiten, die für den Zeugen peinlich sind.

Es gibt sogar Delikttypen, bei denen beim Opfer, das gleichzeitig als Zeuge auftritt, mit Verlegenheitslügen in vielen Fällen gerechnet werden muß: Häufig ist beispielsweise bei Vergewaltigungsdelikten eine Verfälschung der Darstellung der Einleitungsphase, weil die Zeuginnen das eigene Entgegenkommen, die Fahrlässigkeit oder Naivität, durch die sie das Zustandekommen einer heiklen Situation begünstigt haben, nicht einräumen mögen (Michaelis, Vergewaltigung, 1981). Oder: Zeugen, die als strafunmündige Personen bei einem Delikt mitgewirkt haben, machen falsche Angaben über den Grad ihrer Mitwirkung, weil sie andernfalls Bestrafung fürchten. Bei solchen Lügen darf man keinesfalls allzu rasch die Überprüfung der übrigen Aussagen aufgeben. In der Praxis wird man vielmehr festzustellen versuchen, ob genügend Glaubwürdigkeitsmerkmale für die Richtigkeit der übrigen Aussagen sprechen und wird dabei strengere Maßstäbe anlegen, mehr Merkmale verlangen, als dann, wenn einem Zeugen keinerlei Lügen im unmittelbaren Umfeld der zur Erörterung stehenden Aussage selbst nachzuweisen sind.

5. Der unglaubwürdige Widerruf einer Aussage

Eine radikale „Lüge in der Sache" stellt der *unglaubwürdige Widerruf einer Aussage* dar, der gewöhnlich von einem Zeugen aus Hilfsbereitschaft gegenüber Angehörigen und nahestehenden Personen oder aus Angst unter Druck von außen vorgenommen wird. In Strafverfahren konnten wir systematisch Aussagematerial auswerten, das sich ergeben hatte, wenn ein Zeuge vor und auch noch nach einer Strafanzeige Mitglied einer *Gruppe* von Personen, die er belastet hatte oder zu der auch der Belastete gehörte, gewesen war – sei es ein Familienverband, sei es eine Gruppe von Freunden oder eine Gruppe, in der wirtschaftliche Abhängigkeit voneinander bestand.

Einem Zeugen wird in dieser Situation oft erst nach Erstattung der Aussage bewußt, welche nachteiligen Folgen seine Aussage nicht nur für den Beschuldigten, sondern auch für ihn selbst haben kann: Vorwürfe der Verwandtschaft, Einbuße des Prestiges der gesamten Familie, Verschlechterung der wirtschaftlichen Situation, nicht selten sogar Notwendigkeit eines Wohnungswechsels. Einem Zeugen, der mit dem Beschuldigten verwandt ist, scheint eine bloße Aussageverweigerung, zu welcher er das Recht hätte, oft zu wenig effektiv, um seine früheren Beschuldigungen ungeschehen zu machen. Sie scheint dem Zeugen auch ein Schuldanerkenntnis zu sein; deshalb widerruft er seine früheren Angaben, um (nach seiner Auffassung) sicher zu sein, dadurch die Belastungen aus der Welt zu räumen.

Sehr oft kam es zu einem unglaubwürdigen Widerruf, nachdem eine Zeugin eine Anzeige wegen eines Inzestverhältnisses gegen den eigenen Vater oder gegen einen Bruder gemacht hatte. Ebenso fand sich der Falschwiderruf nicht selten, wenn in einer Gruppe von Delinquenten zunächst einer ‚abgesprungen' war und Aussagen über die Delikte gemacht hatte, die man gemeinsam verübt hatte. In einer späteren Phase wurde dann ein Widerruf vorgebracht, nachdem der Betreffende von seinen früheren Komplizen bedroht worden war.

Ähnlich war die Situation häufig bei Mädchen, die Anzeige gegen einen Mann wegen Zuhälterei gemacht hatten und dann einen Widerruf früherer Aussagen vornahmen.

Ein Aussagewiderruf, der in ähnlichen Situationen vorgenommen wird, sollte zunächst mit Skepsis aufgenommen werden und noch kein Anlaß sein, an der früheren Aussage des Zeugen zu zweifeln.

Der Beweis, daß die frühere belastende Aussage glaubwürdig ist, ist indessen in zahlreichen Fällen schwierig: wenn nämlich der Zeuge seine ursprüngliche Aussage nicht mehr zur Erörterung stellt, indem er beispielsweise fast völliges Vergessen behauptet, wie es nicht selten geschieht. In anderen Fällen verweigert der Zeuge vor Gericht seine Aussage, so daß die Vorbekundung, wenn sie nicht von anderer Seite in ausreichendem Umfang in die Verhandlung eingeführt werden kann, nicht mehr zur Verfügung steht.

6. Unbewußte Falschaussagen

Zur Frage, ob es in größerer Zahl *unbewußte Falschaussagen* gibt: Unbewußte Falschaussagen unterlaufen offenbar nur dann, wenn es um die Beobachtung von wenig komplexen Geschehnissen geht, die in kurzer Zeit abliefen und für den Zeugen Nebenumstände darstellten – insbesondere, wenn es sich um weit zurückliegende Beobachtungen handelt oder um die Beobachtung eines „Turbulenzgeschehens" (s. S. 34). Sind die beobachteten Vorgänge dem Zeugen gleichzeitig peinlich, so kann es bei solchen Beobachtungen offenbar auch zu „Verdrängungen" der Erinnerungen kommen (s. S. 67), die wir bei *eindrucksvollen* Beobachtungen *komplexer* Vorgänge für sehr unwahrscheinlich halten, nachdem sich bei psychologischen Explorationsgesprächen solche zunächst verdrängt erscheinenden Beobachtungen gewöhnlich doch noch reproduzieren ließen – ein Problem, das wir im Konstanzkapitel schon erörtert haben.

Die unbewußte Falschaussage in der Form, daß bloß vorgestellte komplexe Inhalte (etwa ein Überfall) nachträglich für real erlebt gehalten wurden, ist beim psychisch gesunden Menschen, der das Kleinkindalter hinter sich gelassen hat, unserer Erfahrung nach nicht anzutreffen.

7. Zur Glaubwürdigkeitsbeurteilung kurzer Aussagen

Die Unglaubwürdigkeit einer *kurzen Aussage* (und gewöhnlich werden Falschaussagen kurz gehalten) ist oft nicht leicht nachzuweisen. Das gilt besonders für falsche Alibiaussagen, die nur eine *Verneinung* zum Inhalt haben, wie beispielsweise: „Der Mann ist zu dieser Zeit nicht dort in dem Lokal gewesen, in dem ich war. Mehr kann ich darüber nicht sagen." Eine solche Aussage bietet keinen Ansatzpunkt für den Einsatz einer Aussageanalyse.

Abschließend sei noch erwähnt, daß die häufigste zweifelhafte Zeugenaussage diejenige Aussage ist, in der ein Teil richtig ist und ein anderer Teil der Realität nicht entspricht. Es stellt sich dann die Frage, ob die einzelnen Teile der Bekundung genügend umfangreich sind und genügend verschiedenartige Aussageeigenarten aufweisen, um glaubwürdige und unglaubwürdige Inhalte unterscheiden zu können.

F. Zeugenpersönlichkeit und Aussageglaubwürdigkeit

von E. Michaelis-Arntzen

Wie im Einführungskapitel schon ausgeführt wurde, wurde die *Persönlichkeit* des Zeugen im Laufe der Geschichte der Aussagepsychologie unterschiedlich gewertet.

In früheren Zeiten stützte sich die Aussagebeurteilung fast ausschließlich auf die Persönlichkeit des Zeugen. Galt dieselbe als labil und unzuverlässig, ethisch-moralisch nicht über alle Zweifel erhaben, waren dem Zeugen Lügen nachzuweisen oder galt er generell als schwachbegabt oder als phantasiereich, so wurde auch der Aussage im speziellen Fall keine Glaubhaftigkeit zugesprochen. Glaubwürdigkeitsgutachten beschränkten sich danach im wesentlichen auf die Darstellung der Persönlichkeit eines Zeugen, und der Rückschluß auf die Qualität der Aussage vollzog sich in negativer Richtung häufig genug nach dem Schema: „Taugt der Zeuge nicht, so taugt auch seine Aussage nicht!"

Es gibt aber zahlreiche Fälle, in denen Schlüsse dieser Art in negativer oder positiver Richtung nicht zulässig sind: Falschaussagen beispielsweise bei Vergewaltigungsverdacht werden oft gerade von Zeuginnen vorgebracht, die intelligent sind, charakterlich einwandfrei wirken und sehr behütet in gutem Milieu aufgewachsen sind. Das Prestigebewußtsein ihres Elternhauses bringt sie dazu, ihre eigene Einwilligung in einen Geschlechtsverkehr nicht zuzugeben, sondern ihn als erzwungen darzustellen. Umgekehrt werden von intellektuell unzulänglich ausgerüsteten Zeugen, die nur eine Schule für Lernbehinderte absolvieren konnten und in ungünstigem Milieu leben, in manchen Fällen sehr zuverlässige Aussagen gemacht. Ähnliche Beobachtungen haben wahrscheinlich dazu beigetragen, daß in späteren Zeiten die Persönlichkeit des Zeugen für die Aussagebeurteilung in den Hintergrund trat. Es setzte sich die Auffassung durch, daß auch ein Zeuge, der sich in vielen Fällen als unzuverlässig erwiesen hat, in einem bestimmten Fall die Wahrheit sagen kann – und umgekehrt.

Mitunter sind aus dieser Beobachtung aber nach unserer Auffassung zu weitgehende Konsequenzen gezogen worden. Sie lauteten: Da bei jeder Art von Zeugenpersönlichkeit sowohl richtige als auch falsche Aussagen denkbar sind, kann die Persönlichkeit des Zeugen für die Glaubwürdigkeitsbeurteilung praktisch außer acht gelassen werden, hat sich die Aufmerksamkeit allein auf die Aussage selbst zu konzentrieren, deren Beurteilungskriterien – lange wenig beachtet – nun an Bedeutung gewannen und weiterentwickelt wurden. Bezüglich der Persönlichkeit schien fast als einziges noch die Frage nach der „*Aussagetüchtigkeit*" von Bedeutung: ob der Zeuge imstande sei, genügend klar und differenziert zu beobachten, richtig zu erinnern und verständlich zu schildern. Diese Frage ist selbstverständlich auch heute noch von großer Bedeutung. Ist die Aussagetüchtigkeit nicht gegeben – wie es beispielsweise bei sehr jungen Kindern, bei sehr schwachbegabten erwachsenen Zeugen, aber auch aufgrund bestimmter Ausfälle und Besonderheiten bei anderen Personen der Fall sein kann – so bedarf es in der Regel keiner weiteren Persönlichkeitserforschung, da die Frage der Verwertbarkeit der Aussage dann verneint werden muß. Meist sind die Verhältnisse aber differenzierter: Die Aussagetüchtigkeit kann grundsätzlich oder doch für bestimmte Arten von Aussagen bejaht werden, und es geht nun nur darum, ob die spezielle, vorliegende Aussage glaubhaft ist oder nicht. Und hier liefert das individuelle Persönlichkeitsbild wichtige Hinweise, die herangezogen werden müssen.

Einige Aussagen weisen aber ein eindeutiges Gefüge solcher Glaubwürdigkeitsmerkmale auf, welche diese ausdrückliche Bezugnahme und damit die Erkundung bestimmter Persönlichkeitseigenarten des Zeugen im konkreten Fall überflüssig machen. Manche qualifizierten Formen der Präzisierungen oder der Konstanz können nämlich von *keinem* Zeugen ohne Erlebnisbasis geleistet werden, so daß sich eine eigene Erkundung seiner entsprechenden intellektuellen Fähigkeiten erübrigt. Das gilt besonders, wenn ein ganzer Komplex der hier bedeutsamen Aussageeigenarten festzustellen ist. *Zwar liegt grundsätzlich jedem Glaubwürdigkeitsmerkmal eine Persönlichkeitseigenart zugrunde, von der es seine Bedeutung ableitet; es ist aber nicht gegenüber jedem Zeugen notwendig, sie zu erforschen, weil es sich großenteils um allgemein gegebene menschliche Eigenarten handelt, deren Existenz man auch im Einzelfall sicher annehmen darf bzw. wird in Fällen begrenzter Erkundungsmöglichkeit dieser Mangel durch andere Merkmale, die gegeben sind, ausgeglichen.*

In anderen Fällen sind entsprechende Persönlichkeitseigenarten oder der Kenntnisstand im Gegenstandsgebiet der Aussage aus der Aussage selbst erkennbar – wie es beispielsweise auf phänomengebundene Aussagen zutrifft.

In die Aussagebewertung gehen dabei überwiegend Persönlichkeitszüge ein, die relativ konstant sind. Es erscheint unerläßlich, an dieser Stelle darauf hinzuweisen, daß in der forensischen Psychologie die oft zitierte *Dynamik der Persönlichkeit* nicht so verstanden werden darf, als ob gerade die Persönlichkeitseigenarten, die für die Aussagepsychologie eine Rolle spielen, ständig im Fluß seien und sich in kurzer Zeit unter äußeren Einflüssen veränderten, ebensowenig wie Persönlichkeitseigenarten als streng statisch angesehen werden dürfen. *Wie wir bei Personen, die im Abstand mehrerer Jahre wiederholt zu begutachten waren, bestätigt fanden, ist eine große Anzahl von Persönlichkeitseigenarten bei ein und demselben Men-*

schen recht stabil ausgeprägt, während nur ein kleinerer Teil, der in der Aussagepsychologie eine geringere Rolle spielt, sich verändert. Zu den sehr stabilen Eigenarten müssen wir aufgrund dieser vergleichenden Untersuchungen und anderer Erfahrungen unbedingt die zahlreichen intellektuellen Leistungseigenarten rechnen (vgl. Arntzen, Begabungspsychologie, 1976). Zu den fluktuierenden Eigenarten gehören dagegen beispielsweise Einstellungen und Interessen. Auch Aufrichtigkeit und Ehrlichkeit wird man wegen ihrer *Situationsabhängigkeit* nicht zu den hochgradig konstanten Faktoren rechnen.

Jeder, der in seinem Berufsleben über längere Zeit die gleichen Mitarbeiter hatte, wird aber die Stabilität vieler Persönlichkeitszüge, die sich teils beeinträchtigend, teils fördernd auf die Berufstätigkeit auswirken, bestätigt finden. Er wäre wohl wirklichkeitsfremd, diese Stabilität zahlreicher Eigenarten zu übersehen.

In der forensischen Aussagepsychologie geht es nun beispielsweise in der Strafjustiz fast immer nur um Zeiträume von einem halben bis zu einem Jahr zwischen polizeilicher Vernehmung und Gerichtsverhandlung, der eventuell noch eine psychologische Exploration vorausgegangen ist. Innerhalb dieser Zeitspannen ändern sich die begabungsmäßigen – sehr komplexen – Voraussetzungen von Zeugenbekundungen kaum.

Es ist nicht denkbar, daß etwa ein Zeuge, der – unter normalen psychologischen Bedingungen im Rahmen einer Glaubwürdigkeitsbegutachtung untersucht – eindeutig eine schwerfällige, magere Phantasieproduktion zeigt, zu einem früheren Termin ohne Erlebnisbasis imstande gewesen wäre, eine vorzügliche, reichhaltige, detaillierte, differenzierte, in ihren Teilen logisch richtig verbundene Aussage flüssig zu erdenken. Die Schwankungsbreite, die sich bei gegebener Phantasiebereitschaft aus nicht ausschaltbaren situativen, stimmungsmäßigen und anderen subjektiven Momenten ergibt, ist sehr viel kleiner, als gemeinhin angenommen wird, und fällt nur wenig ins Gewicht.

Ein weiterer großer Vorteil der gleichzeitig leistungsorientierten Glaubwürdigkeitsüberprüfung liegt in der *direkten* und *objektiven* Erfaßbarkeit der Leistungen in den Bereichen, auf die es hier ankommt. Sie brauchen nicht aus Hinweisen erschlossen zu werden, sondern man kann die hier relevanten Leistungen direkt produzieren lassen, sie mit den Aussagen desselben Zeugen vergleichen und ihre Ausprägung dabei sogar großenteils quantitativ erfassen. Motive beispielsweise sind – wie an anderer Stelle dargestellt – sehr viel schwieriger zu erfassen.

In den vorhergehenden Kapiteln über die einzelnen Aussageeigenarten haben wir jeweils schon ausgeführt, welche Persönlichkeitszüge zu den Aussageeigenarten in Beziehung gesetzt werden müssen, wenn man in schwierigen Fällen (in denen beispielsweise wenige Glaubwürdigkeitsmerkmale herauszuarbeiten sind oder Kinder als einzige Zeugen zur Verfügung stehen) über deren „Wertigkeit" entscheiden will. Wegen der großen Bedeutung, die wir dieser Beziehung zumessen, sei sie an einem

Beispiel noch einmal in Erinnerung gerufen: Der einfache Detailreichtum einer Aussage ist noch kein Glaubwürdigkeitsmerkmal. Läßt sich dagegen eindeutig feststellen, daß der Zeuge nur zu kärglichen Phantasieleistungen in der Lage ist, so wird der Reichtum an Einzelheiten in der Schilderung zum Glaubwürdigkeitsmerkmal.

Wir versuchen im folgenden, einen Überblick über die Persönlichkeitseigenarten zu geben, die (im konkreten Fall meist nur zu einem Teil) berücksichtigt werden müssen, wenn die Frage nach der Glaubwürdigkeit gestellt wird – wobei die praktische Bedeutung dieser Zusammenstellung, wie erwähnt, hauptsächlich für psychologische Begutachtungen gilt. Wir können uns hier kurz fassen, weil die Mehrzahl der Persönlichkeitseigenarten schon in anderem Zusammenhang in den vorhergehenden Kapiteln besprochen worden ist.

Vorweg muß die *Sinnestüchtigkeit* Beachtung finden. Schon mancher Zeuge hat eine angebliche Beobachtung berichtet, die er seinem Sehvermögen nach gar nicht hätte machen können. Die Frage an Brillenträger, ob sie bei der entscheidenden Beobachtung ihre Augengläser getragen haben, ist in vielen Fällen nicht unberechtigt. Stellt man durch Proben fest, daß ein Zeuge kurzsichtig oder schwerhörig ist, so muß man prüfen, ob sich diese Mängel auf die fragliche Beobachtungssituation ausgewirkt haben können. *Es kommt also auch auf die Wahrnehmungstüchtigkeit in der besonderen Situation der fraglichen Beobachtung an!* Bedeutsam erscheint weiterhin, ob der Zeuge nur „pauschal" beobachtet oder ob er auch zahlreiche Einzelheiten aufnimmt. Die Fähigkeit, komplexere Gegebenheiten im Anschauungsbereich zu erfassen, erscheint ebenso von Bedeutung wie die Fähigkeit, subtilere Momente abzuheben, wie etwa das psychische Ausdrucksgeschehen.

Im *Gedächtnisbereich* werden Gedächtniseigenarten in unterschiedlichen Bereichen berücksichtigt: Erlebnisgedächtnis (auch für Einzelheiten), Gedächtnis für verbal Übermitteltes, Gedächtnis für eigene Phantasieerzeugnisse, für räumlich-zeitliche Zuordnung, für Häufigkeitsdaten und die Reihenfolge von Vorgängen. Besonders beachtenswert ist die *„Erinnerungskritik"* – worunter wir die kritische *Unterscheidung* von sicheren und unsicheren Erinnerungen, und die Differenzierung von Erinnerungen nach verschiedenen Quellen wie Eigenbeobachtung und Fremdmitteilung verstehen.

Die *Schilderungsfähigkeit* eines Zeugen bedarf einer Analyse hinsichtlich Tempo und Ablauf (findet u. a. eine gewisse Ordnung der Inhalte nach bestimmten Kategorien statt, ist die Aussage diskursiv oder sprunghaft?), des Grades der Anschaulichkeit bzw. der Abstraktion der Darstellung.

Da fast jede *Falschaussage* eines Zeugen ein Phantasieprodukt ist, das sich aus mehr oder weniger großen „Bausteinen" anderweitig erlebter oder übermittelter Gegebenheiten zusammensetzt, müssen wir uns im lgenden mit den *Phantasieleistungen* eingehender befassen (vgl. Arnten, Begabungspsychologie 1976).

Erfassen lassen sich im individuellen Fall folgende *Besonderheiten der hantasieleistungen:*

infallsreichtum,
ogische Verbindung von Einfällen,
evorzugte Quellen der Einzeldetails,
riginalität der Einfälle bzw. „Banalität" derselben,
ealitätsentsprechung und andere inhaltliche Charakteristika des Aufaus,
eschlossenheit und Homogenität der Darstellung,
etaillierungsgrad,
nreicherung mit Komplikationen,
ehalt an psychischen Inhaltsdaten – auch an Angaben über zwischenenschliche Reaktionen,
empo der Phantasieproduktion – speziell auch in Präzisierungen und rgänzungen,
ealitätsbewußtsein des Zeugen (Distanzierung von eigenen Phantasieroduktionen),
instellung auf die „Irrealitätsebene" (anhaltende Lösung von der Realit), „Fabulierlust",
efühlsmäßige Anteilnahme an den Phantasieproduktionen,
edächtnis für eigene Phantasieerzeugnisse.

Phantasieleistungen, die wir von Zeugen gewinnen konnten, bewieen, daß *die hier bedeutsamen Merkmale in verschiedenen Phantasieprodukten n und desselben Zeugen in allen wesentlichen Punkten recht gleichmäßig ausgerägt waren, auch wenn die Phantasieprodukte thematisch verschiedenen Gebien zuzuordnen waren. Voraussetzung war allerdings die Bereitschaft zur Erfülng der Aufgaben und Vertrautheit mit dem Gegenstandsgebiet der gestellten ufgaben – wie schon an anderer Stelle gesagt wurde.*

Durch unsere Aufzählung der beachtenswerten Phantasieeigenarten dürfte beußt geworden sein, einen wie vielgestaltigen Komplex von Leistungen ein hantasieprodukt im konkreten Einzelfall darstellt und daß seine zahlreichen omponenten und Merkmale eine sehr individuelle Ausprägung hervortreten ssen können, die größtenteils auch objektiv erfaßbar ist.

Allgemein darf gelten, was an anderer Stelle schon genauer ausgeführt wurde, aß es stets eine schwierigere Leistung ist, eine Falschaussage in eigener Phantaetätigkeit aus kleineren oder größeren Bausteinen zusammenzustellen, als über n tatsächliches Erlebnis zu berichten. Ein großer Teil der Zeugen ist deshalb ohl in der Lage, über ein wirkliches Erlebnis zu berichten, nicht aber, eine nfangreiche Falschaussage zu gestalten – sei es aus Teilen, die weitgehend af eigener Phantasie beruhen, sei es aus Teilen, die der Zeuge gehört oder gelesen und neu zusammengestellt hat.

Es wäre aber unvorsichtig, von der Annahme auszugehen, daß Phantasieleistungen *allgemein* schwächer sind als Erlebnisschilderungen – ebenso wie *nicht von schwacher „Allgemeinbegabung" auf schwache Phantasieleistungen geschlossen werden darf.* (Die oben erwähnten Untersuchungen ergaben, daß viele Zeugen, die Schulen für lernbehinderte Kinder besucht haben, wenigstens quantitativ recht ansehnliche Phantasieleistungen hervorbringen können, solange es darin um anschauliche Handlungen geht.)

Die bisherige Darstellung könnte den Anschein erwecken, als ob neben den intellektuellen Leistungseigenarten sonstige Seiten der Persönlichkeit an Bedeutung für die Glaubwürdigkeitsbegutachtung verlören. Das ist keineswegs der Fall, wenn man sich auch darüber klar sein muß, daß hier die Ausprägung weniger direkt zu erfassen und ihre Auswirkungen auf die einzelne Aussage nur mittelbar abzuschätzen sind. (In neuerer Zeit hat sich besonders H. Szewczyk – 1981 – mit diesen Persönlichkeitseigenarten eines Zeugen befaßt.)

So sind je nach Lage des individuellen Falles das *Ausdrucksnaturell* bei der Beschreibung von Erlebnissen und die *Antriebe* in ihrer Schwerpunktlagerung, Differenzierung und in ihrem Verhältnis zu den Hemmfunktionen von Bedeutung (diese Eigenarten haben sich ebenfalls als recht stabil erwiesen). Die bevorzugten Techniken der *sozialen Anpassung,* Grad und Art der *Suggestibilität* müssen Beachtung finden. Spezielle Relevanz wird man auch den *Bindungen* des Zeugen und seinem *ethischen Normensystem* zusprechen müssen – allerdings mit aller gebotenen Vorsicht in der Diagnose, die gerade beim älteren Zeugen schwierig sein kann.

Ebenso müssen etwaige *psychopathische Züge* abgehoben und speziell in ihrer Bedeutung für die Zeugeneignung in Betracht gezogen werden. Dieselbe ist jedoch viel geringer, als gemeinhin angenommen wird. Ausgesprochene „Pseudologen" beispielsweise sind selten und in der Vernehmung und im psychologischen Explorationsgespräch recht gut erkennbar. Bei geltungssüchtigen Psychopathen sind in der Regel wenigstens die Aussagen verwendbar, die das Ansehen des Zeugen nicht heben oder ihm sogar abträglich sind. *Aussagen von psychotischen Persönlichkeiten, sofern ausgesprochene Störungen des Realitätsbewußtseins bestehen, die die Aussagetüchtigkeit beeinträchtigen (wie bei Schizophrenen, insbesondere Paranoiden), sind dagegen extrem selten verwendbar.*

Besteht der Verdacht auf irgendwelche Gegebenheiten, die in den Bereich der Psychopathologie fallen, so müssen Persönlichkeitseigenarten, die für die Wertung der Aussageeigenarten im individuellen Fall und für die Frage nach der Aussagetüchtigkeit von Bedeutung sind, eigens in ihrer gegenwärtigen Ausprägung, ihrer Ausprägung zur Zeit der Zeugenbeobachtung und in ihrer Auswirkung auf die Aussage selbst erkundet und differenziert beschrieben werden. Wird eine Beeinträchtigung festgestellt, so ist es nicht von entscheidender Bedeutung, *welche* krankhaften oder anderweitig bedingten Faktoren die gegenwärtige Ausprägung *verursacht* haben – ob beispielsweise eine frühere Hirnverletzung, eine anlagebedingte Eigenart oder eine Krankheit die Ursache ist. (Ähnlich wie es für aussagepsychologische Fragestellungen nicht von Bedeutung ist, *wodurch* beispielsweise eine festgestellte Schwerhörigkeit bedingt ist.) *Ein unmittelbarer Schluß von einer Krankheit oder Hirnverletzung, von der man Kenntnis erlangt hat, auf die Glaubwürdigkeit oder Unglaubwürdigkeit einer speziellen Aussage ist sowieso bisher in keinem Fall möglich.* Wenn man beispielsweise epileptische Anfälle in der Vorgeschichte eines Zeugen festgestellt hat, kann man – nach unseren Erfahrungen in 82 solcher Untersuchungsfälle – zwar vermuten, daß die Phantasieleistungen stark beeinträchtigt sind; ob sie es aber tatsächlich sind, kann man nur durch individuelle Prüfungen derselben feststellen. Wir wiederholen noch einmal, daß dieser Umschwung in der Auffassung (im Vergleich zur älteren Fachliteratur) sich ergeben hat, seitdem die Zeugenaussage selbst und *bestimmte* Persönlichkeitszüge, die für die Glaubwürdigkeit Bedeutung haben, im Mittelpunkt aller psychologischen Glaubwürdigkeitsüberprüfungen stehen und nicht mehr die Glaubwürdigkeit einer speziellen Aussage aus einem *allgemeinen* Persönlichkeitsbild des Zeugen *indirekt* erschlossen wird.

Aus dem gleichen Grunde sind auch *körperliche* Untersuchungen nicht notwendig, um die Frage der Glaubwürdigkeit zu klären. (Es sei denn zur Überprüfung eines konkreten Aussageinhaltes – z. B. einer Bekundung über eine Verletzung in Verfahren wegen Kindesmißhandlung, Körperverletzung, Vergewaltigung o. ä.) Soweit diese Forderung in der älteren Literatur erhoben wurde, stützten die Autoren sich schon damals wohl mehr auf allgemeine Vermutungen. Sie gaben keine konkreten Belegbeispiele an, die gezeigt hätten, in welcher Beziehung ein bestimmter körperlicher Zustand sich auf eine spezielle Aussage ausgewirkt hätte.

Die eigentlich *„schwierigen" Zeugenpersönlichkeiten* sind häufig nicht irgendwelche abnorm gelagerten, vielmehr diejenigen, welche Eigenarten aufweisen, die noch im *normalen* Bereich liegen, aber die Aussagezuverlässigkeit beeinträchtigen. Ihnen gegenüber müssen erhöhte Anforderungen an die Aussage gestellt werden – diese müßte beispielsweise besonders detailliert sein, damit sich möglichst zahlreiche Glaubwürdigkeitsmerkmale herausarbeiten lassen, mit Hilfe derer sich beweisen ließe, daß diese Aussage – entgegen den Erwartungen, die man allgemein bezüglich der Äußerungen dieses Zeugen hat – nicht erlogen sein kann.

Diese Zeugen können aber oft infolge ihrer intellektuellen Ausstattung nur wenig differenzierte Angaben über Beobachtungen machen, so daß infolgedessen die Glaubwürdigkeitskriterien aus ihren Bekundungen schwierig herauszuarbeiten sind. Ein geltungsbedürftiger, mit einiger Phantasie ausgestatteter Sonderschüler beispielsweise, dessen Persönlichkeitsstruktur durchaus noch als normal zu bezeichnen ist, von dem aber schon eine Reihe von „Renommierlügen" bekannt ist, muß – soll ihm im Ernstfall geglaubt werden – eine Aussage liefern, die sich in Inhalt und Form deutlich von *Falschbezichtigungen* unterscheidet, also eine Aussage, von der sich beweisen läßt, daß er sie nicht erfunden haben kann. Bei seinen geringen intellektuellen Begabungen schildert ein solcher Zeuge ein Erlebnis aber oft nur in einer knappen, unstrukturierten Aussage ohne alle Beobachtungsfeinheiten, so daß das Ausgangsmaterial für eine Aussageanalyse kärglich und häufig unergiebig ist: Die Unterschiede zwischen der möglicherweise erlebnisbegründeten Aussage und typischen Phantasieaussagen dieses Zeugen sind nicht markant genug herauszuarbeiten. Ist dann noch der Sachverhalt, über den berichtet wird, wenig umfangreich und konturiert, ist er in einer sehr kurzen Zeitspanne abgelaufen, so daß er wenig Stoff für einen differenzierten Bericht liefert, so besteht kaum die Möglichkeit zur fundierten Glaubwürdigkeitsbeurteilung. Hier ist trotz der normalen Lagerung der Zeugenpersönlichkeit die Sachlage unvergleichlich schwieriger als beispielsweise bei den meisten Zeugen, die durch Hirnverletzung oder Krankheit in beschränktem Ausmaß in ihrer Aussagetüchtigkeit beeinträchtigt sind.

G. Aussagepsychologische Begutachtungen

1. Methode der Begutachtung

Nachdem im Schlußteil der meisten vorhergegangenen Kapitel schon angegeben worden ist, welche Verfahren bei psychologischen Glaubwürdigkeitsbegutachtungen angewandt werden können, um eine Zeugenaussage auf die Bedeutung ihrer Eigenarten im Hinblick auf Glaubwürdigkeit zu untersuchen, und wir in der Einführung bereits auf grundsätzliche Methodenprinzipien der Aussagepsychologie eingegangen sind, sollen hier noch einige zusätzliche Informationen über wesentliche Begutachtungsphasen gegeben und einige spezielle Begutachtungsprobleme erörtert werden.

Mit diesen Informationen soll versucht werden, in erster Linie *Juristen* Einblick in die Prinzipien der Verfahren zu geben, die im Rahmen fachpsychologischer Begutachtungen vom Verfasser und seinen Mitarbeitern im Bochumer Institut für Gerichtspsychologie angewendet werden, wenn es um die Glaubwürdigkeit von Zeugenaussagen geht. Dem weit überwiegenden Teil der Gutachterpraxis entsprechend sind es Verfahren, die bei Kindern, Jugendlichen und Heranwachsenden in *Strafverfahren* angewendet werden.

Die Begutachtungsverfahren werden im Einzelfall je nach Art des *Geschehens,* das der Zeuge beobachtet haben will, und nach dem *Alter* des Zeugen verschiedenartig zusammengestellt. Es handelt sich um ein ausgedehntes *Explorationssystem,* das von einigen direkten Leistungs- und Kenntnisprüfungen durchsetzt ist.

In einem *„synoptischen Vergleichsverfahren"* beispielsweise werden a) Berichte des Zeugen über eigene *gesicherte* Erlebnisse, b) Berichte des Zeugen über das *inkriminierte* Geschehen und c) *Phantasieprodukte* des Zeugen *innerhalb einer möglichst kurzen Zeitspanne* miteinander verglichen.

Nach einem vorbereitenden *Aktenstudium* werden für eine *Exploration zur Sache* aus den Niederschriften früherer Vernehmungen zur gleichen Sache Teile herausgegriffen, die erfahrungsgemäß für die Frage der Glaubwürdigkeitsbeurteilung von besonderer Bedeutung sind. Solche Explorationsgespräche müssen je nach *Geschehensart,* auf welche sich die Zeugenaussage bezieht, völlig verschieden aufgebaut werden. Ein Grund hierfür liegt darin, daß verschiedenartige Schwerpunkte angegangen werden – bei Verdacht von Exhibitionsdelikten beispielsweise wahrnehmungspsychologische Momente, bei Vergewaltigungsverdacht dagegen motivationspsychologische Momente. Ein anderer Grund für die notwendige Variierung der Exploration liegt darin, daß beispielsweise in Strafsachen verschiedene Tatbestandsmerkmale berücksichtigt werden müssen; es muß sich gerade die Glaubwürdigkeit der Aussageteile, die *juristisch* von besonderer Bedeutung sind, eindeutig beurteilen lassen.

Ein entscheidendes Merkmal dieser Explorationsgespräche ist, daß alle Fragen in ihrer Formulierung so gehalten sind, daß sie nahezu *inhaltsleer* sind und somit dem Zeugen die Antwort nicht suggestiv nahelegen. Es dürfen keine inhaltlichen Vorgaben gemacht werden – auch dann nicht, wenn der Zeuge in Widerspruch zu seinen früheren Aussagen gerät, denn die Aussage soll die Phase der Begutachtung „unbeschädigt" durchlaufen und dem Gericht in möglichst ursprünglicher Form übermittelt werden.

Die Gesprächsführung erfolgt in einer Weise, welche die Reproduktion von Erinnerungen fördert, so daß ein möglichst geschlossenes, vollständiges Bild etwaiger Wahrnehmungen des Zeugen entsteht, die man in der Exploration aufgreift. Die Befragung berücksichtigt deshalb die Gedächtniseigenarten des Zeugen, die im Rahmen einer speziellen Prüfung vorher festgestellt wurden – beispielsweise seines durchschnittlichen Tempos der Erinnerungsreproduktionen, der Treffsicherheit der Wiedererinnerung usw. Besonders eignet sich für diese Prüfung die Wiedergabe von Erlebnissen etwa aus dem gleichen Zeitraum wie das fragliche Vorkommnis, über das der Zeuge aussagt.

In der Regel ergeben sich in einer bei gutem Kontakt und in sehr ruhiger Gesprächsatmosphäre geführten Befragung auch noch Präzisierungen zur schon vorliegenden Aussage. Der Gutachter erhält dadurch Gelegenheit, Aussageteile, die vorher noch in keiner Vernehmung zur Sprache kamen, in ihrer Entstehung selbst unmittelbar zu beobachten.

Solche Beobachtungen dienen vor allem der Klärung der Frage, ob die Zeugenaussagen „zurechtgelegt" oder auch dem Zeugen von interessierter Seite „eingeredet" worden sind. Sie sind deshalb von außerordentlicher Bedeutung. Hier werden auch *Suggestionsproben* eingefügt, die sich auf nebensächliches Handeln und auf Gespräche im Umfeld der *Handlungen* beziehen, die der Zeuge erlebt haben will. Es hat sich in unseren Untersuchungen nicht bewährt, sie an Hand von Bildbetrachtungen vorzunehmen, wie es früher üblich war (diese Praxis kritisierte schon Geisler 1959).

Zentrale Bedeutung haben verschiedene *Phantasieprüfungen,* die in einer weiterer Phase der Begutachtung durchgeführt werden.

Der Verfasser stellte bei vorbereitenden Untersuchungen fest, daß Phantasieleistungen, wie sie beispielsweise bei der Ausdeutung von *Bildern* sowie bei der Weiterführung von *Zeichnungs- und Erzählungsanfängen* in Anspruch genommen werden, sehr wenig Beziehung zu den Phantasieleistungen haben, die ein Zeuge aufbringen muß, der den Bericht über die angebliche Beobachtung eines Geschehens, das in Gerichtsverfahren eine Rolle spielt, phantasiemäßig gestalten will. Es ist deshalb erforderlich, Phantasieleistungen zu fordern, die einer Zeugenaussage – also z. B. dem Inhalt einer polizeilichen Vernehmungsniederschrift – sehr viel ähnlicher sind. *Für die forensische Aussagepsychologie möchten wir allgemein die Forderung aufstellen, daß die gestellten Aufgaben der Aussage und der Aussagesituation des Zeugen möglichst ähnlich sein sollen* – wir sprechen kurz von der Forderung nach natürlicher *„Gegenstandsnähe"*, die sich beispielsweise in Experimenten keineswegs immer verwirklichen läßt.

Dies geschieht in den hier beschriebenen Verfahren durch Phantasieprüfungen, die den Zeugen anregen, Schilderungen umfangreicherer Vorgänge aus der Phantasie heraus zu geben. *Sie sind allerdings nur zu verwerten, wenn der Zeuge bereitwillig mitmacht und das Thema in seinem Interessenbereich liegt.* Dem Zeugen werden einige wenige standardisierte Anregungen gegeben, die dazu beitragen, eine bestimmte Struktur des Phantasieerzeugnisses zu erreichen und die auch eine quantitative Bewertung der Produkte erlauben. Darüberhinaus erfolgt eine individuelle Ausgestaltung der Aufgabe, die sich nach der Art der schon vorliegenden individuellen Aussagen richten, die sich in bisherigen Vernehmungsniederschriften finden. Es soll ja gerade geprüft werden, ob der Zeuge in der Lage wäre, diese bestimmte Art der Aussage aus seiner Phantasie heraus vorzubringen. So kann z. B. der Schwerpunkt der Aufgabe in den zwischenmenschlich-psychologischen Bereich verlegt werden oder – bei vermuteter Projektion einer Belastung auf einen anderen Täter – auf ein Transponieren bestimmter Handlungen in veränderte Umstände.

Übung und Erfahrung machen es dem Glaubwürdigkeitsgutachter in den meisten Fällen leicht, im Vergleichsverfahren die vorgebrachten Aussagen über ein angebliches Geschehen entweder den Erlebnisberichten oder den Phantasieschilderungen des jeweiligen Zeugen zuzuordnen. (Der Vergleich kann in bis zu 20 Vergleichspunkten sowie im Gesamtbild der geforderten Leistungen erfolgen.) Schließlich handelt es sich bei den hier herangezogenen Leistungen um verschiedenartige, *deutlich differenzierte Leistungsbereiche*. Man kann feststellen, daß die Darstellungen einer Person über *eigene reale Erlebnisse* sich durchgehend unterscheiden von der *freien Produktion von Vorstellungen*, also von Phantasieerzeugnissen. Untersuchungen an vielen Kindern und Jugendlichen durch Psychologen des Instituts für Gerichtspsychologie in Bochum haben ergeben, daß die Leistungen in diesen Bereichen nur selten qualitativ und quantitativ bei verschiedenen Menschen gleichwertig sind.

Nun kann natürlich der Zeuge, der über eine überdurchschnittliche Phantasie verfügt, sich beispielsweise noch nicht *einen umfassenden Deliktablauf* ausdenken, wenn er nicht über gewisse *Kenntnisse* von entsprechenden Delikten verfügt.

Es wird deshalb in solchen Fällen eine eigene Exploration, eine *Sachkenntnisexploration* durchgeführt, um die entsprechenden Vorkenntnisse festzustellen. Der Zeuge wird dabei zu „halbspontanen" Äußerungen von einigem Umfang veranlaßt; das bloße Verneinen oder Bejahen von Fragen nach seinen Kenntnissen würde zu wenig besagen. Bei Verdacht auf Sexualdelikte werden in einer Sexualaufklärungsexploration nicht nur die Vorkenntnisse der Zeugen auf sexuellem Gebiet durch die geschilderte Art der Exploration festgestellt, sondern die Zeugen werden auch zu eigenen Vorerlebnissen aus diesem Bereich befragt, damit man ihre aus solchen Erlebnissen stammenden Kenntnisse berücksichtigen und auch von hier aus die Möglichkeit ausschließen kann, daß etwaige sexuelle Erlebnisse mit einer Person fälschlich auf eine andere Person übertragen werden. Da hier verständlicherweise nicht immer aufrichtige Angaben gemacht werden, spielt für letztere Möglichkeit aber auch eine Exploration zur sog. Individualverflechtung (s. S. 38) eine große Rolle.

Weiterhin erfolgt im Rahmen jeder Glaubwürdigkeitsüberprüfung eine *allgemeine Exploration zur Persönlichkeit des Zeugen* (bei Kindern und Jugendlichen auch eine Exploration der Eltern oder sonstiger Erziehungspersonen), um Persönlichkeitsfaktoren, die für die Frage der Glaubwürdigkeit unmittelbare und wesentliche Bedeutung haben, und Verhältnisse zu erkunden, die irgendeinen Einfluß auf seine Zeugenaussage haben könnten: Gedächtnis- und Phantasieeigenarten, Lebenslauf, Umwelt, Umstände der Aussageentstehung, soziales Verhalten einschließlich der Aufrichtigkeit in Alltagssituationen usw. Es wird auch eine Befragung zum „Kommunikationsfeld" der Aussage vorgenommen.

Im Rahmen des allgemeinen Explorationsgespräches mit dem Zeugen werden weiterhin Themen angeschnitten, die erfahrungsgemäß dessen affektive, emotionale Haltungen im Hinblick auf den Beschuldigten erkennen lassen, da diese Bezüge nicht ohne Einfluß auf die Objektivität einer Zeugenaussage sind. Eine *Konstanzprüfung* bildet eine wichtige Ergänzung des hier beschriebenen Verfahrens. Dabei wird der Stoff eines Teils der früheren Vernehmung des Zeugen ohne jede chronologische Ordnung noch einmal erfragt, ohne daß die einzelne Frage schon etwas vom Inhalt der früheren Vernehmung enthält. Der Zeuge wird im raschen Wechsel mit Leer-, Suggestiv- und Rückfragen konfrontiert. Diese Phase soll Auskunft über den Grad der Übereinstimmung der Aussage mit der Aussage bei früheren Befragungen und über die *Stabilität* der Zeugenbekundung geben. Hier ist durchaus eine *quantitative* Erfassung der übereinstimmenden Details möglich. (Zu diesem Zweck werden in der aussagepsychologischen Begutachtungspraxis Vereinbarungen darüber getroffen, was als Aussage*einheit* anzusehen ist – s. Kapitel Detaillierung.)

Es sei noch einmal wiederholt, daß aussagepsychologische Untersuchungen in Strafverfahren ihre *Bewährungskontrolle* an sogenannten *Bestä-*

tigungsfällen finden. – Es stehen im Bochumer Institut für Gerichtspsychologie über 1000 Fälle zur Verfügung, in denen der jeweilige Angeklagte *nach* der Glaubwürdigkeitsüberprüfung der Zeugenaussagen die Glaubwürdigkeit derselben durch ein detailliertes, von unsachlichen Einflüssen freies Geständnis bestätigt hatte, und zahlreiche andere Fälle, in denen ein *Teil* der Aussagen durch äußere Stützen nachträglich bestätigt worden war.

Die Anwendung multimedialer Verfahren, die sich großenteils gegenseitig stützen, trägt offenbar zur Eindeutigkeit der Ergebnisse bei. (Mit den Medien sind hier diagnostische Medien gemeint, von denen mehrere verschiedenartige eingesetzt werden – von der Exploration verschiedener Personen bis zur Verhaltensbeobachtung.)

Bei der Bewährungskontrolle durch Bestätigungsfälle hat sich auch erwiesen, daß es für die Richtigkeit der Glaubwürdigkeitsbeurteilung entscheidend auf die Analyse der Zeugen*aussage selbst* und auf die Erkundung bestimmter Persönlichkeitseigenarten und Kenntnisse ankommt, die zur Aussage in Beziehung gesetzt werden müssen (vgl. Kapitel B, 3). So ist es unserer Auffassung nach verständlich, daß früher übliche Verfahren, die nicht gerade *diese* Persönlichkeitseigenarten (und noch weniger die Eigenarten der Aussage selbst) zu erfassen vermochten, in der heutigen Aussagepsychologie zurückgetreten sind – z. B. projektive Verfahren, graphologische Methoden und bestimmte Intelligenztests. Es erübrigt sich bei Glaubwürdigkeitsüberprüfungen die Feststellung eines sogenannten *Intelligenzquotienten* nach unseren Erfahrungen völlig; er kann in vielen Fällen sogar irreführen. Bei den entsprechenden Verfahren werden offenbar die Faktoren zu unvollständig erfaßt, welche die *„Aussageintelligenz"*, wie wir sie nennen möchten, ausmachen. Erhebliche Diskrepanzen fanden wir in dieser Hinsicht besonders bei Zeugen, die Schulen für lernbehinderte Kinder besuchten. Bei einem Intelligenzquotienten von ca. 70 zeigten viele von ihnen doch eine intakte Aussagetüchtigkeit, weil sie gute Beobachter waren, ein zuverlässiges Erlebnisgedächtnis hatten und Erinnerungen nicht durch Denkprozesse (Schlußfolgerungen) „anreicherten" oder veränderten. Der Intelligenzquotient vermittelte also kein Bild von ihrer Aussageintelligenz – was nicht verwunderlich ist, da die Tests zur Errechnung des „Intelligenzquotienten" unter völlig anderen Aspekten konstruiert worden sind. Auch Tests, die für therapeutische Zwecke durchaus brauchbar sind, können Bedürfnissen der forensischen Aussagepsychologie oft nicht genügen.

Überprüfung der Aussagetüchtigkeit und der Aussageehrlichkeit gehen ein in die genannten Verfahren.

Im ganzen gilt, wie schon an anderer Stelle angedeutet wurde, daß bei Fragestellungen zu aussagepsychologischen Themen das Untersuchungsverfahren mehr als bei manchen anderen Fragestellungen auf den konkreten Fall und auf die *individuelle Zeugenpersönlichkeit* ausgerichtet werden muß. Das Verfahren wird deshalb auch *während* der Untersuchung noch „gesteuert" und damit der individuellen Situation angepaßt. Ergab die Phantasieprüfung beispielsweise eine sehr lebhafte Phantasie des Zeugen, so wird mehr Wert auf Präzisierungen und Ergänzungen gelegt und die Sachkenntnis-Exploration wird ausgedehnter durchgeführt als bei einem Zeugen mit kärglichen Phantasieleistungen.

Die Verfahren sind deshalb jeweils auch nur teilweise standardisiert, damit eine genügend individuelle Anpassung an den jeweiligen Zeugen möglich bleibt, die in der forensischen Aussagepsychologie unerläßlich ist. Völlige Standardisierung bedeutet ja Anwendung von Verfahren in gleichbleibender Form bei einer großen Anzahl unterschiedlicher Personen und damit Verzicht auf Anpassung der Verfahren an die individuelle Persönlichkeit des Zeugen, an seinen Ausbildungsstand, an den Gegenstand seiner Aussage und an vorhergehende Äußerungen – also eine Schematisierung, die in der Aussagepsychologie als unzulässige Vereinfachung angesehen werden muß.

Eine Besonderheit des diagnostischen Vorgehens auf dem Gebiet der Aussagepsychologie, die damit im Zusammenhang steht, sei hier noch einmal wiederholt: daß nämlich festgestellte Ausprägungen gleichartig erscheinender Leistungen (z. B. des Detaillierungsgrades bestimmter Phantasieleistungen) im allgemeinen nicht mit ihrer Durchschnittsausprägung bei der Gesamtbevölkerung verglichen werden, sondern unmittelbar mit der Ausprägung anderer Leistungen und Persönlichkeitseigenarten bei *ein und demselben* Zeugen und dessen Aussage verglichen werden.

Es wird also ein *intraindividueller Vergleich* vorgenommen, um erschließen zu können, ob Aussageleistungen auf identische Funktionssektoren der Persönlichkeit zurückgehen (etwa auf Gedächtnis für tatsächlich Erlebtes oder auf Phantasie). Die *Eichung* der Verfahren spielt deshalb hier eine geringere Rolle. Es kommt ja, wie gesagt, in erster Linie auf den unmittelbaren Vergleich einer Leistung mit anderen Leistungen ein und derselben Person an und nicht auf den Vergleich mit der Durchschnittsleistung einer Bevölkerungsgruppe, obwohl sich Maßzahlen auch für Gruppen von Zeugen haben gewinnen lassen. Die Berücksichtigung *qualitativer* Momente, die auch in einigen Abstufungen quantitativ erfaßbar sind, ist dabei entscheidend.

Dadurch, daß bei Glaubwürdigkeitsüberprüfungen ausgesprochen gezielt und gesteuert untersucht wird, ist es heute bei Anwendung spezieller aussagepsychologischer Methoden in der Regel möglich, nach *drei bis fünf Stunden Inanspruchnahme des Zeugen* zu einem klaren Ergebnis in der Frage zu kommen, ob einer Zeugenaussage Glaubwürdigkeit zugesprochen werden kann oder nicht – auch dies ist durch die schon mehrfach erwähnten nachträglichen Bestätigungen gesichert worden. Durch verschiedenartige Gestaltung der Phasen und durch entsprechende Pausen wird dabei einer Ermüdung des Zeugen vorgebeugt. Wird der Zeuge vom Gutachter nicht in seinem Milieu aufgesucht, können aber etwa sechs bis acht Stunden notwendig sein.

Wenn ausnahmsweise eine Begutachtung der Aussagen *erwachsener* Zeugen erfolgt, erlaubt die Möglichkeit eines sehr *systematischen, längeren* Gespräches (das von Lebenslaufanalyse und aussageanalytischer Exploration ausgeht) die Herausarbeitung von Glaubwürdigkeitsmerkmalen, so daß einige testähnliche Prüfungen, die bei Kindern üblich sind, entbehrlich werden.

Die Weiterentwicklung der Untersuchungsverfahren in neuerer Zeit hat die Wirkung gehabt, daß die Gerichte den Ergebnissen der Glaubwürdigkeitsgutachten in einem erheblich höheren Prozentsatz folgen als in früheren Zeiten bei Anwendung der damaligen Methoden. Aus der Statistik des Bochumer Institutes für Gerichtspsychologie ergibt sich, daß bei Anwendung der neueren Verfahren die Gerichte in über 90% der Fälle dem Glaubwürdigkeitsgutachten eines Sachverständigen gefolgt sind – wobei ein Teil der Diskordanzen noch darauf zurückging, daß es zwischen Begutachtung und Gerichtsverhandlung zu einem so erheblichen Zeitabstand gekommen war, daß die Erinnerungen der Zeugen weitgehend verblaßt und deshalb unbrauchbar geworden waren.

Über die *Anlässe* zu psychologischen Glaubwürdigkeitsbegutachtungen und die *Grenzen* solcher Begutachtungen sowie über die Einführung ihrer Ergebnisse in Gerichtsverhandlungen hat der Verfasser sich bereits in seiner „Vernehmungspsychologie" geäußert.

Die Mehrzahl der Gutachter formulieren in der hier angegebenen Weise eine *vorläufige Gesamtbeurteilung der Aussagen* eines Zeugen. Daß diese in Strafverfahren nicht völlig bis zu einer Hauptverhandlung aufgeschoben wird, hat seinen Grund darin, daß nach dem vorläufigen schriftlichen Gutachten häufig bereits über Einstellung oder Eröffnung eines Verfahrens entschieden wird, daß Gutachten auch herangezogen werden, wenn über die Aufrechterhaltung eines Haftbefehls zu entscheiden ist oder (bei jugendlichen Zeugen) vom Gericht über vormundschaftsrichterliche Maßnahmen zu befinden ist.

Im folgenden soll noch kurz auf *mögliche Ergebnisse* von Glaubwürdigkeitsgutachten eingegangen werden.

Das häufigste Ergebnis der Begutachtung ist verständlicherweise, daß die Aussage des Zeugen für *glaubwürdig* erklärt wird. Das bedeutet aber nicht, daß dem Zeugen in besonders schwierig zu erinnernden nebensächlichen Einzelheiten keine Fehler unterlaufen sein können. Letztere beziehen sich hauptsächlich auf zeitliche Zuordnung, Daten und ähnliches (vgl. S. 59) – nur in dieser Hinsicht gilt die oft zitierte Äußerung Sterns: „Die fehlerfreie Aussage ist nicht die Regel, sondern die Ausnahme." (1902).

In einem weiteren begrenzten Teil der Begutachtungsfälle lautet das Ergebnis, daß die Aussagen *unglaubwürdig* sind, was vor allem bedeutet, daß sie in rechtlich bedeutsamen (also unter diesem Aspekt *wesentlichen)* Punkten falsch sind.

In einer kleinen Anzahl Fälle muß ausdrücklich *ein Teil der Aussagen für glaubwürdig und ein anderer (rechtlich nicht unwichtiger) Teil* für *unglaubwürdig* erklärt werden.

Schließlich wird in manchen Fällen das Ergebnis formuliert: „Die Aussage ist *nicht genügend zuverlässig"* oder „Sie ist mit hoher, aber nicht mit an Sicherheit grenzender Wahrscheinlichkeit glaubwürdig". Unter letztere Ergebnisse fallen Aussagen, bei denen zwar der *Eindruck* besteht, daß der Zeuge irgendeine reale Erlebnisbasis für seine Aussagen hat, der Gutachter sich aber nicht in der Lage sieht, mit psychologischen Mitteln eindeutig zu *beweisen,* wie weitgehend sich diese Basis in den Aussagen unverfälscht widerspiegelt, so daß die Frage nach der Glaubwürdigkeit von bedeutsamen Einzelangaben nicht zu klären ist. Eine solche Formulierung kann sich beispielsweise bei Zeugen ergeben, die ungewöhnlich gehemmt sind und deshalb zu wenig Material für die eigentliche Aussageanalyse bieten, oder bei wenig aussagetüchtigen Zeugen, die bei verschiedenen Befragungsgelegenheiten zahlreiche Abweichungen in ihren Aussagen zeigen, aber darüberhinaus doch manches vorbringen, was für die Realitätsbasis ihrer Bekundungen spricht. Auch offenkundig unvollständige Aussagen, bei denen das Ausmaß der Unvollständigkeit aber nicht eindeutig festzustellen ist, müssen häufig hierher gerechnet werden. Allgemein gesagt sind solche Anlässe gegeben, wenn eine Zeugenaussage zwar einen gewissen Umfang hat, es aber doch nicht möglich erscheint, vor Gericht genügend Glaubwürdigkeitsmerkmale herauszuarbeiten – eine Situation, die besonders bei Aussagen von Kindern, Jugendlichen und Heranwachsenden gegeben sein kann.

Es kommt übrigens in seltenen Fällen vor, daß eine Zeugenaussage – *für sich allein betrachtet* – vom Gutachter für *unzuverlässig* erklärt werden muß, *obschon* ein Beschuldigter ein *Geständnis* abgelegt hat. Der Zeuge eines turbulenten Geschehens (wie es beispielsweise eine Messerstecherei oder ein sonstwie schwer überschaubares Geschehen darstellt) kann so aussageuntüchtig sein, daß seine Aussage keineswegs verwertbar ist. An der Tatsache des Geschehens braucht aber natürlich kein Zweifel zu bestehen, wenn ein Geständnis vorliegt, dem gegenüber man keine Bedenken zu haben braucht. Hier liegt gleichzeitig ein Beispiel für die unterschiedlichen Beweismittel des Gutachters und des Richters vor. Es gibt auch Aussagen, in denen die Glaubwürdigkeitskriterien so undeutlich ausgeprägt sind, daß die Glaubwürdigkeit nicht als genügend belegbar angesehen werden kann und die Aussagen später dennoch durch ein Geständnis oder durch Stützzeugen bestätigt werden. (Mitunter sind z. B. infolge der undifferenzierten Intelligenz und eines wenig umfangreichen Handlungsgeschehens dem Zeugen nur wenig differenzierte Aussagen möglich.)

In Begutachtungsfällen *bevorzugen* die Gutachter Aussageeigenarten, die aus dem *Inhalt* der Aussagen und der Aussageentwicklung abgeleitet sind, weil sie auch in einer Gerichtsverhandlung gewöhnlich noch leicht reproduzierbar sind – was man von Eigenarten der Aussageweise keineswegs immer sagen kann. Eine Auszählung von 100 später bestätigten Zeugenaussagen, die wir vornahmen, ergab, daß die Gutachter in 87% der Fälle das Detaillierungsmerkmal für ihre Aussagebeurteilung mit herangezogen hatten, in 68% der Fälle das Konstanzmerkmal, in 57% der Fälle das Homogenitätsmerkmal mit Herausarbeitung eines Delikttypus, in 51% der Fälle die Präzisierbarkeit. Alle anderen Merkmale wurden in weniger als 30% der Fälle herangezogen.

Als Gutachten hat sich die *kriteriengeleitete* Form bewährt, wie wir sie bezeichnen wollen. Vorweggeschickt wird eine Persönlichkeitsdarstellung unter dem Aspekt der Zeugeneignung und ein ausführlicher Aussagebericht, in dem einzelne Sätze des Zeugen wörtlich wiedergegeben werden können. (Gewiß sind noch andere Formen denkbar, aber diese wird von der Logik des Ansatzes und der Fragestellung her sowohl wissenschaftlichen Erfordernissen als auch denen eines Gerichtsverfahrens sehr gut gerecht, wie jahrzehntelange Erfahrung beweist.)

Auf den Eigenarten der zu begutachtenden *Aussage* hat – entsprechend heutigem aussagepsychologischem Verständnis – das Schwergewicht der Erörterung zu liegen, wobei sich jeweils die Heranziehung von Aussagebeispielen als Belege und eine Bewertung unter Rückbezug auf bestimmte Persönlichkeitszüge des Zeugen empfiehlt.

Das Gutachten muß übersichtlich und einigermaßen rationell im Umfang sein. (Der Akteninhalt z. B. sollte nur in wenigen Sätzen vorweggeschickt werden, seine Wiedergabe wird von den Gerichten nicht als gutachterliche Aufgabe angesehen.)

2. Zur Frage der Wiederholbarkeit psychologischer Glaubwürdigkeitsüberprüfungen

In Revisionsverfahren erhebt sich gelegentlich die Frage, ob eine psychologische Glaubwürdigkeitsüberprüfung ein und desselben Zeugen wiederholt werden kann, ohne daß die wiederholte Anwendung der Verfahren das Ergebnis beeinträchtigt. Diese Möglichkeit besteht eigentlich nur, wenn bei der ersten Begutachtung andere Verfahren angewandt worden sind – beispielsweise, wenn nur Persönlichkeitseigenarten des Zeugen erkundet worden sind. Die Wiederholung des gleichen Verfahrens stößt auf gewisse Schwierigkeiten. Der Zeuge kennt die Explorationsfragen zur Sache schon und ist auch auf die wichtigsten speziellen aussagepsychologischen Verfahren schon vorbereitet. Da nun auch noch Reflexionen, die nach der ersten Exploration angestellt wurden – oft unter Assistenz von Familienangehörigen – in Antworten mit eingehen, fehlt bei der zweiten Untersuchung häufig die Unbefangenheit, die psychologische Verfahren weitgehend voraussetzen müssen. Auch wird unter Umständen die Tätigkeit des ersten Gutachters dadurch beeinträchtigt, daß die Zeugen vor einer Hauptverhandlung noch einmal exploriert werden. Die Zeugenvernehmung in der Hauptverhandlung ist für jeden Gutachter immer eine weitere Phase der eigenen Glaubwürdigkeitsüberprüfung, die aber ohne neuerliche Auffrischung der Aussage stattfinden sollte. Der erste Gutachter verliert durch eine zwischengeschobene Befragung der Zeugen eine wichtige Kontrollmöglichkeit.

Psychologische Verfahren sind also nicht beliebig wiederholbar, ohne an diagnostischem Wert einzubüßen. Die Gerichte verzichten in der Praxis fast ausnahmslos auf ein weiteres Gutachten, bitten vielmehr den ersten Gutachter um eine Ergänzung seines Gutachtens, falls sie dieses für unvollständig halten.

3. Zur Frage unterschiedlicher Begutachtungsergebnisse in ein und derselben Sache

Bisher liegen schon einigermaßen genügend Begutachtungsfälle vor, um auch die Frage beantworten zu können, worauf es zurückzuführen ist, wenn es in den Ausnahmefällen, in denen verschiedene aussagepsychologische Gutachter nacheinander hinzugezogen werden und unabhängig voneinander Untersuchungen durchführen, zu abweichenden Ergebnissen kommt. Wir fassen die Ergebnisse einer entsprechenden Auswertung von 20 Begutachtungsfällen mit unterschiedlichem Ergebnis im folgenden kurz zusammen: a) Die zweiten Gutachter hatten in 14 Fällen *keine spezielle Ausbildung,* sie waren nicht auf forensische Aussagepsychologie spezialisiert. (In solchen Fällen neigt derjenige, der nicht regelmäßig in der Gerichtspsychologie tätig ist, zu einem *negativen* Ergebnis seiner Glaubwürdigkeitsüberprüfung. Wir vermuten, daß er sich in solchen Fällen unsicher fühlt und dann natürlich in seinem Zweifel nicht – auch nur indirekt – zuungunsten eines Beschuldigten entscheiden will.) *In der verschiedenen Vorbildung der Gutachter lag der häufigste Grund für Abweichungen.* b) Einer der beiden Gutachter hatte (in 3 Fällen) *nicht die gleichen Untersuchungsmöglichkeiten,* die der andere hatte. (In einem Fall war der Zeuge inzwischen verstorben und der zweite Gutachter hatte nur das Aktenmaterial zur Verfügung. In zwei anderen Fällen erfolgte die zweite Begutachtung erheblich (über zwei Jahre) später als die erste, so daß beträchtliche Erinnerungsverluste anzunehmen waren, welche die Glaubwürdigkeit im Unterschied zur ersten Begutachtung nicht nachweisbar erscheinen ließen. c) In 3 weiteren Fällen war ersichtlich, daß einer der beiden Gutachter durch eine verhältnismäßig enge *Schulmei-*

nung festgelegt war. (Verschiedene Schulen gibt es in der Psychologie praktisch nur noch in der klinischen oder psychotherapeutischen Psychologie. In einer dieser Schulen wird beispielsweise sehr häufig die Auffassung vertreten, daß Zeugen Gewünschtes für Realität halten, entsprechend zeigen Gutachter aus dieser Schule eine ausgeprägte Neigung, Zeugenaussagen als unzuverlässig einzustufen.)

Fehlerhafte Begutachtungen trotz Anwendung spezieller aussagepsychologischer Verfahren haben sich nach bisheriger Kenntnis nur bezüglich verhältnismäßig isolierter und unbedeutender Aussageteile ergeben (also nicht bezüglich des Kerngeschehens). Außerdem ist ein Fall bekannt geworden, in dem ein Gutachter entgegen dem allgemeinen Gebrauch eine kurze, negierende Aussage (z. B. ein bestimmtes Erlebnis mit einem nahen Verwandten nicht gehabt zu haben) begutachtet hatte.

Um die Fehlerquote auch bezüglich Teilaussagen möglichst gering zu halten, erwarten die Gutachter, daß sie in Strafsachen auch bei der Hauptverhandlung anwesend sein können, in der sie noch eine wichtige Phase der Begutachtung sehen, weil sie ihnen noch eine spezielle Kontrollmöglichkeit bietet (z. B. zur Aussage über die Identität des Beschuldigten).

In diesem Zusammenhang ist wichtig, daran zu erinnern, daß der Widerruf, den ein Zeuge bezüglich einer Aussage vornimmt, keineswegs bedeutet, daß seine frühere Aussage tatsächlich falsch war. Dort, wo früher irgendein Kontakt zwischen Zeugen und Beschuldigtem bestanden hat oder der Zeuge sich vom Beschuldigten bedroht fühlt, ist die widerrufende Aussage sehr häufig falsch gewesen (s. S. 92 und 99). Im Rahmen einer Begutachtung kann nur eine sog. Widerrufexploration eine Klärung bringen – auf die aber nicht selten verzichtet wird, weil, wie schon an anderer Stelle gesagt, entweder der Zeuge die frühere Aussage nicht mehr zur Erörterung stellt oder er sich auch in einer Hauptverhandlung zum Widerruf nicht mehr äußert (er kann ja aus dem einen oder anderen Grund ein Aussageverweigerungsrecht in Anspruch nehmen).

4. Zeitpunkt der Einholung eines Glaubwürdigkeitsgutachtens

Es braucht kaum eigens ausgesprochen zu werden, daß ein Glaubwürdigkeitsgutachten umso sicherer ein eindeutiges Ergebnis bringen kann, wenn die infragekommenden Wahrnehmungen eines Zeugen verhältnismäßig kurze Zeit zurückliegen. *In Strafverfahren ist deshalb die Beauftragung eines Gutachters in der Ermittlungsphase, in der das Verfahren bei der Staatsanwaltschaft bearbeitet wird, von größtem Vorteil.* Dem entspricht auch die Praxis der Justiz in der Bundesrepublik heute weitgehend: Eine Auszählung von 1000 Begutachtungsfällen ergab 1979 und 1980, daß die Staatsanwaltschaften in 64% der Fälle, 1991 und 1992 bereits in 74% der

Fälle den Gutachtenauftrag erteilt hatten, während im restlichen Teil der Fälle der Auftrag erst in einer erheblich späteren Phase vom Gericht erteilt worden war.

Daß eine Abhängigkeit der Gutachter von der Staatsanwaltschaft in dem Sinne besteht, daß die Gutachter dann, wenn sie von der Staatsanwaltschaft beauftragt werden, häufiger die Glaubwürdigkeit bejahen, als wenn sie im Gerichtsauftrag tätig sind, weil sie annehmen, daß die Staatsanwaltschaft „strafverfolgungsbestrebt" sei, ist sicher unberechtigt: sie würden sich ja erheblichen Schwierigkeiten in einer dann folgenden Gerichtsverhandlung ausgesetzt sehen. Negative Ergebnisse veranlassen die Staatsanwaltschaft zur Einstellung der Verfahren, aber offenbar nicht zum Wechsel der Gutachter.

Erschwert wird eine Begutachtung, wenn der Zeuge *wenige Tage* vor den Explorationsgesprächen noch einmal von irgendeiner Stelle vernommen worden ist.

5. Zuständigkeit von Psychiatern oder Psychologen bei psychisch beeinträchtigten Zeugen

Nachdem zur Frage der Zuständigkeit von Psychiatern oder Psychologen für die Glaubwürdigkeitsbegutachtung von psychisch beeinträchtigten Zeugen inzwischen jahrelang Erfahrungen gesammelt werden konnten, hat sich an fast allen Gerichten die Praxis durchgesetzt, daß in solchen Fällen ein Psychiater seine Diagnose des abnormen Befundes dem Gericht mitteilt (in vielen Fällen liegt eine solche Mitteilung schon in den Akten vor oder ist Mitteilungen von Bezugspersonen der Zeugen zu entnehmen) und ein Psychologe dann die spezielle aussagepsychologische Untersuchung zur Vorbereitung der Begutachtung durchführt, indem er diese Verfahren dem besonderen Zustand des Zeugen anpaßt. (Bei vielen anfallsleidenden Zeugen wird z. B. das gesamte Verfahren langsamer als sonst durchgeführt.) Wie schon im Kapitel über die Zeugenpersönlichkeit erwähnt wurde, spielt die genaue Ursache des abnormen Zustandes (etwa die endogene oder exogene Ursache) praktisch keine Rolle, weil die Aussagetüchtigkeit des Zeugen, wie sie *zum Zeitpunkt seiner fraglichen Beobachtungen* war, erkundet wird, wobei es dann nicht von Bedeutung ist, wodurch etwaige Ausfälle verursacht worden sind. Eingehende neurologische Untersuchungen erwiesen sich deshalb bisher nicht als notwendig.

6. Zur Frage, welche Zeugenaussagen zur Begutachtung geeignet sind

Psychologische Glaubwürdigkeitsgutachten sind nur bei solchen Zeugenaussagen ergiebig, die einen gewissen Umfang und einen verhältnismäßig erheblichen psychologisch faßbaren Gehalt haben. Dies folgt aus der Art der Glaubwürdigkeitsmerkmale, die in den Bereich der Psychologie fallen, und aus der Forderung nach einem Komplex von Glaubwürdigkeitsmerkmalen, der nur bei einem gewissen Umfang der Aussage herausgearbeitet werden kann.

Dies sind in erster Linie Zeugenaussagen zu Sexualdelikten, deren „Vielseitigkeit" wir im Einführungskapitel schon herausgestellt haben. Weiterhin kommen auch Zeugenaussagen zu Mißhandlung, zu Körperverletzung, zu Erpressung und zu Tötungsdelikten in Frage, während Aussagen zu Eigentumsdelikten, Verkehrsdelikten, Fälschungsdelikten und Rauschgiftdelikten nach dem bisherigen Stand der Aussagepsychologie psychologischen Begutachtungsverfahren nur sehr selten genügend Ansatzpunkte bieten. Beispielsweise sind Aussagen zu Diebstählen nur dann erfolgversprechend zu analysieren, wenn der Zeuge den eigentlichen Vorgang des Diebstahls selbst beobachtet hat. Die bloße Behauptung eines Zeugen, ihm fehle ein Gegenstand und dieses Fehlen könne nur durch einen Diebstahl erklärt werden, bietet verständlicherweise zu wenig Material für eine Aussageanalyse.

Außerdem muß der Zeuge einen gewissen Mindestgrad von *Unbefangenheit* aufweisen. Der Zeuge, der Mittäter war und entweder eigene Bestrafung fürchtet oder unter dem Eindruck von Bedrohungen durch seine früheren Mittäter steht – wie es häufig bei Teilnehmern an Bandendiebstählen oder an Delikten aus der Drogenszene der Fall ist – weist dieses Mindestmaß an Unbefangenheit gewöhnlich nicht auf. Aussagen zu Verkehrsdelikten sind oft zu wenig umfangreich und der Zeuge ist meist zu befangen, als daß eine Glaubwürdigkeitsüberprüfung mit psychologischen Mitteln ergiebig wäre. Verkehrsdelikte gehören im übrigen zu den Turbulenzgeschehen, die der korrekten Wiedergabe durch Zeugen große Schwierigkeiten machen.

Zeugenaussagen, die nur aus einer pauschalen Negierung bestehen („Ich habe nichts gesehen"), *lassen sich verständlicherweise nicht begutachten,* wie schon an anderer Stelle gesagt wurde. Ihr Umfang ist zu gering. Die wichtige Aussageeigenart der Detaillierung fehlt beispielsweise – mit der Folge, daß auch die Konstanz als Glaubwürdigkeitsmerkmal nicht herausgearbeitet werden kann. Ein unverdächtiges Aussageverhalten ist während einer kurzen Bekundung auch von falschaussagenden Zeugen zu wahren.

7. Zur Frage des Mindestalters aussagetüchtiger Zeugen

Von einem Alter von fünf Jahren ab ist ungefähr jedes zweite, normalentwikkelte Kind als Zeuge brauchbar, wenn es über ein einigermaßen komplexes Geschehen, das nicht längere Zeit zurückliegt, aussagen soll. Wegen der Bedeutung des Entwicklungsstandes in mehrfacher Beziehung empfiehlt sich bei den jüngsten Kindern wohl immer eine psychologische Begutachtung.

Die Grenze der Zeugentüchtigkeit im Greisenalter ist individuell völlig verschieden. Wir haben Zeugen von 62 Jahren zu begutachten gehabt, die in ihrer Aussagetüchtigkeit stark reduziert waren, und Zeugen von über 80 Jahren, die voll aussagetüchtig waren.

8. Zur Frage der Aktenüberlassung an Gutachter

Wenn ein Auftrag zur Glaubwürdigkeitsbegutachtung von Zeugenaussagen gegeben wird, hat es sich allgemein eingebürgert, daß dem Gutachter die Akten (in Haftsachen sogenannte Zweitakten) vollständig überlassen werden. Der Gutachter kann den Akten nicht nur die notwendigen Anschriften und Lebensdaten entnehmen, sondern muß auch feststellen, in welcher Beziehung Zeugenaussagen besonders strittig sind und deshalb eingehender Untersuchung bedürfen, in welchem Umfeld, das Einfluß genommen haben könnte, die Aussage steht, welche Entwicklung die Aussage bisher genommen hat, welchen anderen Zeugenaussagen sie evtl. nicht entspricht, was wieder besonderer Berücksichtigung bedarf usw.

Daß Gutachter sich durch Aktenüberlassung in ihrem Gutachtenergebnis beeinflussen lassen, ist zum mindesten bei häufiger tätigen Gutachtern auf keinen Fall anzunehmen. Sie haben in ihrer Gutachterpraxis sicher nicht selten feststellen müssen, daß sich bei der psychologischen Exploration ein anderes Bild ergab, als sie nach dem Akteneindruck von der Aussage eines Zeugen erwarten konnten.

9. Sprache und Gliederung von Glaubwürdigkeitsgutachten

Um Gutachten für die Gerichte gut verwendbar zu machen, werden aussagepsychologische Gutachten in der Mehrzahl der Begutachtungsfälle in einer sprachlichen Formulierung abgefaßt, die auch für Angehörige anderer akademischer Fachbereiche verständlich ist. Dies ist im deutschen Sprachbereich möglich, weil die deutsche Sprache (ähnlich wie die englische) über einen großen Reichtum an psychologischen Begriffsbezeichnungen verfügt, so daß wenig Anleihen bei anderen Sprachen notwendig sind. Die Gutachten erfahren auch eine Einteilung, die den Gebrauch erleichtert. So werden, wie schon an anderer Stelle ausgeführt, nach einer Aufzählung der angewandten Verfahren und der evtl. herangezogenen Literatur gewöhnlich zunächst Persönlichkeitseigenarten des Zeugen, die unter aussagepsychologischen Aspekten relevant sind, beschrieben. Sodann erfolgt ein Aussagebericht, in dem wiedergegeben wird, was der Zeuge in der psychologischen Exploration zur Sache geäußert hat. (Der Gutachter selbst verfügt über eine sogenannte Aussagetabelle, in der auch Besonderheiten des Zustandekommens der Aussage notiert werden.) Der Aussagebericht hat sich unseres Erachtens als übersichtlicher und deshalb besser verwendbar erwiesen als eine wörtlich wiedergegebene Tonbandniederschrift, die (zum mindesten in Fällen, in denen der Zeuge durch ein Geschehen, das er bekundet, persönlich berührt war) auch andere Nachteile hat (vgl. Arntzen, Vernehmungspsychologie, S. 13 und Geisler 1959).

Nachdem das wichtigste Material als Voraussetzung auf diese Weise dargeboten ist, wird in einem dritten Teil des Gutachtens die eigentliche Frage der Glaubwürdigkeit der Aussagen unter Behandlung ihrer Realitätskriterien erörtert.

10. Zur Frage der Begutachtung einer Zeugenaussage allein nach Teilnahme des Gutachters an einer Hauptverhandlung

Gutachten, die in einer Hauptverhandlung ohne Vorbereitung durch ein psychologisches Begutachtungsverfahren *außerhalb* des Gerichtstermins erfolgen sollen, werden extrem selten den Anspruch auf wissenschaftlichen Charakter erheben dürfen. Eine Ausnahmesituation ist gegeben, wenn ein Gutachter Gruppenaussagen zu begutachten hat. Fällt dann ein einzelner Zeuge aus irgendwelchen Gründen für die individuelle Exploration aus, so ist oft eine Begutachtung dieses Zeugen allein aus der Hauptverhandlung heraus möglich, da der Sachverständige dann gewöhnlich schon das Milieu des Zeugen und entscheidende gruppenpsychologische Momente kennt, um sich mit einer Exploration am Gerichtsort oder sogar nur mit der Anwesenheit bei der richterlichen Vernehmung in der Hauptverhandlung begnügen zu können.

Sonst wird in schwierigen Fällen, um die es ja gerade geht, wenn ein aussagepsychologisches Gutachten angefordert wird, die bloße Teilnahme an einer Hauptverhandlung dem Gutachter nicht genügen können, wenn wissenschaftliche Ansprüche gestellt werden. Bestimmte Persönlichkeitsarten und Vorkenntnisse der Zeugen, die für die Wertung von Aussageeigenarten als Glaubwürdigkeitsmerkmale ebenso von Bedeutung sind wie einige andere Faktoren, wird der Gutachter im Rahmen einer Gerichtsverhandlung oder in einer Pause derselben nicht erkunden können.

Anhang

Delikttypischer Inhalt von Zeugenbekundungen

Mit der Homogenität einer Zeugenaussage, wie sie in einem früheren Kapitel beschrieben wurde, überschneidet sich in etwa das folgende Glaubwürdigkeitsmerkmal, das man auch als eine Sonderform der Homogenität ansehen könnte. Da dieses Merkmal bisher nur für Aussagen über Sexualdelikte genügend ausgearbeitet ist, behandeln wir es im Anhang.

Aufgrund einer Reihe von Glaubwürdigkeitsüberprüfungen konnten wir seit dem Jahre 1951 in aussagepsychologischen Gutachten zur Darstellung bringen, daß der delikttypische Inhalt von Aussagen unter bestimmten Umständen eindeutig die Glaubwürdigkeit einer Zeugenaussage erkennen läßt. *Mit einer delikttypischen Schilderung ist gemeint, daß ein Zeuge ein Verhaltensmuster wiedergibt, das für ein bestimmtes Delikt typisch ist, das der Zeuge aber nicht kennen kann, ohne das beschriebene Erlebnis wirklich gehabt zu haben. Der Zeuge schildert Geschehensmomente, die zusammengehören, ohne daß er von der Zusammengehörigkeit derselben wissen kann, weil ihm die hierzu nötigen Kenntnisse fehlen.*

Wie gesagt, liegen bisher allerdings *nur für Aussagen über Sexualdelikte* genügend aussagepsychologische Untersuchungen vor. Hieraus erklärt sich, daß wir im folgenden auch nur Beispiele aus Aussagen heranziehen werden, die bei Verdacht auf Sexualdelikte vorgebracht wurden. (Bei Bender finden sich – 1981 – Beispiele für Aussagen mit delikttypischem Inhalt über *betrügerische* Behauptungen. Die Beispiele zeigen, daß dieses Glaubwürdigkeitsmerkmal durchaus auch für andere Arten von Zeugenbekundungen gelten könnte.) Unsere hier sehr ausführlich gebrachten Beispiele können vielleicht zu Untersuchungen auch auf anderen Deliktgebieten anregen, wobei man beachten müßte, daß nicht die bloße Gegebenheit der Tatbestandsmerkmale eines Deliktes schon entscheidend ist.

1. Sexualdelikttypisches Verhalten gegenüber verschiedenen Altersstufen von Kindern und Jugendlichen:

a) Mit auffallender Gleichförmigkeit wiederholen sich in den Zeugenaussagen über Sexualverbrechen an *Kleinkindern* folgende Verhaltensweisen des erwachsenen Delinquenten: die *Ausnutzung* einer *Spielsituation* (in der durchaus mehrere Kinder anwesend sein können), die unauffällige Annäherung durch ein „körpernahes" Spiel („Turnen", Auf-den-

Schoß-nehmen, Herumtragen) oder durch eine „pflegerische" Tätigkeit (Waschen, Säubern, Ankleidehilfe, Begleitung zur Toilette o. ä.) und das Anlocken mit Hilfe einfacher Genußmittel (Süßigkeiten). Selten werden bei Kindern dieses Alters „besondere Umstände" gemacht. Die sexuellen Handlungen (in erster Linie Berührungen am Geschlechtsteil des Kindes, aber auch Aufforderung zur Berührung des männlichen Genitale durch das Kind) werden *beiläufig* ausgeführt oder als Spiel getarnt. Gespräche scheinen auf dieser Altersstufe noch keine Rolle zu spielen. Sehr häufig findet sich allerdings schon das *Schweigegebot* eventuell unter Androhung von Schlägen für den Übertretungsfall. Auch das Versprechen eines kleinen *Geschenkes* fehlt selten.

Oft finden die Annäherungen des erwachsenen Mannes an ein Kind zwar nach ein oder zwei Kontakten ein Ende, weil die Kinder spontan und unbefangen ihren Eltern Mitteilung von den Vorkommnissen machen. Es gibt aber auch in diesem Alter bei Kindern schon Beziehungen von längerer Dauer zu (meist älteren) Männern: Kleinkinder gehen über Wochen und Monate regelmäßig zu ihnen in die Wohnung, um dort zu spielen oder Süßigkeiten und Geld zu erhalten, ohne daß die in unmittelbarer Nachbarschaft lebenden Eltern Kenntnis von dem erhalten, was dabei vorfällt. Es kann gerade bei sehr jungen Kindern auf der primitiven Basis von kleinen Geschenken eine durch Gewissensbisse, Angst oder Scham noch ungetrübte oder doch kaum belastete monatelange Freundschaft zu Sexualdelinquenten entstehen, die eine Vielzahl von meist ähnlichen sexuellen Handlungen durchaus auch mit mehreren Kindern fast gleichzeitig erlaubt. Häufig sind es beispielsweise alleinstehende alte Rentner in kinderreicher Nachbarschaft, die eine starke Anziehungskraft auf eine große Zahl von kleinen Kindern ausüben und erst sehr spät durch das Überhandnehmen des Kinderbesuches und verdächtige Begleiterscheinungen – unverhältnismäßig große Geschenke – auffallen.

Aengenendt (1955) und Matthes (1961) brachten erstmalig Zahlenmaterial zur *sozialen* Beziehung zwischen Täter und Geschädigten von Sexualdelikten. Danach sind es vornehmlich Hausmitbewohner, Gäste, Nachbarn oder sonstige Bekannte, die sich Kindern in sexueller Absicht nähern. Der Prozentsatz der Fremden unter den Tätern wird von verschiedenen Autoren zwischen 20 und 35 angegeben. Aus dem Material des Bochumer Institutes ergab sich 1991, daß sogar nur 12,4% der Täter dem jeweils betroffenen Kind vorher nicht bekannt waren. Darum sind auch sehr kleine Kinder trotz ihres eingeschränkten „Aktionskreises" und des ständigen Aufenthaltes in relativer Nähe des elterlichen Haushaltes schon Opfer nicht nur von gelegentlichen Einzeldelikten, sondern von zeitlich ausgedehnten Beziehungen dieser Art geworden.

b) Wie verändert sich nun der Typus des Sexualdeliktes an Kindern und damit der Inhalt glaubwürdiger Berichte über derartige Erlebnisse mit dem Eintritt der Opfer in ein *Lebensalter von etwa sieben bis elf Jahren?*

In den Schilderungen von *Schulkindern* von etwa acht Jahren an finden wir zunehmend Annäherungen auf dem Wege über *Gespräche*. Sogenannte „Aufklärungsgespräche", Witze mit sexuellem Inhalt oder „Komplimente" werden zu Anknüpfungspunkten. Auch die sexuellen Handlungen selbst werden häufiger als vorher von Gesprächen begleitet: Es werden Erklärungen medizinischer und „soziologischer" Art („das ist gesund" oder „das tun alle") für das Verhalten des Erwachsenen gegeben, durch die das Kind über den Unrechtcharakter desrselben hinweggetäuscht werden soll; die Empfindungen werden erläutert, die Handlungen durch Anweisungen und biologische Erklärungen zu einer „faktischen" Aufklärung gestaltet. Der körperliche Entwicklungsstand der Zeugen wird durch Betasten „geprüft" und erörtert.

Als zusätzliche Ausgangssituation für derartige Annäherungen kommen nun der Schulweg, Besuche im Schwimmbad und im Kino sowie Einkaufsgänge in Frage. Das Kind wird vom Täter zu kleinen Aufträgen und Hilfsleistungen herangezogen, darf sich etwas „verdienen". Es wird auf Autofahrten und zu sonstigen Unternehmungen mitgenommen; es darf fernsehen, es werden Verabredungen getroffen.

Die Geheimhaltung, der betont unauffällige Handlungsvollzug spielen bereits eine große Rolle. Auch hier gibt es neben kurzen Begegnungen langfristige Beziehungen, besonders wenn es sich um Täter aus der Nachbarschaft oder Verwandtschaft handelt. Dabei dürfte es durchaus zutreffen, daß die Beziehungen um so stärker von Sympathie getragen werden, je vereinsamter ein Kind ist, wie Hiltmann (1962) schreibt.

Die ausgedehnteren Beziehungen erlauben eine Reihe *verschiedenartiger Handlungen*.

Um hier auch auf die viktimologische Seite des Delikttypus einzugehen: Neben dem materiellen Vorteil und einem freundschaftlichen Wohlwollen für den Täter erleben die Kinder dabei nicht nur häufig einen gewissen physischen Reiz und die Neugier einem bisher tabuierten Lebensbereich gegenüber, sondern auch Gewissensbisse, Peinlichkeit, Verwirrung und Ratlosigkeit. Die Schuldgefühle wegen der eigenen Mitwirkung können bei schwerwiegenden Handlungen lange die Mitteilung an die Eltern und indirekt damit den Abbruch der Beziehungen verhindern. Hiltmann (1962) wies auf die Gefühlsambivalenz hin, die in solchen Situationen von Kindern erlebt wird und die in sehr vielen Fällen verhindert, daß das Kind sich, wie eigentlich von ihm erwartet wird, vom Täter abwendet. Geisler (1959), die Kinder behandelt hat, welche durch sexuelle Erlebnisse geschädigt waren, stellte fest, daß jüngere Kinder aber nur durch Erlebnisse mit jüngeren Personen intensiv beeindruckt und nachhaltig fixiert wurden, die das ästhetische Empfinden ansprachen. Sie erwähnt, was auch wir bestätigt fanden, daß die persönliche Beziehung zu älteren Männern bei jüngeren Kindern flach und häufig von Ekel und Unbehagen gefärbt ist. Bei einigen Mädchen findet sich auch ein gewisses Überlegenheitsgefühl dem alten Täter gegenüber, das sie zur Ausnutzung des Mannes in materieller Hinsicht verleitet.

Typisch für den Mangel an individueller Beziehung und persönlicher Bindung zwischen Täter und Opfer, den wir häufig finden, wenn es sich um jüngere Schulkinder handelt, scheint die Ausdehnung der sexuellen Handlungen auf *mehrere* Kinder zu sein, die vielfach gleichzeitig den Täter besuchen und dadurch auch Seh-Zeugen von sexuellen Vorgängen mit anderen Kindern werden. Müller-Luckmann (1959) spricht von einem Hang zur „Proselytenmacherei" bei verführten Mädchen dieser Altersstufe, der in einigen unserer eigenen Fälle fast „kupplerisch" wirkte.

c) Von der *Vorpubertät* an kommen dann immer häufigere Sexualdelikte an Kindern vor, die von einer mehr *individuellen Beziehung* begleitet sind. Diese kann sich auf der Basis der unreifen, suchenden Gefühle junger und noch wenig entwickelter Mädchen zwischen Kindheit und Pubertät oder sexueller Neugierde, die durch zufällige Beobachtungen und Berührungen aktiviert wurde, entwickeln, ohne daß sie sich darin aber zu erschöpfen braucht. Das Entstehen solcher Verhältnisse wird gefördert durch Reisen, Besuche, Übernachtungen, Feiern im Verwandten- und Freundeskreis und räumliche Enge in Schlafzimmern. Es gibt auch hier noch, wie Schönfelder (1968) beschreibt, die „ungebundene Beziehung", „die Beziehung als Spiel". Aber vom Kind und vom Erwachsenen her können diese Beziehungen auch den Charakter eines Liebesverhältnisses oder einer gewissen sexuellen Bindung tragen („Lolita-Beziehungen", „sympathiegetragenes Experiment" nach Schönfelder – 1968 –). Hier spielt die *erotisch*-sexuelle Verführung eine zunehmend größere Rolle, während das Gefügigmachen durch materielle Vorteile zurücktritt.

Der Verhaltensstil der verführenden Erwachsenen ist auf dieser Altersstufe der Partner wieder merkbar *variantenreicher* als bei Delikten an der jüngeren Kindergruppe. Hier gibt es neben brutaler sexueller Annäherung und Überrumpelung alle Spielarten des Verhaltens bis zur zärtlichen Werbung mit Liebesbriefen, ausgedehnten Zärtlichkeiten, Heiratsversprechungen, eifersüchtiger Überwachung – wenn auch die primitiven Verhaltensweisen häufiger sind. Einige zwölf- bis vierzehnjährige Mädchen erwidern übrigens die Annäherungen von Männern recht hingebungsvoll und werden selbst aktiv (was in ihren späteren Aussagen selten direkt zugegeben wird, sondern meist indirekt, z. B. aus der Häufigkeit und Art der fraglichen Handlungen, den wiedergegebenen Äußerungen des Täters zu erschließen ist). Es kommt zu einem fließenden Übergang zum Liebesverhältnis des heranwachsenden Menschen. *Gespräche* nehmen naturgemäß hier einen noch größeren Raum ein, wie das psychologische und „atmosphärische" Moment überhaupt neben dem physischen an Bedeutung gewinnt. Die Schweigegebote werden nicht mehr durch Androhung körperlicher Strafe, sondern sozialer Nachteile verstärkt (beispielsweise: die Partnerin würde in ein Heim kommen, wenn die Beziehung auffalle). Aber auch die eigene Bereitschaft – und Fähigkeit – der Mädchen zum Verschweigen wächst mit dem persönlichen Engagement. Daneben gibt es selbstverständlich noch die undifferenzierten, kurzfristigen Gelegenheitshandlungen ohne Wiederholung und ohne persönliche Beziehung. Im ganzen gesehen ist aber der Rahmen der Möglichkeiten sexueller Handlungen mit zunehmendem Alter der Opfer selbstverständlich weiter gespannt (etwa unter Einbeziehung auch solcher Begleitvarianten wie erotischer und pornografischer Aktaufnahmen der in der Entwicklung befindlichen Mädchen, die zeitbedingt häufiger werden). Bei den sexuellen Kernhandlungen steht im puberalen Stadium, vor allem bei jungen Tätern, wie Matthes (1961) festgestellt hat, die immissio membri im Vordergrund, während die Mädchen in der Präpubertät vor allem Opfer manueller Berührung der Genitalien, verbaler sexueller Annäherungen und Exhibitionsdelikte werden.

2. Spezifische, vom Alter des Opfers unabhängige Begehensweisen

Es gibt nicht nur vom Alter des Opfers abhängige delikttypische Verhaltensmerkmale beim Täter, sondern auch jede einzelne Deliktart innerhalb der Sexualdelikte zeigt spezifische Begehensformen und bevorzugte Begleitumstände.

a) Beispiele für ein extrem stereotypes, kaum variables „Verhaltensmuster" liefern Zeugenaussagen über *exhibierendes Verhalten*. Hier finden sich nahezu immer die gleichen Verhaltensmerkmale: z. B. das Auflauern an abgelegenen, aber für einzelne Personen einsehbaren Örtlichkeiten, die häufige Beschränkung auf ein *Zeigen* der entblößten Geschlechtsteile, bestimmte mimische Begleiterscheinungen („Grinsen"), Verzicht auf verbale Äußerungen, nicht aber auf andere Formen des Sich-bemerkbar-Machens (Zischen, Hüsteln, Klopfen, Aufstellen in Blickrichtung), Bevorzugung unbekannter Opfer, aber häufig der gleichen Örtlichkeiten (s. Orth 1991).

b) Delikttypisch für den *Inzest* sind nicht so sehr massive, konkrete Verhaltensweisen, obwohl wir diese in einem großen Teil der Fälle finden, als bestimmte, zum Teil recht sublime psychologische Momente. (Die folgenden Ausführungen stützen sich auf Aussagen von über 2000 Zeuginnen, die in Fällen von Inzestverdacht im Bochumer Institut für Gerichtspsychologie begutachtet wurden. 281 Fälle glaubwürdiger Aussagen sind besonders eingehend ausgewertet worden.): Bei diesen Beziehungen, die nicht selten von einer gestörten familiären Situation oder doch von einer latenten ehelichen Krise unter äußerlich geordneten Verhältnissen ihren Ausgang nehmen, entwickeln die Väter meist gewisse Tarnungsmanöver für ihre Absichten. Sie tarnen die sexuellen Handlungen als pädagogische Maßnahmen und berufen sich auf die Pflicht des Vaters zur sexuellen Aufklärung der Tochter oder sie stellen sie als allgemein üblichen Brauch hin. Sie bezeichnen die Vater-Tochter-Beziehung im Gegensatz zu Verhältnissen der Tochter mit jüngeren Männern als legal und ungefährlich. In Gesprächen über die Ehe der Eltern setzt der Vater diese herab oder stellt sie als praktisch nicht mehr existent hin. Die Mutter wird als zu kalt, alt, reizlos, ablehnend hingestellt. Typisch ist besonders eine betont pädagogische, dabei aber eifersuchtsgefärbte Haltung des Vaters in bezug auf das Verhältnis der Tochter zum anderen Geschlecht: hier legt der Vater, der gleichzeitig selbst sexuelle Handlungen mit seiner Tochter ausführt, oft strengste moralische Maßstäbe an und führt eine mißtrauische Beobachtung und Bewachung durch.

Das häufig berichtete und von unbeteiligten Außenstehenden auch beobachtete unnatürliche Bemühen des sexuell engagierten Vaters, die Tochter für sich zu behalten, steht im Gegensatz zu seltenen Fällen einer gewissen Neigung, die sexuell mißbrauchte Tochter zu „verkuppeln", sie zum Geschlechtsverkehr mit jungen Männern zu ermuntern, ihr diesbezüglich Ratschläge zu geben, gelegentlich auch zu dem Wunsch, in irgendeiner Weise an ihrem sexuellen Erleben mit anderen teilzunehmen. Der Wunsch, die eigenen Verfehlungen an der Tochter durch aufgedeckte anderweitige sexuelle Beziehungen des Mädchens zu entschuldigen, kann mitspielen. *Kaum je trifft man bei Inzest ein unbefangenes Verhältnis der Väter zu potentiellen oder tatsächlichen anderweitigen Partnern der Töchter.*

Die besondere Natur der Familienbeziehung bringt beim Entstehen einer Sexualbeziehung zwischen Vater und Tochter (am häufigsten mit etwa 12 Jahren, infolge der Akzeleration in 21% unserer Fälle aber auch schon unter 10 Jahren) noch weitere Komplikationen mit sich, die sich bei sorgfältiger psychologischer Exploration in fast allen Aussagen über Inzestdelikte widerspiegeln: Der Vater büßt seine Stellung als Vater ein, wenn er zum sexuellen Partner der Tochter wird, von deren Diskretion zudem seine künftige Stellung in der Familie und seine Straffreiheit abhängen. Die Zeuginnen von Inzestdelikten verachten häufig ihren Vater oder sehen ihn doch aus einer völlig veränderten Perspektive, die immer auch die gemütsmäßige Bindung an ihn beeinträchtigt. In Fällen, in denen der Vater nicht als brutaler Familientyrann alle Angehörigen terrorisiert, gerät er leicht in eine gewisse Abhängigkeit von der Tochter, zu der er sexuelle Beziehungen unterhält: einmal muß er sie immer wieder für die von ihm gewünschten intimen Beziehungen gewinnen, zum anderen muß er sich ihrer Diskretion versichern. Es kommt zu „Erpressungsversuchen" nicht nur von seiner Seite (durch Ausgangssperre, Vorenthalten des Taschengeldes, Zurücksetzung gegenüber den Geschwistern usw.), wenn die Tochter sich ihm entzieht, sondern in vielen Fällen auch von seiten der Tochter, die Wünsche nach Anschaffungen und nach Ausgeherlaubnis mit Hilfe der sexuellen Abhängigkeit des Vaters verwirklicht und ihm mit Anzeige droht, wenn ihre Belange nicht respektiert werden usw. Das kindliche Abhängigkeitsverhältnis verwandelt sich in ein Partnerschaftsverhältnis, in dem häufig beide Partner um ihre Überlegenheit kämpfen – ein besonders kompliziertes Verhältnis infolge der Heimlichkeit, in der es sich abspielen muß.

Dieses Gegeneinander mit „Erpressungs"- oder „Bestechungsversuchen" schließt aber in fast jedem Falle – meist von seiten der jugendlichen Tochter nicht zugegeben – eine *Komplizenschaft* ein, am stärksten ausgeprägt in Fällen einer durchgehend erotisch getönten, persönlich getragenen Inzestbeziehung, wie wir sie allerdings seltener gefunden haben. Hier erlebt das junge Mädchen – oft schon von der vorpubertären Phase an – seinen Vater als „besten Freund", dessen sexuelle Ansprüche es – wenn auch nach anfänglichem Schock – hinnimmt, zeitweise auch gern erfüllt. Nicht selten werden allerdings Äußerungen des Vaters berichtet, die eine gewisse „ungleiche Partnerschaft" widerspiegeln: Der in die Tochter verliebte Vater vermißt bei der noch unreifen Partnerin die volle adäquate Resonanz. Eine besondere Problematik beginnt aber meist erst dann, wenn die Tochter andere erotische Bindungen eingeht. (Häufig kommen jahrelange inzestuöse Beziehungen erst im Zusammenhang mit den sich dann ergebenden Konflikten und infolge der Mitwisserschaft des Freundes der Tochter zur Anzeige.)

Im übrigen läuft keine inzestuöse Beziehung, die sich über längere Zeit erstreckt, in allen Phasen gleichbleibend ab. Sie stellt vielmehr einen Prozeß dar, der mehrere Stadien durchläuft: anfangs duldet die überrumpelte oder schrittweise verführte, aber für ein sexuell-erotisches Verhältnis noch nicht reife Tochter meist nur widerwillig, rein passiv und vielfach ohne Bewußtsein des Unrechtcharakters der Situation die sexuellen Handlungen. Gewöhnung und zunehmende physische Ansprechbarkeit bewirken etwa von der Pubertät an eine wachsende, von sexuellen Gefühlen begleitete Beteiligung. Das Heranwachsen der Zeugin zur Frau steigert aber nicht nur die Beziehung, sondern zersetzt sie auch durch die einsetzenden extrafamiliären erotischen Interessen des Mädchens und die oft unduldsamen, eifersüchtigen Gegenmaßnahmen des Vaters. Ein Bewußtsein für das Ungesetzliche des sexuellen Tuns zwischen Vater und Tochter hat sich entwickelt und wirkt zunehmend bedrückend.

Sehr viele Zeuginnen und Geschädigte von Inzestdelikten durchlaufen also Stadien nicht nur negativer Einstellung zum Täter (Vater) und zum Delikt. Auch innerhalb vorwiegend positiver oder negativer Einstellungsphasen ist die *Ambivalenz der Gefühle* ausgeprägt. Die wenigstens zeitweilig oder teilweise positive Haltung zum sexuellen Deliktgeschehen wird selbstverständlich sehr ungern zugegeben. Zum Zeitpunkt der Anzeige und Aussage ist dieses Moment auch im Bewußtsein der Töchter durch die konfliktreiche Entwicklung, die der Anzeige vorhergeht, häufig überdeckt. Die nun bestehende Aversion gegen den Vater und die sexuellen Handlungen und das Gefühl der Unerträglichkeit der unnatürlichen Situation läßt die Mädchen vergessen, daß sie dieselbe nicht immer so empfunden haben. Man sollte aber vorsichtshalber immer davon ausgehen, daß zeitweise die Töchter dem Vater entgegengekommen sind – vieles in den Aussagen der Mädchen ist nur von daher zu verstehen. Eine ausgesprochene Provokation des Vaters zu sexuellen Handlungen durch die Töchter scheint uns, jedenfalls in den zur Anzeige gebrachten Fällen, ungewöhnlich, obwohl sie von den Vätern oft angegeben und möglicherweise auch subjektiv erlebt worden ist.

Typisch für die inzestuöse Beziehung ist auch der Konflikt, in dem sich die Tochter häufig der *Mutter* gegenüber befindet. Maisch (1968) hebt in einleuchtender Weise hervor, daß in vielen Fällen eine oppositionelle Haltung und Vertrauensmangel gegenüber der Mutter das Entstehen der inzestuösen Vaterbeziehung förderten. Wir haben allerdings auch Fälle kennengelernt, in denen trotz *gesunder* Beziehung zur Mutter sich der Inzest mit dem Vater entwickelt zu haben schien und in denen das Verhältnis zur Mutter sich erst wesentlich *infolge* des Inzestes komplizierte. Dem Drang, sich der Mutter mitzuteilen, stehen, je stärker die Tochter an den fraglichen Handlungen beteiligt ist, in desto stärkerem Maße Hemmungen gegenüber, die nicht nur in Mitleid mit der Mutter, sondern auch in Scham und Schuldgefühl begründet sind. Die Haltung der Mutter beschreiben die Zeuginnen oft als mißtrauisch oder besorgt, das Verhältnis zu ihr als mehr oder weniger gespannt aufgrund der von ihr vermuteten Beziehungen der Tochter zum Vater. Deliktuntypisch sind deshalb aber nicht die Aussagen, in denen bekundet wird, eine Mutter habe jahrelang von den Beziehungen ihres Ehemannes zu einer oder mehreren Töchtern nichts bemerkt. Wir erfuhren beispielsweise von einzelnen Fällen, in denen trotz gemeinsamen Schlafzimmers die Mutter von den Beziehungen zwischen Vater und Tochter erst unmittelbar vor der Entbindung der Tochter, die vom Vater schwanger geworden war, Kenntnis erhielt. Zuzunehmen scheinen die Fälle, in denen die Mutter, von der Tochter schließlich über den Inzest informiert und um Hilfe gebeten, der Tochter nicht glaubt oder nur halbherzig einschreitet und sie dadurch außerordentlich enttäuscht. Nicht mehr selten sind inzwischen auch die Fälle, in denen die Mutter, wenn z. T. auch widerwillig und unter heftigem Konflikterleben, in die sexuellen Handlungen einbezogen wird. (Gruppensexvorstellungen und die Hoffnung der Mutter, durch besondere Toleranz die eigene Ehe zu retten, dürften hier wirksam sein.) Offene Diskussionen der Eltern über den Inzest im Beisein der Tochter werden neuerdings ebenfalls hin und wieder berichtet.

Nicht übersehen werden darf der große Anteil affektlabiler und brutaler Vaterpersönlichkeiten und zerrütteter Familienverhältnisse unter den Inzestfällen, die zur Anzeige kommen. (Ein Viertel der Väter sind Trinker.) Hier ist, wie Gerchow (1965) darstellt, nie ein moralisches Wertsystem aufgebaut und beachtet, sondern immer nur den eigenen Trieben gelebt worden. Hier spielen auch die differenzierten zwischenmenschlichen Momente, die erwähnt wurden, keine nennenswerte Rolle, sondern der Geschlechtsverkehr wird von dem gehaßten, wegen seiner Brutalität gefürchteten Vater erzwungen. Ein Teil der Mütter ahnt oder weiß davon, ohne diese Vorfälle verhindern zu können oder es auch nur zu versuchen. (10% der Mütter in unserer Population, 12% in der von Maisch waren eindeutig Mitwisser des Inzestes.) Die Familie ist dem Vater ausgeliefert und wagt aus allgemeiner Hilflosigkeit oder aus Furcht, den Ernährer zu verlieren, keinerlei Schritte gegen ihn – eine Haltung, aus der es, wenn einmal das Schweigen gebrochen worden ist, auch immer wieder zum Aussagewiderruf wider besseres Wissen (mindestens zur Aussageverweigerung) kommt.

Bezüglich der konkreten Verhaltensweisen und der Durchführung der sexuellen Kontakte selbst ist zu sagen: Beim Inzest legen brutale Vaterpersönlichkeiten natürlich ein anderes Verhalten an den Tag als die asthenisch-haltlosen oder die Vertreter des stärker erotisch als sexuell ausgerichteten Typs. Die sexuelle Triebhaftigkeit und Triebausrichtung bestimmen die Häufigkeit und die Art der sexuellen Handlungen, die von bloßen Ersatzhandlungen (ausgedehnten sexuell gefärbten Unterhaltungen) bis zu massivsten Handlungen mit ungewöhnlichen Einschlägen gehen kann. Gewaltanwendung zur Durchsetzung der sexuellen Handlungen ist dagegen sowohl nach Maisch's wie nach unseren Untersuchungen sehr selten, da in der Regel das Abhängigkeitsverhältnis bereits Gefügigkeit der Tochter bewirkt. Wohl finden sich Drohungen und eine gewisse Zwangsanwendung in 42% unserer Fälle, in 46% bei Maisch.

Die Tatsache, daß in manchen Fällen in einer inzestuösen Beziehung die Töchter vom Vater *nicht defloriert* wurde, erlaubt übrigens noch nicht die Zuordnung des Vaters zu dem rücksichtsvolleren Typus: hier scheint es sich mehr um eine delikttypische als um eine individualtypische Verhaltensform zu handeln. Die Täter mögen wohl daran denken, daß sexuelle Handlungen ohne Defloration schwieriger nachweisbar sind. Jedenfalls sind Inzesttäter öfter bewußt auf die Erhaltung des Hymens bedacht als andere Sexualdelinquenten; die Unverletztheit des Hymens braucht deshalb auch nicht gegen die Glaubhaftigkeit von Aussagen über ausgedehnte sexuelle Handlungen zu sprechen.

Einzelne inzestuöse Handlungen, die gleichsam isoliert stehen, sich nicht wiederholen und sich nicht zu einer ausgedehnteren Beziehung entwickeln, haben wir, glaubwürdig bezeugt, fast nur in Verbindung mit Ausnahmesituationen gefunden: die Zeuginnen berichteten, eine einmalige derartige Annäherung des Vaters habe sich zugetragen, als sich die Mutter im Krankenhaus befunden habe oder als der Vater *betrunken* gewesen sei.

Geisler (1959) hält aus ihrer klinischen Erfahrung derartige einmalige Vorkommnisse als Symptom einer potentiellen, aber von der Tochter verhinderten Inzestbeziehung für häufig. Da wir bei der gerichtspsychologischen Aussagebegutachtung überwiegend mit massiven Inzestfällen in Berührung kommen, die eben aufgrund ihres gravierenden Charakters und ihrer Dynamik als „Prozeß" schließlich zur Anzeige gekommen sind, können wir diesbezüglich kein Urteil abgeben. Es erscheint aber schon von der Einwirkung der Mütter her denkbar, daß viele potentielle Inzestbeziehungen erfolgreich abgestoppt werden und deshalb nie zur Anzeige kommen. Wegen der schwierigen Motivsituation (Ehescheidungssituation z. B.), in der hin und wieder ein derartiges einzelnes Vorkommnis sehr spät zur Anzeige gebracht wird, läßt es sich mit forensischen Ansprüchen genügender Sicherheit aussagepsychologisch oft nicht beweisen.

Es ist gut erkennbar, daß die delikttypischen Verhaltensweisen beim Inzest weniger starr festgelegt sind, sondern innerhalb einer gewissen Bandbreite – mit den beteiligten Charakteren und familiären Konstellationen – variieren. Trotzdem fällt auf, mit welcher Regelmäßigkeit gewisse Schilderungen in den Aussagen über ungesetzliche intrafamiliäre Sexualbeziehungen wiederkehren und damit zum delikttypischen Inhalt einer Aussage werden können – was uns dazu veranlaßte, diese Aussageeigenart als Glaubwürdigkeitsmerkmal herauszuarbeiten.

Hingewiesen werden darf vielleicht noch darauf, daß entgegen allgemeiner Erwartung sich wirtschaftlich ungesicherte und bedrängte Lage oder beengte Wohnverhältnisse nicht als vorherrschend und bedingend für Inzestfälle herausstellten, daß in unserem Material 6% der Inzesttäter schon einmal wegen desselben Deliktes (in der Regel aber nicht wegen anderer Delikte) bestraft waren, daß in den Siebzigerjahren ca. 5% der untersuchten Inzestverhältnisse zur Geburt eines Kindes führten (früher war der Prozentsatz höher).

Aussageauslösend ist sehr häufig ein Familienstreit oder doch ein Zerwürfnis zwischen der Zeugin und ihrem Vater, so daß diese Motivsituation geradezu als klassische Bedingung der Inzestaussage gelten kann.

Wir haben im vorstehenden eine so ausführliche Darstellung gegeben, um erkennen zu lassen, welche kriminologischen Kenntnisse und welche Phantasiebegabung eine Zeugin mitbringen müßte, um das so vielgestaltige und doch gleichzeitig einheitliche, typische Verhalten der Inzesttäter in einer Falschaussage zu beschreiben – es also dem Delikttypus entsprechend zu schildern und die Aussage damit frei von sachlichen Unstimmigkeiten zu halten.

3. Viktimotypisches Verhalten betroffener Zeugen

Wie wir schon andeuteten, gehören zu den delikttypischen Momenten nicht nur Verhaltensweisen des Täters, sondern auch seiner Opfer, also beispielsweise das viktimotypische Verhalten der Jugendlichen bei Sexualdelikten, mit denen man es nachher als Tatzeugen zu tun hat.

Es zeigte sich bei unseren Untersuchungen, daß Zeugen aus ihrer Phantasie heraus keineswegs in der Lage sind, ein komplexes Verhalten und Erleben realitätsentsprechend zu schildern, das Opfer als Geschädigte oder Partner eines Deliktes manifestieren. Eine treffende Schilderung dieses Verhaltens spricht also eindeutig für eine glaubhafte Aussage über ein tatsächliches Erlebnis, soweit sich aufweisen läßt, daß die Schilderung nicht aus der populären Inzestliteratur übernommen worden ist.

Erwähnt sei beispielsweise als viktimotypische Besonderheit die Schilderung des psychischen Konfliktes, der sich für die jugendlichen Zeugen aus dem Bewußtsein der möglichen nachteiligen Konsequenzen ergibt, die in den zuletzt besprochenen Inzestfällen das Verhältnis der Zeuginnen zu ihrem Vater für sie haben kann (z. B. Heimerziehung), und welche die Väter den Mädchen selten vor Augen zu führen versäumen, um sie zum Schweigen zu veranlassen.

Außerdem bringt, um beim Beispiel dieser Deliktart zu bleiben, abgesehen von allen sozialen Implikationen, wie E. Geisler (1959) ausführt, die bloße Verwandlung der Elternbeziehung in eine Sexualbeziehung eine tiefe innerpsychische Erschütterung für das Kind mit sich. Nicht nur bricht ein sexuelles Geschehen, das noch nicht adäquat erlebt werden kann, verfrüht und traumatisierend ohne die Möglichkeit positiver Einordnung und Verarbeitung in das Kinderleben ein (Arntzen 1978, Finkelhor 1984, Fürniß 1985, Jungjohann 1990). Gleichzeitig verliert das Kind auch seinen Vater als Vater (der er bei der intimen Nähe im eigentlichen Sinne nicht bleiben kann). Der Verlust der „Vaterfigur" hat erhebliche nachteilige Folgen für das Geborgenheitsgefühl und den Aufbau der Wertwelt eines Kindes. (Wir führen pädagogische Schwierigkeiten und Verwahrlosungserscheinungen, die – auch außerhalb des sexuellen Sektors – bei Inzestopfern auftreten können, mit darauf zurück).

Diese viktimotypischen Erscheinungen wird eine kindliche oder jugendliche Zeugin selten in Worte fassen können; trotzdem sind sie indirekt in vielen Inzestaussagen gegenwärtig und faßbar. Sie stehen in enger Beziehung zu den Merkmalen der Aussage*weise* und treten häufig als Gefühlsbeteiligung oder faktische Reaktion im weiteren Sinne hervor, selbst, wenn sie inhaltlich nicht explizit zum Ausdruck gebracht werden.

Viktimotypisch erscheinen uns z. B. auch die Schilderungen, die junge Inzestzeuginnen immer wieder von den Störungen ihres Sexuallebens oft noch lange nach den inzestuösen Erlebnissen geben. Von 100 Inzestzeuginnen, die glaubwürdig ausgesagt hatten, klagten bei uns beispielsweise 39 über Frigidität, auffallende Sexualängste und sexuelle Erlebnisunfähigkeit. Sie erwiesen sich im sexuellen Sektor noch nach Jahren als ausgesprochen traumatisiert.

Typische Verhaltensformen der Opfer wird man allerdings in den Aussagen der Zeugen um so weniger *direkt* dargestellt finden, je älter sie werden, weil den Zeugen dann der kompromittierende Charakter der meisten dieser Verhaltensweisen zunehmend bewußt wird und dementsprechend die Hemmungen bei der Mitteilung wachsen. Wie Schönfelder (1968) sagt, liegt im Verschweigen der eigenen Rolle bzw. in deren Verharmlosung „in vielen Fällen für das Kind die einzige Möglichkeit, sich gegen den Druck der eigenen Umwelt abzusichern". Man muß aber die Verhaltensweisen der jugendlichen Partner kennen, um ungewöhnlich erscheinende Schilderungen über das Verhalten des männlichen Partners richtig zuzuordnen und auch um die innere Situation vieler Zeuginnen, ihr Schuldgefühl, ihr Selbstbelastungsbewußtsein und ihre Zurückhaltung bei der Aussage verstehen und angehen zu können.

Aus dem Vorstehenden ergibt sich also, daß nicht nur Verhaltensweisen und Äußerungen des Täters, sondern auch Reaktionen des Opfers sowie in etwa auch des gesamten sozialen Umfeldes als delikttypische Momente in Zeugenaussagen auftauchen und dem Aussageinhalt sein spezifisches Gepräge geben, das eine Beurteilung der Glaubwürdigkeit erlaubt (s. auch Krück 1989 und 1991, Ulrich 1988, Orth 1991, Schellenberg 1985).

Fälle des intrafamiliären sexuellen Mißbrauchs an *Kleinkindern,* die in den letzten Jahren zunehmend berichtet werden, sind in dieser Darstellung des „Inzesttypischen" nicht berücksichtigt, obwohl einige der heranwachsenden Mädchen, die Opfer eines langjährigen Inzestes geworden sind, den Beginn dieser Beziehung auch in die frühe oder früheste Kindheit datieren. Hier werden häufig zärtliche familiäre Bettszenen sowie Spiele beim gemeinsamen Baden als Ausgangssituation genannt.

Eine Fülle von intrafamiliären Mißbrauchsvorwürfen bezüglich kleiner Kinder gibt es aber erst seit wenigen Jahren vor allem im Zusammenhang mit *Ehescheidungen* und den sich daraus entwickelnden Streitigkeiten um Sorge- und Umgangsrecht. Die Abklärung der Glaubwürdigkeitsfrage ist, wenn die Zeugen bei Bekanntwerden der Belastungen noch sehr jung sind – anders als bei den Zeuginnen der reifen Kindheit oder des Jugendlichenalters – mit Problemen belastet, da es um die *forensische Verwertbarkeit* von Aussagen geht, die deutlich unterschieden werden muß vom bloßen *Eindruck* der Erlebnisbezogenheit von Bekundungen (s. Michaelis 1977).

Die oft nur aus wenigen Satzstücken bestehenden Angaben, die sich aus Gedächtnisgründen bei Kindern bis zu sieben Jahren auch noch schnell verringern können, stehen in einem sehr ungünstigen Umfeld, wenn die Eltern gleichzeitig um das Sorgerecht für das Kind oder seine Besuche beim nichtsorgeberechtigten Elternteil kämpfen. Vielfach scheinen überängstliche oder sehr aversiv eingestellte Mütter intensiv und vorgebend gefragt zu haben, was das Kind mit dem Vater erlebt oder „gespielt" habe. Verhaltensauffälligkeiten werden vorschnell im Sinn von Symptomen des sexuellen Mißbrauchs gedeutet (die sie sehr wohl sein können, aber nicht in jedem Fall sein müssen). Die Aussage durchläuft oft viele Stadien bei Beratern, ehe Anzeige, polizeiliche Vernehmung und gerichtlich in Auftrag gegebene Begutachtung erfolgen. Die Suggestibilität junger Kinder, eine hohe Sensibilisierung der Öffentlichkeit und damit auch der beteiligten Erwachsenen für Mißbrauchsgefahren sowie zum Teil ausführliche Informationen über einschlägige Kinderaussagen durch die Medien wirken sehr ungünstig zusammen.

Man geht inzwischen von einem Drittel unbegründeter oder grob verfälschter Mißbrauchsaussagen kleiner Kinder im Scheidungsumfeld aus (Roemer und Wetzels 1991, Kluck u. Müther 1992, Röcker 1989). Wir möchten hier keine Zahl „falscher" Aussagen von Kleinkindern nennen, da sich nicht immer sicher differenzieren läßt, ob eine irgendwie geartete Erlebnisbasis gegeben ist oder nicht. Wir müssen aber feststellen, daß der Prozentsatz der *forensisch nicht brauchbaren Aussagen* von Kleinkindern im Scheidungsumfeld wesentlich höher ist als unter neutraleren Umständen und zu Zeiten einer weniger von Verdachtneigung aufgeheizten Atmosphäre. (Er liegt deutlich über 50%, wobei zu bedenken ist, daß in einem Strafverfahren aus psychologischer Sicht nur Aussagen mit belegbarer, anhand von mehreren Kriterien abgesicherter Glaubwürdigkeit als verwertbar gelten dürfen. *Strafjustitiell* brauchbare Aussagen von drei- und vierjährigen Zeugen stellen nach unserer Erfahrung in *diesem* Rahmen Ausnahmen dar, wenn nicht gute äußere Stützen gegeben sind.)

4. Dem Delikttypus nicht widersprechende Bekundungen von Zeugen

Neben dem Katalog delikttypischer Momente (der keinen Anspruch auf Vollständigkeit erhebt) verdienen auch Momente erwähnt zu werden, die – *entgegen allgemeiner Erwartung – nicht untypisch* für Aussagen über Sexualdelikte sind, aus denen also *keine Zweifel* an der Glaubwürdigkeit hergeleitet zu werden brauchen, wenn entsprechende Delikte von Zeugen geschildert werden.

a) *Widerstandsmaßnahmen des Opfers* gehören nicht zu den typischen Inhalten der Aussagen von Kindern und Jugendlichen über ein Sexualdelikt. Sie werden zwar öfter – vor allem auf Befragen – angegeben, sie kommen in einer gewissen Zahl von Fällen auch tatsächlich vor – jedoch ist das Ausbleiben des Widerstands bei Kindern, sei es aus Überraschung (bei der ersten unerwarteten Annäherung), sei es aufgrund von Verführung durch den physischen Reiz oder materielle Vorteile, mindestens ebenso typisch für das Deliktgeschehen. Es sind Erwachsenenvorstellungen, die voraussetzen, daß ein Kind sich selbstverständlich gegen einen sexuellen Übergriff eines Erwachsenen zur Wehr setzen müsse (s. hierzu auch Müller-Luckmann 1959). Nach Th. Schönfelder (1968) laufen vier

Fünftel aller Fälle von Sexualhandlungen an Kindern, nach Auszählung der Aussagen einer im Bochumer Gerichtspsychologischen Institut 1979 und 1980 erfaßten Gruppe von 524 Zeugen 66% aller Fälle ohne Gegenwehr ab, ein Teil sogar unter Mitwirkung der Kinder. Es wäre denkbar, daß mit dem zunehmenden Abbau einer auf Autorität ausgerichteten Erziehung auch die – noch immer relativ seltene – Bereitschaft zum Widerstand leicht zunimmt. Überwiegend sind aber viele Beteuerungen wie: „Ich habe mich gewehrt!", „Der hat mich festgehalten" noch immer leicht als Beschönigungsversuche zu enthüllen.

Nach Schönfelder sind etwa 37% der Mädchen sogar aktiv beteiligt, bevorzugt unter den Pubertierenden und den schwächer begabten Mädchen und mitunter gerade gegenüber alten Tätern. Daß ein Kind die *Initiative* zur ersten sexuellen Handlung ergreift, erscheint uns allerdings noch immer sehr selten, wie wir schon an anderer Stelle erwähnten.

Selbst bei der Vergewaltigung, einem Delikt, das durch Zwang in der Durchführung definiert ist, werden oft falsche Erwartungen an den Widerstand des Opfers gestellt, dessen Entfaltung und Durchhaltekraft aber ebenfalls bestimmten Gesetzen unterliegt. (Hinweise zur Viktimologie der Vergewaltigung finden sich bei Michaelis 1981.)

b) Auch von „vernünftigen" Überlegungen zum möglichen Verhalten eines Sexualdelinquenten darf man bei der Bewertung einer Aussage über ein Sexualdelikt nicht immer ausgehen. Die Täter nehmen bei Triebhandlungen keineswegs immer Rücksicht darauf, ob die Handlungsdurchführung sie gefährdet oder ob sie die sicherste Erreichung des Triebzieles garantiert. (Es kommt gar nicht so selten zu unerwarteten Triebhandlungen auch unbescholtener, geordneter Personen, die in ihrer Kopflosigkeit und Uneinfühlbarkeit unwahrscheinlich wirken.) Vieles, was in Aussagen über Sexualdelikte zunächst ungereimt und unwahrscheinlich klingt und früher zu einer negativen Glaubwürdigkeitsbeurteilung geführt hat, ist heute durch ein großes Aussagematerial durchaus als im Bereich möglichen menschlichen Verhaltens liegend erwiesen.

c) Außerdem gibt es Aussagen, die ein merkwürdig *„unvollständiges"* Sexualgeschehen zum Inhalt haben; Zeugen geben z. B. an, es seien alle Vorbereitungen zum sexuellen Kontakt getroffen worden, es sei aber – ohne daß eine Störung eingetreten sei – nicht zu demselben gekommen, sondern der Betreffende habe davon Abstand genommen oder sich mit unerheblichen „Ersatzhandlungen" begnügt. Sehr oft wird eine solche Schilderung tatsächlich unvollständig sein, weil die Zeugin sich scheut, den vollen Umfang des Geschehens einzuräumen; aber es treten vor allem bei vorbestraften Tätern auch nicht selten Hemmungen auf, die einen Handlungsabbruch oder ein gleichsam „gebremstes" Deliktverhalten zur Folge haben, das häufig nur an der Grenze des Ungehörigen liegt (z. B. häufiges, ausgedehntes und *exponiertes* Urinieren eines früher wegen Exhibierens Bestraften, bloßes Betrachten des Geschlechtsteils eines

Kindes durch einen Mann, der vorher mehrmals Strafen für schwerwiegende Sexualdelikte an Kindern erhalten hatte).

Hier sind also grundsätzlich noch keine Bedenken gegen die Richtigkeit der Schilderung angebracht.

d) Möglich ist schließlich auch, daß nicht nur die intellektuelle Stumpfheit der Zeugin eines Sexualdeliktes der Wiedergabe differenzierter delikttypischer Merkmale Grenzen setzt, sondern daß schon die Primitivität des Täters, ihres Partners, die Ausbildung eines differenzierten Verhaltens- und Beziehungsgefüges bis zu einem gewissen Grade verhindert – in diesem Falle könnten nur andere Aussagemerkmale die Richtigkeit oder Unrichtigkeit der Aussage erweisen. (Mitunter kann ein sicherer objektiver Beweis der Glaubhaftigkeit auch für subjektiv überzeugende Aussagen dieser Art nicht geführt werden.)

Die Untersuchung einer Aussage auf die geschilderten delikttypischen Momente hin stellt aber im *allgemeinen* für den kriminologisch Geschulten eine sehr gute Möglichkeit zur Kontrolle der Realitätsbezogenheit einer Aussage dar.

5. Die Beschreibung eines Delikttypus als Glaubwürdigkeitsmerkmal

Im folgenden soll noch etwas über die *Bedingungen* und *Maßstäbe* für einen Glaubwürdigkeitsnachweis mit Hilfe delikttypischer Vorgangsmomente gesagt werden.

a) Schon der gebildete, aber kriminologisch und entwicklungspsychologisch nicht geschulte erwachsene Zeuge weiß im einzelnen nicht, welche Momente und Erscheinungsweisen sich zum Typenbild eines Deliktes zusammenfügen. Das gilt noch mehr für Kinder und Jugendliche, deren Aussagen in diesem Abschnitt ja bevorzugt behandelt werden. Sie halten den Ablauf des kriminellen Geschehens für willkürlich und individuell bestimmt und meinen, Originelles und Einmaliges über einen Sexualdelinquenten zu berichten. *Wenn ein Jugendlicher auch einzelne delikttypische Verhaltensweisen kennt, so versteht er damit – besonders bei einem umfangreichen Geschehenskomplex, der auch psychische Momente einschließt – noch keineswegs deren Zusammengehörigkeit und Bezogenheit aufeinander.*

Es ist aber auch beim kindlichen und jugendlichen Zeugen unbedingt angebracht, nicht von vornherein und selbstverständlich in jedem Fall vorauszusetzen, daß der Zeuge einige delikttypische Zusammenhänge nicht kennt. Sichere Hinweise auf den Grad seiner Einsicht findet man in seiner *Aussageweise:* Der „naive" Zeuge berichtet ungesteuert (s. S. 73), läßt physiologisch, sexualpsychologisch und kriminologisch Bedeutsames in der spontanen Darstellung oft unberücksichtigt und verlegt die Akzente auf (in diesem Sinne) Unwesentliches. Er beschreibt rein *phäno-*

mengebunden, vordergründig und reflektiert über Hintergründe und Zusammenhänge, wenn man ihn dazu anregt, in naiver Weise.

b) Ist das Aussagematerial nicht reichlich, das ein Zeuge vorbringt, und enthält es nur *wenig Typusmomente,* so ist nicht immer leicht zu entscheiden, ob der betreffende Zeuge imstande wäre, eine derartige Aussage auch ohne Erlebnisgrundlage vorzubringen. In diesem Fall ist es bei Aussagen zu Sexualdelikten wichtig, sich genaue Aufschlüsse durch Prüfung des *sexuellen Aufklärungsstandes* des Zeugen, die bei psychologischen Glaubwürdigkeitsbegutachtungen eigens vorgenommen wird, sowie durch die Exploration zu etwaigen einschlägigen Vorerlebnissen zu verschaffen. Aus solchen Vorerlebnissen könnte der Zeuge das Verhaltensmuster kennen. Hier läge dann ein *Minderungsfaktor,* der verhindern könnte, daß die erörterte Aussageeigenart zum Glaubwürdigkeitsmerkmal wird. Dieser Faktor ist oft sehr ausgeprägt, wenn es sich um Zeugen aus der weiblichen oder männlichen Prostituiertenszene handelt. Deshalb ist hier die zusätzliche Herausarbeitung eines Aussagemerkmals wichtig, das eine Übertragung des Aussageinhaltes auf andere Personen, auf die sich die tatsächliche Beobachtung nicht bezieht, ausschließt – etwa die Herausarbeitung der *Verflechtung* des Aussageinhaltes mit Umständen, die nur auf die *individuelle* Situation eines Beschuldigten zutreffen, also die sogenannte Individualverflechtung (siehe Seite 40).

Keinesfalls darf man sich bei Kindern nur auf die Angaben der *Mütter* über den sexuellen Aufklärungsstand der Zeugen verlassen. Mütter wollen häufig ihre Kinder nicht als „Geschlechtswesen" sehen und sind auch bei vernünftiger Einstellung infolge der zwischen Eltern und Kindern bestehenden Schamschranke nicht über den wirklichen Kenntnisstand informiert.

Man hat dabei heute auch unbedingt zu berücksichtigen: Was weiß der Zeuge über Sexualdelikte aus der Literatur, aus der Betrachtung pornografischer Bilder, aus Serien der Illustrierten-Presse, aus Filmen, aus Videomaterial, aus Zeitungsnachrichten, aus mündlichen Informationen? Mitunter gibt es ähnliche und vielbesprochene Fälle in der Nachbarschaft oder Verwandtschaft. Bei genauer Betrachtung aber ist es fast immer so, daß die entscheidenden delikttypischen Faktoren und sublimen psychischen Begleiterscheinungen in der Literatur nicht und in persönlichen Berichten nur sehr unvollständig wiedergegeben werden, so daß derartige Quellen darum gar nicht entscheidend helfen könnten, eine überzeugende, detailliert delikttypische Falschaussage zustandezubringen. (Allerdings nimmt die Präzision und der Umfang der sexuellen Informationen in Illustrierten, Aufklärungsschriften und -filmen zu. Jedenfalls ist es unbedingt angebracht, sich, wenn man Kinder- und Jugendlichenaussagen unter dem Aspekt einer Delikttypusschilderung zu beurteilen hat, darüber auf dem laufenden zu halten, was Presse, Videokassetten und Film diesbezüglich an Aufklärung bieten.)

Hinweise allgemeiner Art darauf, ob ein Zeuge die delikttypischen Zusammenhänge des von ihm vorgebrachten Geschehens in ihrer Gesetzmäßigkeit versteht und deshalb evtl. Derartiges ausdenken könnte, liefern schließlich auch der psychische *Entwicklungsstand und die Begabungsstruktur* des Zeugen, die bei der Glaubwürdigkeitsbeurteilung allgemein eingehend berücksichtigt werden sollten. Ebenso darf das Milieu nicht außer acht gelassen werden.

Besteht nachweislich keine Einsicht in die Gesetzmäßigkeit des berichteten Komplexes, so gibt das Vorhandensein einer Anzahl von delikttypischen Zügen, die sich in einer Aussage zu einem homogenen Bild zusammenfügen, sichere Hinweise auf eine Erlebnisbasis des Berichteten. Nach den Ergebnissen unserer jahrelangen psychologischen Untersuchungen, speziell auch von Falschaussagen, genügt nämlich eine produktive Phantasie allein keinesfalls zur Erfindung eines differenzierten, delikttypischen Verhaltensbildes, sondern es müssen die Einsicht in derartige Zusammenhänge und ausgesprochen kriminologisches Wissen hinzukommen. Ohne sie kann ein Zeuge die zahlreichen hier beschriebenen Momente eines Delikttypus nicht in richtiger Auswahl und Zusammengehörigkeit schildern.

c) Es muß allerdings darauf hingewiesen werden, daß stets *mehrere* delikttypische Momente berichtet werden müssen, ehe man ihnen Bedeutung beimessen kann. Dabei wird man den Gehalt der Aussage an delikttypischen Merkmalen am Entwicklungs- und Differenzierungsgrad der Aussagenden sowie an der Deliktart messen müssen: Man wird von einem Schwachsinnigen, der Zeuge eines exhibierenden Verhaltens geworden ist, nicht erwarten können, daß er ebensoviele delikttypische Beobachtungen gemacht hat wie eine aufgeweckte Dreizehnjährige in einer ausgedehnteren Inzestbeziehung. Auch das Wahrnehmen und Abheben von erlebten Verhaltenseigenarten beim Täter und von Eigenreaktionen setzt ja, wie schon erwähnt, eine gewisse Differenzierungsfähigkeit voraus, die manche Zeugen nur in unzureichendem Maße mitbringen. *Eine solche Bekundung stellt nach unserem umfangreichen Untersuchungsmaterial jedoch eine ungleich geringere Leistung dar als das willkürliche Erfinden und Beschreiben von zueinander passenden delikttypischen Verhaltensweisen und psychischen Reaktionen ohne Erlebnisbasis.* Ein Zeuge, der sich keinesfalls ein differenziertes delikttypisches Verhaltensbild ausdenken könnte, ist im Normalfall noch immer in der Lage, ein solches zu beschreiben, wenn er es erlebt hat.

Allgemeingültige Richtlinien bezüglich der Anforderungen, die in dieser Hinsicht an Aussagen gestellt werden müssen, lassen sich nicht leicht geben. Doch sind schon in glaubwürdigen Kinderaussagen in der Regel *mindestens drei* delikttypische Momente zu finden. Unter 100 bestätigten Aussagen aus unserem Material wurde 57mal das Kriterium „delikttypusentsprechende Schilderung" mit einer Ausprägung von durchschnittlich 5,22 typischen Details gefunden.

Für die aussagepsychologische *Exploration* ergibt sich aus dem Dargestellten, daß besonders bei halbwüchsigen Zeuginnen die innerseelischen, mitmenschlichen, „atmosphären" Details und charakteristischen Begleitumstände sexueller Beziehungen eruiert werden sollten, die hier entscheidend sind. Delikttypische Besonderheiten bringt ein Zeuge überhaupt oft erst in einer solchen Exploration vor.

d) Wie aus den vorstehenden Erörterungen hervorgeht, ergeben sich *Steigerungsformen* des delikttypischen Inhalts von Zeugenaussagen, die diese Aussageeigenart zum Glaubwürdigkeitsmerkmal werden lassen, in der Anzahl und der Art delikttypischer Komponenten sowie aus der Schilderungsweise.

Bedeutung hat das Glaubwürdigkeitsmerkmal des delikttypischen Inhalts von Aussagen, wie eingangs schon gesagt, bisher hauptsächlich bei psychologischen Glaubwürdigkeitsbegutachtungen von Aussagen, die Kinder und Jugendliche zu Sexualdelikten machen. Hier kann mit Hilfe dieses Merkmals oft noch eine detailreiche Aussage eines Zeugen, selbst, wenn dieser über eine lebhafte Phantasie verfügt, als glaubwürdig erwiesen werden. Die Anwendungsmöglichkeit bei Aussagen Erwachsener ist bisher selten. Weitere systematische Arbeiten auf dem Gebiet der forensischen Aussagepsychologie könnten die Anwendungsmöglichkeiten vielleicht erheblich erweitern.

e) Abschließend sei erwähnt, daß sich bei Zeugen aller Altersgruppen und bei Bekundungen zu allen Delikten ein weiteres Glaubwürdigkeitsmerkmal ergeben kann, das mit dem hier erörternden verwandt ist: wenn nämlich ein Zeuge ein *individuelles Verhaltensmuster* beschreibt, das beispielsweise ein vorbestrafter Beschuldigter schon bei früheren Gelegenheiten in verhältnismäßig konstanter Weise wiederholt gezeigt hat, das aber dem Zeugen nicht bekannt war. (War dieses für eine bestimmte Person charakteristische Verhalten einem Zeugen aber bekannt, so wird aus dieser Kenntnis in manchen Fällen gerade das Material für eine Falschaussage genommen, wenn eine entsprechende Motivation gegeben ist.)

Sach- und Namensverzeichnis